OPI
한 번에 끝!
이탈리아어

IM부터 IH까지 합격 노하우!

1. 빈출 주제별 다양한 질문 유형 수록
2. 빈출 주제별 회화문 활용법
3. 꼬리물기를 통한 돌발 질문에 대한 모범 답변 수록
4. Role Play 준비하기

💬 OPI 합격을 위한 이 책의 활용법

1. 빈출 주제별 다양한 질문 유형 수록

Q "답변은 커녕 시험관의 질문조차 귀에 들어오지 않아요."

A 그래서 준비했습니다!
주제별로 다양한 질문 유형을 수록하고, 원어민 발음의 MP3를 함께 제공하여 반복 청취하며 자연스럽게 귀에 익힐 수 있도록 구성했습니다.

2. 빈출 주제별 회화문 활용법

Q "시험관의 질문에 어떻게 말해야 할 지 모르겠어요."

A 빈출도 높은 다양한 주제의 회화문을 수록했습니다.
주제별 회화문에 대한 표현들을 패턴별로 제시하여 핵심 어휘만 바꾸면 쉽게 활용할 수 있도록 구성했습니다. 자신에게 맞는 답변을 만들어 반복하며 익혀 보세요.

3. 꼬리물기를 통한 돌발 질문에 대한 모범 답변 수록

Q "주제에 대한 꼬리물기 질문이 무서워요."

A 걱정하지 마세요!
주제별 빈출 문제 및 예상 문제 등 자주 출제되는 문제를 정리하고, 꼬리물기 질문에 대비한 다양한 모범 답변을 함께 수록했습니다. 자신에게 맞는 답변을 만들어 보고 연습해 보세요. OPI 시험에 자신감이 생깁니다.

4. Role Play 준비하기

Q "시험관과의 역할극은 어떻게 하는 건가요?"

A 시험의 마지막 단계는 시험관과의 Role Play로 진행됩니다.
빈출도 높은 가상의 상황극을 만들어 《ROLE PLAY 실전 연습 15》를 수록하였습니다.
원어민 MP3를 통해 실제 시험 상황을 간접 체험하고, 모범 답변을 참고하여 직접 말하며 연습할 수 있도록 구성했습니다.

OPI 란?

OPI란?

영어의 OPIc 시험에서 c가 빠진, 즉 컴퓨터와의 대화로 평가를 하는 방식이 아닌 시험관과의 1:1 인터뷰 방식으로, 크레듀에서 진행하는 제2외국어 말하기 평가시험입니다.

인터뷰 방식은 보통 꼬리물기로 진행되며, 주제별/상황별로 본인의 이야기를 해당 언어로 정확하고 자연스럽게 이야기해야 합니다. Native Speaker가 20~30분 동안 Interviewee의 수준에 따라 일상적인 화제(가족, 취미 등)부터 추상적이고 전문적인 내용까지 다양한 질의응답과 Role Play를 통해 가능한 언어적 기능(묘사, 설명, 설득 등), 대응 가능한 화제 영역, 사용 언어의 정확성(발음, 어휘, 문법 등), 문장 구성 형태(단문, 복문 등) 등의 종합적인 능력에 따라 등급을 판정합니다.

OPI 상세 등급

상세 등급	내용
NL (Novice Low)	의사 표현이 불가능한 수준입니다.
NM (Novice Mid)	기본 문장 구성이 가능한 수준으로, 기초적인 의사 표현만 가능하고 상대 답변에 대한 이해력은 어려움이 있습니다.
NH (Novice High)	발음이 어색하지만 기초적인 의사 표현은 가능한 수준으로, 문장이 길어지면 어순 오류가 잦고 유창성이 떨어집니다.
IL (Intermediate Low)	주요 문형을 이해하고 정확한 문장 구조에 맞게 문장을 구사할 수 있는 단계로, 정해진 양식에 맞춰 이메일 작성 등 간단한 내용을 전달할 수 있습니다.
IM (Intermediate Mid)	익숙한 화제에 대해 짧지만 비교적 자연스럽고 구체적인 설명이 가능한 단계로, 1:1 응대가 가능하고 회의에서 전체적인 맥락을 파악할 수 있습니다.
IH (Intermediate High)	일상의 화제에서 다양한 문형과 어휘 사용이 가능한 단계로, 원어민과 비교적 오랜 시간 대화가 가능하고 일반적인 업무 커뮤니케이션에 무리 없이 대응할 수 있습니다.
AL (Advanced Low)	일반적인 화제에 대해 적극적으로 대응이 가능하며 원어민과의 의사소통에 전혀 문제가 없는 단계로, 준비된 프레젠테이션 진행이 가능합니다.
AM (Advanced Mid)	일상회화에서 전혀 문제가 없는 단계로, 고급 어휘와 표현 등을 듣고 이해할 수 있으며, 적절하게 활용이 가능합니다.
AH (Advanced High)	원어민과의 의사소통에 전혀 불편함이 없는 단계로, 자신의 의사를 충분히 표현할 수 있고 고급 어휘 및 문형을 이해하고 표현이 가능합니다.
Superior	원어민 또는 원어민에 상응하는 의사소통 능력을 갖추고 있는 단계입니다.

📝 학습 요령

1. IM부터 IH까지, 체계적인 단계별 학습

짧은 대화가 가능한 IM 수준부터, 원어민과 비교적 오랜 시간 대화가 가능한 IH 수준까지 단계별로 차근차근 학습할 수 있도록 쉽고 체계적으로 구성했습니다. 하루 학습량을 정해 플랜에 맞춰 꾸준히 학습해 보세요.

2. 반복 듣기 연습

다양한 질문 유형들을 원어민 MP3로 반복 청취하며, 예상 답변을 함께 연습할 수 있습니다. 실전에서도 시험관의 질문에 당황하지 않고 자연스럽게 답할 수 있도록 도와줍니다.

3. 말하기

이탈리아어는 발음이 매우 중요합니다. 원어민의 MP3 녹음을 반복 청취하며 단어와 음절의 발음, 억양을 따라 해 보세요.

① 흉내 내기

MP3 녹음을 반복해서 따라하며, 이탈리아 특유의 억양을 익혀 보세요.
시험뿐만 아니라 실제 회화 실력 향상에도 큰 도움이 됩니다.

② 친구들과 역할극 연습하기

친구들과 준비한 내용으로 직접 가상의 상황을 만들어 Role Play 형식의 상황극을 연습해 보세요. 돌발 질문에 대한 대응력도 자연스럽게 키울 수 있습니다.

4. 암기 요령

이탈리아어는 정확한 단어 암기가 매우 중요합니다. 익숙한 단어도 시험관 앞에서는 긴장으로 생각이 안 나기도 합니다. 알파벳과 발음을 정확히 익히고 단어를 내 것으로 만든 뒤, 문장을 확인하는 반복 학습이 필요합니다. 여러 번 듣고 따라 읽으며 낯선 단어도 자신에게 맞는 문장으로 바꿔 외워 보세요. 반복이 실력을 만듭니다.

📝 시험 구성과 시간

이탈리아어 OPI 시험은 약 20분~30분 정도의 말하기 평가로 이루어집니다. 시험은 크게 3가지 영역으로 **기본 질문**(Basic Question)과 **시사 질문**(Issue Question), **역할극**(Role Play)으로 구성됩니다.

시험 내용	시간	시험 내용	시간	시험 내용	시간
1. 기본 질문	약 15분	2. 시사 질문	약 10분	3. 롤플레이	약 5분

성적 결과

- 성적 결과는 시험일로부터 약 2주일 이후 오픽 공식 홈페이지(http://www.opic.or.kr)에서 확인하실 수 있습니다.
- OPI 성적은 시험일로부터 2년간 유효합니다.

🏆 고득점 획득 비법

이탈리아어 OPI 시험에서 **고득점**을 받기 위해서는 다음 3가지 부분이 가장 중요합니다.

1. 정확한 발음 및 체계적인 문장 구조

이탈리아어는 정확한 발음과 함께, 제한된 어휘만으로도 체계적인 문장 구조와 올바른 어순을 사용한다면 IM 이상의 등급을 받을 수 있습니다. 본 교재는 이러한 문장 구성 능력을 반복 학습을 통해 자연스럽게 익힐 수 있도록 구성되어 있습니다.

2. 주요 질문과 키워드 파악

OPI 시험에서 자주 등장하는 핵심 질문과 해당 질문에 사용되는 키워드를 반드시 파악해야 합니다. 키워드의 의미를 정확히 이해하지 못하면 적절한 답변이 불가능하므로, 사전 학습이 매우 중요합니다.

3. 구체적인 의사 전달

질문을 정확히 이해했다면, 그에 대한 답변도 명확하게 전달해야 합니다. 단답형이 아닌 접속사를 활용한 복문 형태로 최소 3문장에서 최대 5문장까지 자신의 생각을 구체적으로 표현해야 합니다.

4주 완성 학습 계획표

OPI 시험 대비에 이상적인 4주 완성 학습 계획표입니다.

제시된 계획표 대로 차근차근 준비한다면 4주 후, 이탈리아어 OPI 시험준비를 마스터할 수 있습니다.
계획표에 맞게 준비하는 것도 좋지만, 자신에게 맞는 플랜으로 나누어서 학습하는 방법들도 활용해 보세요.

· 4주 완성 학습 계획표 ·

	1일	2일	3일	4일	5일	6일	7일
1주	**IM** 단계 1과	IM 단계 2과	IM 단계 3과	IM 단계 4과	IM 단계 5과	**Role Play**	복습 꼬리물기 연습
2주	IM 단계 6과	IM 단계 7과	IM 단계 8과	IM 단계 9과	**IH** 단계 10과	**Role Play**	복습 꼬리물기 연습
3주	IM 복습				IH 복습		복습 Role Play	복습 꼬리물기 연습
4주	전체 복습						

OPI는 반복 학습이 가장 중요합니다.
주제별 회화문을 학습한 후, 익힌 표현을 바탕으로 꼬리물기 질문과 롤플레이 연습까지 꼭 함께 진행해 보세요.
4주 후, 놀라울 만큼 향상된 말하기 실력을 직접 확인하실 수 있습니다.

한 번에 끝!

OPI 이탈리아어

송주선 지음

초판인쇄 2025년 07월 01일

지은이 송주선
펴낸이 임승빈
펴낸곳 ECK북스
출판사 등록번호 제 2020-000303호
출판사 등록일자 2000. 2. 15
주소 서울시 마포구 창전로2길 27 [04098]
대표전화 02-733-9950 | **이메일** eck@eckedu.com

제작총괄 염경용
편집책임 정유항, 김하진 | **편집진행** 이승연 | **디자인** 다원기획
마케팅 이서빈 | **영상** 김선관 | **인쇄** 북토리

* ECK북스는 (주)이씨케이교육의 도서출판 브랜드로, 외국어 교재를 전문으로 출판합니다.
* 이 책의 모든 내용, 디자인, 이미지 및 구성의 저작권은 ECK북스에 있습니다.
* 출판사와 저자의 사전 허가 없이 이 책의 일부 또는 전부를 복제, 전재, 발췌하면 법적 제재를 받을 수 있습니다.
* 잘못된 책은 구입하신 서점에서 교환해 드립니다.

ISBN 979-11-6877-350-9
정가 20,000원

ECK교육 | 세상의 모든 언어를 담다
기업출강 · 전화외국어 · 비대면교육 · 온라인강좌 · 교재출판 · 통번역센터 · 평가센터

ECK교육   www.eckedu.com
ECK온라인강좌   www.eckonline.kr
ECK북스   www.eckbook.com

유튜브   www.youtube.com/@eck7687
네이버 블로그   blog.naver.com/eckedu
페이스북   www.facebook.com/ECKedu.main
인스타그램   @eck__official

이 책의 구성과 특징

다양한 질문 유형 파악하기

시험관이 어떤 형식으로 질문하더라도 빠르게 인지할 수 있도록, 주제별로 자주 사용되는 다양한 질문 유형을 익혀봅니다.

핵심 패턴 익히기

본문에 해당하는 핵심 패턴을 익힘으로써, 문장 구성 능력과 표현력을 함께 높입니다.

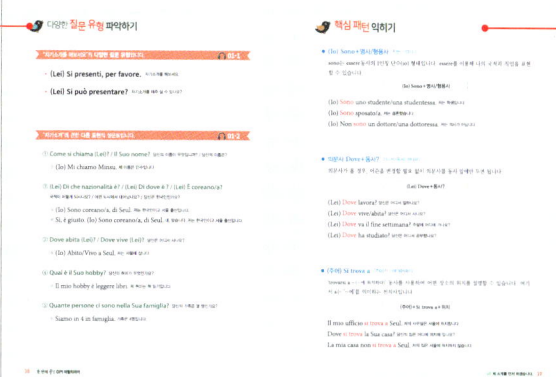

주제별 회화문 답변

시험관이 요청한 질문에 대한 회화문 답변을 다양한 상황별로 연습해 봅니다.

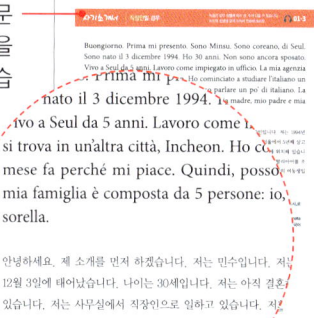

만들어 보세요!

왼쪽의 회화문을 바탕으로 나에게 맞는 맞춤 회화문 답변을 만들어 보세요. 자신의 상황에 맞는 어휘로 교체하여 나만의 답변을 만들어 봅니다.

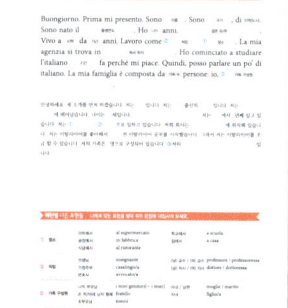

꼬리물기

자주 출제되는 문제의 주제별 꼬리물기형 예상 질문에 대한 모범 답변을 제시합니다. 모범 답변을 자신의 상황에 맞게 수정한 후 반복적으로 익혀 보세요.

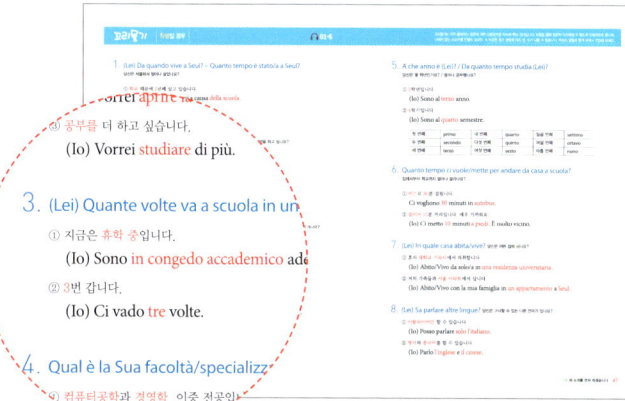

이 책의 구성과 특징

학습 더하기⁺

기본적으로 알아야 할 핵심 문법과 필수 어휘 및 학습 내용을 다양한 예문과 함께 알아봅니다.

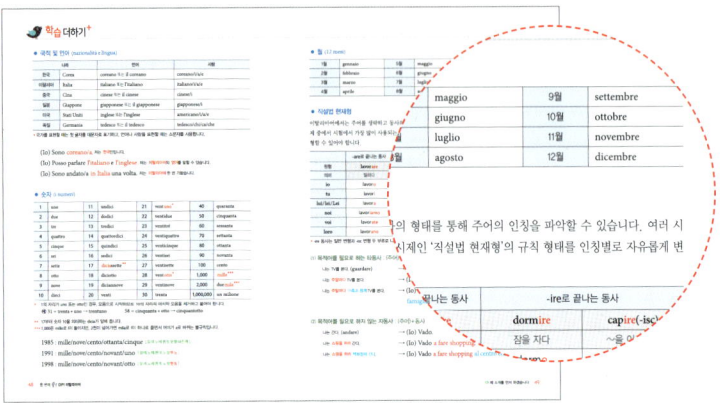

돌발 질문 예상 문답 7

출제 빈도 높은 사회 문제와 국제 이슈를 중심으로 구성한 예상 문답입니다.
갑작스러운 질문에도 당황하지 않도록 실제로 자주 다뤄지는 주제들로 연습해 봅니다.

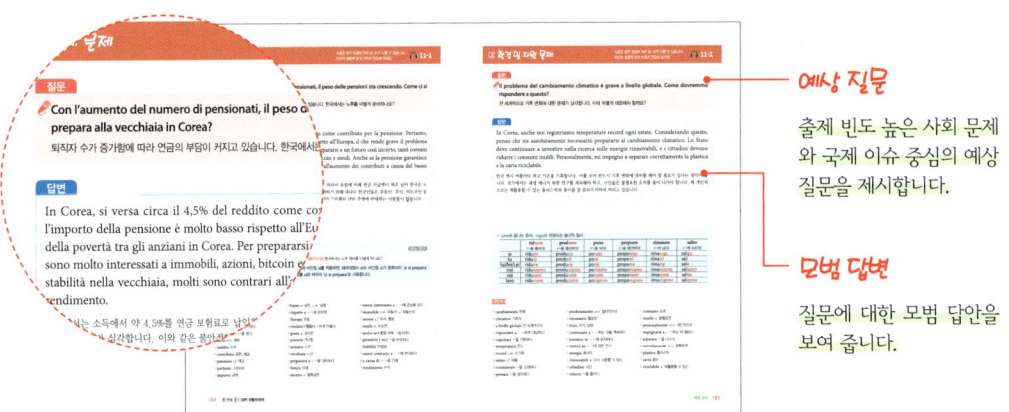

예상 질문
출제 빈도 높은 사회 문제와 국제 이슈 중심의 예상 질문을 제시합니다.

모범 답변
질문에 대한 모범 답안을 보여 줍니다.

ROLE PLAY 실전 연습 15

OPI 시험의 마지막 단계로, 출제 빈도가 높은 가상의 상황을 중심으로 구성한 실전 역할극입니다. 제시된 상황에 맞춰 MP3 녹음을 들으며 실제 시험처럼 연습해 봅니다.

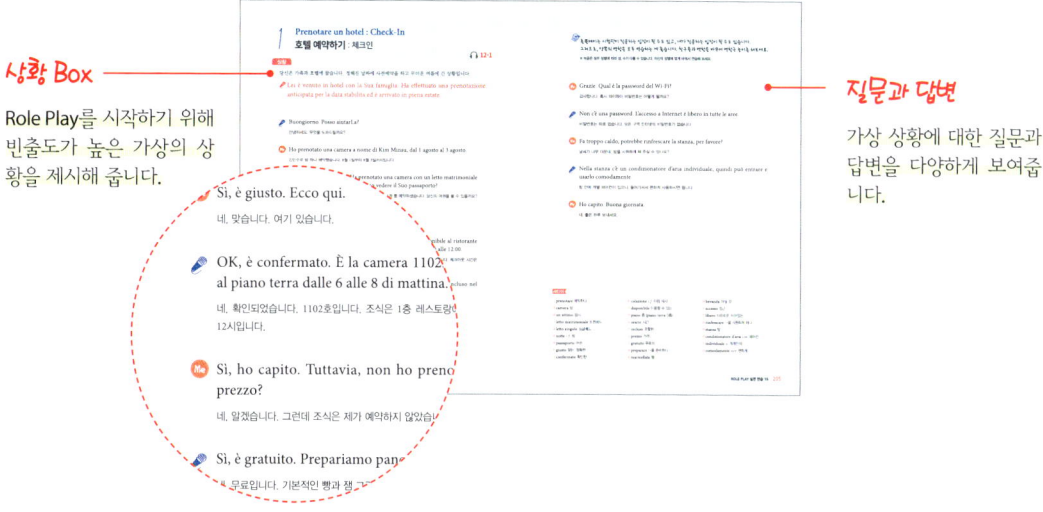

상황 Box
Role Play를 시작하기 위해 빈출도가 높은 가상의 상황을 제시해 줍니다.

질문과 답변
가상 상황에 대한 질문과 답변을 다양하게 보여줍니다.

꿀팁! 부록

답변이 떠오르지 않거나 질문을 다시 요청해야 하는 등 당황하기 쉬운 상황에서 활용할 수 있는 '위기 상황 대처 표현'과 '기초 어휘', '동사 변형 표', '필수 동사'가 함께 수록되어 있습니다.

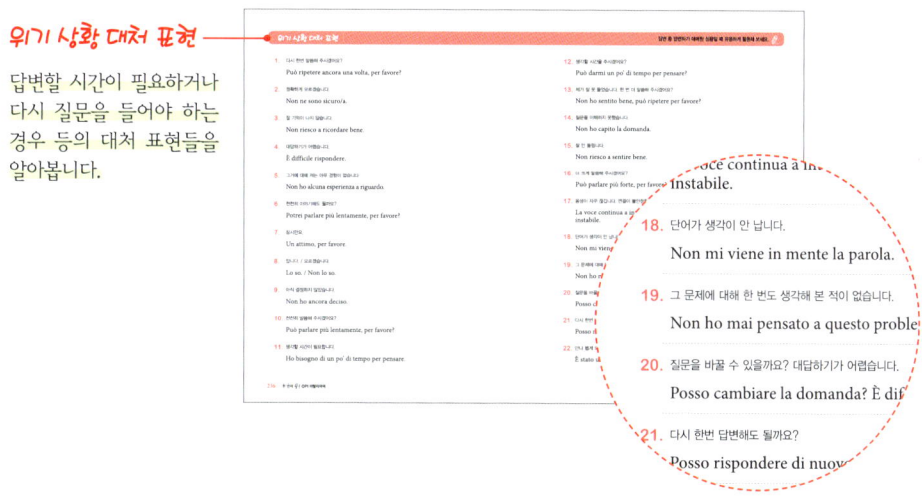

위기 상황 대처 표현
답변할 시간이 필요하거나 다시 질문을 들어야 하는 경우 등의 대처 표현들을 알아봅니다.

이 책의 구성과 특징

기초 어휘

기본적으로 알아야 할 어휘만을 선별한 기초 어휘입니다. 주제별 자신만의 답변을 만들 때 각 상황에 맞는 교체 어휘로 활용해 보세요.

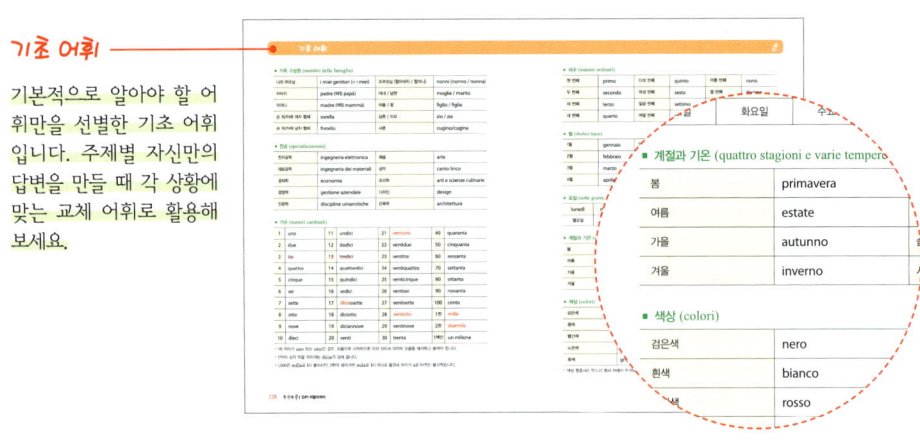

동사 변형 표

규칙 동사와 불규칙 동사의 동사 변형 표입니다. 회화 시, 동사 변형 표를 참고하여 말하기 능력을 향상시켜 보세요.

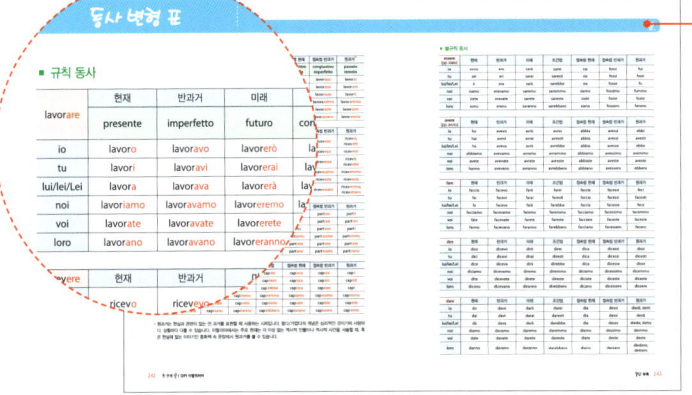

필수 동사

Unità 1~10에 나온 필수 동사입니다. 기본적으로 알아야 할 동사들을 빠르게 익혀보세요.

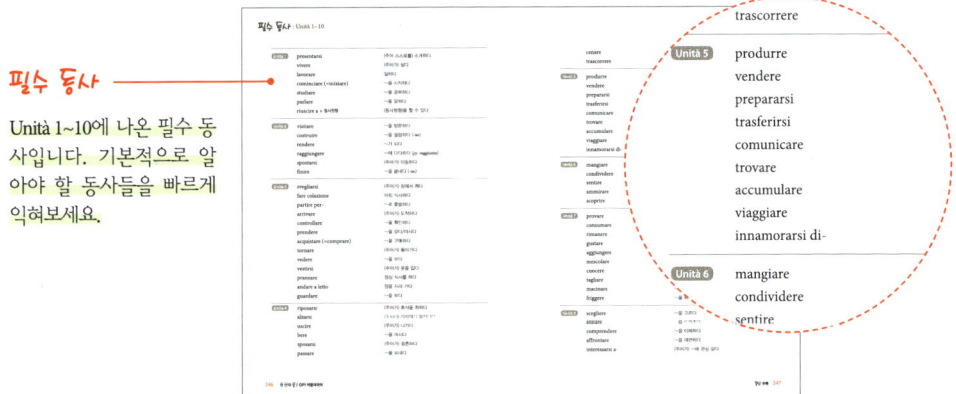

MP3 다운로드 방법

본 교재의 MP3 파일은 www.eckbooks.kr에서 무료로 다운로드 받을 수 있습니다.
QR 코드를 찍으면 다운로드 페이지로 이동합니다.

약어 표기

본 교재는 학습자의 이해를 돕기 위해 명사의 성(남성·여성)과 동사, 형용사 등의 품사를 약어로 표기하였습니다.

- **명사**(Nomi) : **s.**

남성 명사 (Sostantivo Maschile)	s.m.
여성 명사 (Sostantivo Femminile)	s.f.
사람 명사 (Nome di Persona)	n.p.

> **잠깐!**
> 1. n.p.는 사전에 없는 약어이며, 본 교재에서 참고용으로만 사용하였습니다.
>   사람 명사가 문맥에 따라 남성 또는 여성 명사로 쓰일 수 있음을 나타냅니다.
> 2. 본 교재에서는 성, 수를 알기 어려운 -e로 끝나는 명사에 s.m. / s.f.로 표기하였습니다.

- **동사**(Verbi) : **v.**

타동사 (Verbo Transitivo)	v.t.
자동사 (Verbo Intransitivo)	v.int.
재귀동사 (Verbo Riflessivo)	v.rfl.
대명자동사 (Verbo Intransitivo Pronominale)	v.int.pro.

- **형용사**(Aggettivo) : **a.**

- **부사**(Avverbio) : **avv.**

- **접속사**(Congiunzione) : **cong.**

- **전치사**(Preposizione) : **prep.**

Contents

IM부터 IH까지 합격 노하우! ··· 1

이 책의 구성과 특징 ··· 9

약어 표기 ·· 13

이탈리아어의 문자와 문법 ·· 16

IM 단계

Unità 01 Prima mi presento. 제 소개를 먼저 하겠습니다. ································ 36
- 핵심 패턴: (Io) Sono+명사/형용사 | 의문사 Dove+동사? | (주어) Si trova a
- 학습 더하기: 국적 및 언어 | 숫자 | 월 | 직설법 현재형

Unità 02 (Lei) Da dove chiama? 당신은 어디에서 전화하고 있나요? ················ 50
- 핵심 패턴: Sono le (A) e (B) | c'è/ci sono | da+동사원형
- 학습 더하기: 전치사 | 전치사+관사 | 직설법 현재형-불규칙 동사 | 조동사

Unità 03 Descriva la Sua routine quotidiana. 당신의 하루 일과를 소개해 주세요. ····· 64
- 핵심 패턴: dopo+명사 | e poi | prima di+동사원형/명사
- 학습 더하기: 재귀동사

Unità 04 Quando Lei è libero/a, che cosa fa? 당신은 한가할 때 무엇을 하나요? ······ 78
- 핵심 패턴: la cosa più importante è+명사/동사원형 |
  빈도부사 sempre, di solito, spesso, a volte, mai | quando+문장
- 학습 더하기: 이동동사 andare/venire+전치사

Unità 05 Descriva il Suo lavoro. 당신의 일을 서술해 주세요. ···························· 92
- 핵심 패턴: Mi piace+3인칭 단수 명사/동사원형 | stare+제룬디오 (-ando/-endo)
- 학습 더하기: 대명사

Unità 06 Ha mai viaggiato in Italia? 이탈리아 여행을 가본 적이 있나요? ············ 108
- 핵심 패턴: Ha mai+과거분사 | Sono andato/a a ~
- 학습 더하기: 직설법 근과거-현재완료 | 과거분사 불규칙

Unità 07 Che tipo di cibo le piace? 어떤 음식을 좋아하세요? ········· 122
- 핵심 패턴: (Io) Sono riuscito/a a+동사원형 | È stato servito+주어
- 학습 더하기: 수동태

Unità 08 Qual è la Sua specializzazione? 당신의 전공은 무엇인가요? ········· 136
- 핵심 패턴: Mi sono laureato/a in+전공 | Mi aiuta a+동사원형
- 학습 더하기: 반과거/비완료 과거 | 직설법 근과거 vs. 반과거

Unità 09 Quali sono le somiglianze e le differenze tra Corea e Italia?
한국과 이탈리아의 공통점과 차이점이 무엇인가요? ········· 150
- 핵심 패턴: 비인칭 si | sia (A) che (B)
- 학습 더하기: 비교급 | 최상급

Unità 10 Che cosa farà in futuro? 당신은 미래에 무엇을 할 것인가요? ········· 166
- 핵심 패턴: tra/fra+기간 | per+기간 | mentre+단어/구/절
- 학습 더하기: 단순 미래 | 다양한 시제

IM-IH 단계

돌발 질문 예상 문답 7 ········· 182
- 회화: (1) 경제 문제 (2) 환경 및 자원 문제 (3) 저출산 문제 (4) 국제 문제 (5) 교육 문제 (6) SNS 문제 (7) 캥거루족 문제
- 학습 더하기-중급 문법: (1) 서법 (2) 조건법 (3) 접속법 (4) 접속사

ROLE PLAY 실전 연습 15 ········· 202

꿀팁! 부록 ········· 234

위기 상황 대처 표현

기초 어휘

동사 변형 표

필수 동사 : Unità 1~10

학습할 내용

1. 이탈리아어의 알파벳과 발음
----
2. 이탈리아어 문장 구성
----
3. 명사의 성, 수
----
4. 명사의 관사
----
5. 형용사

이탈리아어의 문자와 문법

❶ 이탈리아어의 알파벳과 발음　🎧 001

이탈리아어는 16개의 자음과 5개의 모음(a, e, i, o, u)으로 총 21개의 알파벳으로 이루어져 있습니다.

■ 알파벳 (Alfabeto)

알파벳	발음	알파벳	발음
A	[아]	N	[엔네]
B	[비]	O	[오]
C	[치]	P	[삐]
D	[디]	Q	[꾸]
E	[에]	R	[에r레]
F	[에f페]	S	[엣쎄]
G	[쥐]	T	[띠]
H	[악까]	U	[우]
I	[이]	V	[v비]
L	[엘레]	Z	[z젯따]
M	[엠메]	: 자음　　: 모음	

■ 이탈리아어에 포함되지 않은 알파벳　🎧 002

J, K, W, X, Y는 이탈리아어 알파벳에 포함되지 않기 때문에, 이 글자들이 들어간 단어는 주로 외국어에서 차용된 것입니다.

J	[i lunga]	**Ju**ventus 유벤투스 (축구팀)	ja - je - ji - jo - ju
K	[cappa]	wee**k**end 주말	ka - ke - ki - ko - ku
W	[doppia vu]	**w**ater 변기	wa - we - wi - wo - wu
X	[ics]	ta**x**i 택시	xa - xe - xi - xo - xu
Y	[ipsilon/i greca]	**yo**gurt 요거트	ya - ye - yi - yo - yu

■ 모음 발음　　🎧 003

이탈리아어 모음은 악센트 방향에 따라 열린 모음(à, è, ì, ò, ù)과 닫힌 모음(á, é, í, ó, ú)으로 구분됩니다. 발음할 때 입 모양의 차이가 있지만, 현대 이탈리아어에서는 그 구분이 거의 사라졌습니다.

자음＼모음	a	e	i	o	u	예시
b	ba	be	bi	bo	bu	borsa 가방, bambino 아기
c	ca	ce	ci	co	cu	casa 집, cavolo 양배추
d	da	de	di	do	du	donna 여성, diavolo 악마
f	fa	fe	fi	fo	fu	festa 축제, favola 동화
g	ga	ge	gi	go	gu	gatto 고양이, gomma 고무
h	ha	-	-	ho	-	hotel 호텔
l	la	le	li	lo	lu	luna 달, limone 레몬
m	ma	me	mi	mo	mu	mare 바다, muro 벽
n	na	ne	ni	no	nu	nonno 할아버지, nuvola 구름
p	pa	pe	pi	po	pu	padre 아버지, pizza 피자
qu	qua	que	qui	quo	-	acqua 물, questo 이것, 이
r	ra	re	ri	ro	ru	radio 라디오, riso 쌀
s	sa	se	si	so	su	sera 저녁, sale 소금
t	ta	te	ti	to	tu	tavola 식탁, tempo 시간, 날씨
v	va	ve	vi	vo	vu	vita 인생, vacanza 휴가
z	za	ze	zi	zo	zu	zaino 배낭, zio 삼촌

* ce, ci, ge, gi, h, qu는 일반 규칙과 다른 발음을 나타내는 예외 조합이므로, 발음에 주의하세요.

■ 예외 발음 규칙 (1)

 004

규칙 \ 모음	a	e	i	o	u
c	ca [까]	ce [체]	ci [치]	co [꼬]	cu [꾸]
		che [께]	chi [끼]		
g	ga [가]	ge [제]	gi [지]	go [고]	gu [구]
		ghe [게]	ghi [기]		

ce [체]	cena [체나] 저녁 식사, dolce [돌체] 단 것, 단
che [께]	perché [뻬r르께] 왜, 왜냐하면, Michelangelo [미껠란젤로] 미켈란젤로
ci [치]	Cina [치나] 중국, acciaio [앗챠이오] 강철
chi [끼]	chiave [끼아v베] 열쇠, Pinocchio [삐녹끼오] 피노키오
ge [제]	gelato [젤라또] 아이스크림, Germania [제r르마니아] 독일
ghe [게]	ghepardo [게빠r르도] 치타, righello [r리겔로] 자
gi [지]	giraffa [지랏f파] 기린, gioco [죠꼬] 놀이
ghi [기]	funghi [f풍기] 양송이, 버섯, ghiaccio [기앗쵸] 얼음

■ 예외 발음 규칙 (2)

• sc+모음 e 또는 i

규칙 \ 모음	a	e	i	o	u
sc	sca [스까]	sce [쉐]	sci [쉬]	sco [스꼬]	scu [스꾸]
		sche [스께]	schi [스끼]		

sce [쉐]	scena [쉐나] 무대, 장면, ascensore [아쉔쏘r레] 엘리베이터
sci [쉬]	scivolo [쉬v볼루] 미끄럼틀, scienza [쉬엔z자] 과학

• gli [리]

규칙 \ 모음	a	e	i	o	u
gl	gla [글라]	gle [글레]	gli [리]	glo [글로]	glu [글루]

gli [리]	aglio [알리오] 마늘, scegliere [쉘리에r레] ~을 고르다

- gn+모음

규칙＼모음	a	e	i	o	u
gn	gna [냐]	gne [네]	gni [니]	gno [뇨]	gnu [뉴]
gna [냐]	lasagna [라산냐] 라자냐, Bologna [볼론냐] 볼로냐			
gne [네]	Bolognese [볼론녜세] 볼로냐 사람, 볼로냐의			
gni [니]	ogni [온니] 매, 각각의, ~마다			
gno [뇨]	ragno [란뇨] 거미, sogno [쏜뇨] 꿈, bagno [반뇨] 화장실			
gnu [뉴]	ognuno [온뉴노] 각자의			

＊「gn+모음」은 앞에 음절까지 영향을 줍니다. 주로 앞 음절에 'ㄴ' 받침이 들어갑니다.

■ 악센트 위치

- 두 번째 음절에 악센트가 오는 경우

예) pomodoro [뽀모도로] 토마토

P	O	M	O	D	O	R	O
					✓		

＊ 예외 : càvolo, diàvolo, scégliere, zàino 등

연습하기

아래 이탈리아어를 악센트 위치를 고려하여 읽어보세요.

(1) Qual è il Suo hobby?
   →

(2) Il cognome è Kim.
   →

〈정답〉
(1) Qual è il Suo hóbby? → h 뒤의 음절에 악센트가 있습니다.
(2) Il cógnome è Kim. 제 성은 김입니다.
← 단어가 Kim처럼 자음으로 마무리될 때, 앞에 모음이 들어가 동일 음절이 됩니다. 그러므로 음절 구분이 ~e, ~o 등이 되어 앞의 음절로 악센트가 넘어갑니다.
악센트는 단어의 앞에서 시작되게 발음됩니다.

❷ 이탈리아어 문장 구성

■ 주격인칭대명사

	단수		복수	
1인칭	나	io	우리	noi
2인칭	너	tu	너희	voi
3인칭	그	lui	그들	loro
	그녀	lei	그녀들	
	당신 ('너'의 존칭)	Lei	당신들	

■ 문장 주요 성분 및 품사

(1) 문장 주요 성분(문장을 이루는 구성 요소) **: 주어, 동사, 목적어, 보어**

성분	역할	예시 문장		해석
주어	행동의 주체	나는 이탈리아어를 공부한다.	(주어 : 나는)	은/는/이/가
동사	행동	나는 이탈리아어를 공부한다.	(동사 : 공부한다)	한다/하고 있다/다
목적어	행동의 대상	나는 이탈리아어를 공부한다.	(목적어 : 이탈리아어를)	을/를
보어	주어 보완	나는 Anna이다.	(보어 : Anna, 주어=보어)	

(2) 품사 : 명사(대명사)**, 동사, 형용사, 부사 등**

▷ **주어**가 될 수 있는 품사 : 명사

▷ **목적어**가 될 수 있는 품사 : 명사

▷ **보어**가 될 수 있는 품사 : 명사, 형용사

▶ 동사 : ① 타동사 : 목적어가 있음 (예) ~을 공부하다. ~을 먹다)

② 자동사 : 목적어가 없음 (예) 가다. 오다)

(3) 이탈리아어 어순

주어	동사	목적어
나는	공부한다	이탈리아어를

주어	동사	보어
나는	~이다	안나(Anna)

■ essere 동사를 이용한 간단한 작문

	주어	동사	보어
	나는	~이다	Anna
이탈리아어	Io	essere 주어의 인칭에 맞춰 동사 형태 변형 * 원형 그대로 사용하지 않음!	Anna.
영어	I	am	Anna.

(1) essere 동사 인칭별 형태

essere (~이다/있다)		
나	io	sono
너	tu	sei
그/그녀/당신	lui/lei/Lei	è
우리	noi	siamo
너희	voi	siete
그들/그녀들/당신들	loro	sono

Io sono Anna. [이오 쏘노 안나]   저는 안나입니다.

Io sono Marco. [이오 쏘노 마르꼬]   저는 마르코입니다.

= (Io) Sono Anna. [쏘노 안나]   (저는) 안나입니다.

➡ 이탈리아어는 주어의 생략이 자유롭습니다.

Tu sei Angela? 너는 안젤라니?
→ Sì, io sono Angela. 응, 나는 안젤라야.
→ No, io non sono Angela. 아니, 나는 안젤라가 아니야.
➡ 부정어 non은 동사 앞에 위치합니다.

Lui è Michele. 그는 미켈레입니다.
Lei è Bianca. 그녀는 비앙카입니다.
➡ Lei는 '그녀'를 의미할 뿐만 아니라, 상대를 높이는 존칭으로서 '당신'의 의미도 가집니다.
　예) Lei è Anna? 당신은 안나입니까?

Noi siamo Anna e Marco. 우리는 안나와 마르코입니다.
Voi siete Angela e Michele. 너희는 안젤라와 미켈레이다.
Loro sono Michele e Bianca. 그들은 미켈레와 비앙카입니다.

연습하기

자신의 이름을 넣어 자기소개를 해보세요. (성-이름 또는 이름-성 순서 무관)

(1) Sono
　 _____

❸ 명사의 성, 수

■ 명사의 성, 수 표현 방법

(1) 어미가 -o/-a로 끝나는 명사

	단수	복수
남성 명사	-o	-i
여성 명사	-a	-e

(2) 어미가 -e로 끝나는 명사

	단수	복수
남성 명사	-e	-i
여성 명사	-e	-i

* -e로 끝나는 명사는 시각적으로 구분할 수 없으므로, 단어를 암기할 때 '여성'과 '남성' 여부를 함께 기억해야 합니다.

〈예시〉

-o로 끝나는 남성 명사		-a로 끝나는 여성 명사		-e로 끝나는 명사		성
단수	복수	단수	복수	단수	복수	
piatto 접시	piatti	sedia 의자	sedie	chiave 열쇠	chiavi	여성
negozio 상점	negozi	tavola 테이블	tavole	ponte 다리 (영어 bridge)	ponti	남성
zaino 배낭	zaini	università 대학교	università*	ristorante 식당	ristoranti	남성
coltello 칼	coltelli	provincia 주 (州)	province	cellulare 핸드폰	cellulari	남성
albergo 호텔	alberghi	farmacia 약국	farmacie	lavatrice 세탁기	lavatrici	여성
medico 의사, 의료의	medici	camicia 셔츠	camicie	bicchiere 유리잔	bicchieri	남성
cucchiaio 숟가락	cucchiai	forchetta 포크	forchette	computer 컴퓨터	computer	남성

* 마지막 모음에 강세가 있는 경우 복수에서 변형되지 않습니다.

■ -e로 끝나는 명사

(1) -zione로 끝나는 명사 : 여성 명사

단수형 (여성 명사)		복수형
informa**zione**	정보	informa**zioni**
sta**zione**	(기차) 역	sta**zioni**
educa**zione**	교육	educa**zioni**
a**zione**	행동, 액션	a**zioni**

(2) -tore/-trice : ~을 하는 사람/기계

-tore (남성 명사)		복수형	-trice (여성 명사)		복수형
at**tore**	(남성) 배우	at**tori**	at**trice**	(여성) 배우	at**trici**
educa**tore**	(남성) 교육자	educa**tori**	educa**trice**	(여성) 교육자	educa**trici**
ventila**tore***	선풍기	ventila**tori**	lava**trice****	세탁기	lava**trici**

* ventilatore(선풍기) : vento(바람)에서 유래하여 「vento+-tore」로 형성되었습니다.
** lavatrice(세탁기) : lavare(~을 씻다)에서 파생되어 「lavare+-trice」로 형성되었습니다.

■ 사람 명사

(1) -o 또는 -e로 끝나는 사람 명사

-o로 끝나는 사람 명사			
ragazz**o**	남자아이	ragazz**a**	여자아이
bambin**o**	남자 아기	bambin**a**	여자 아기

-e로 끝나는 사람 명사			
cliente	남자 고객	cliente	여자 고객
insegnante	남자 선생님	insegnante	여자 선생님

* 예외 : cameriere 남성 웨이터, cameriera 여성 웨이터

(2) -essa로 여성형을 나타내는 사람 명사

dottore	남자 의사	dottor**essa**	여자 의사
professore	남자 교수/박사	professor**essa**	여자 교수/박사
principe	왕자	princip**essa**	공주
studente	남자 학생	student**essa**	여자 학생

 **연습하기**

아래 〈보기〉에 있는 단어들을 남성과 여성을 구분하여 박스에 넣어보세요.

〈보기〉
(1) giacca 자켓
(2) pantaloni 바지
(3) scarpe 신발
(4) latte 우유
(5) vino 와인
(6) calcio 축구
(7) mare 바다
(8) montagna 산
(9) parco 공원
(10) TV 텔레비전
(11) sole 태양
(12) luna 달
(13) pesce 물고기
(14) animale 동물
(15) preparazione 준비

남성 명사	여성 명사

〈정답〉
(1) giacca 여성 단수 명사 → 복수형 giacche
(2) pantaloni 남성 복수 명사 → 단수형 pantalone, 바지는 두 짝이므로 일상 복수형태로 사용합니다.
(3) scarpe 여성 복수 명사 → 단수형 scarpa, 한 짝만 있는 것이 아니므로 주로 복수형태로 사용합니다.
(4) latte 남성 단수 명사 → 복수형 있는 경우는 없고 주로 단수형태로 사용합니다.
(5) vino 남성 단수 명사 → 복수형 vini, 가지고 있는 와인 종류 '한 병으로 즉, 한 단위로 사용합니다, una bottiglia di vino 와인 한 병.
(6) calcio 남성 단수 명사 → 복수형 calci
(7) mare 남성 단수 명사 → 복수형 mari
(8) montagna 여성 단수 명사 → 복수형 montagne
(9) parco 남성 단수 명사 → 복수형 parchi
(10) TV 여성 단수 명사 → 복수형 TV
(11) sole 남성 단수 명사
(12) luna 여성 단수 명사
(13) pesce 남성 단수 명사 → 복수형 pesci
(14) animale 남성 단수 명사 → 복수형 animali
(15) preparazione 여성 단수 명사 → 복수형 preparazioni

❹ 명사의 관사

이탈리아어에서는 대부분의 명사 앞에 관사가 필요합니다. 처음 언급하는 셀 수 있는 명사(가산 명사) 앞에는 부정관사를 사용하고, 이미 언급했거나 화자와 청자가 모두 아는 명사일 경우에는 셀 수 있는지에 상관없이 정관사를 사용합니다.

■ 부정관사 : 하나의 ~

	남성 명사	여성 명사
자음 앞	un	una
모음 앞	un	un'
S+자음, z, pn, ps, gn, y로 시작하는 단어	uno	una

〈예시〉

	남성 명사		여성 명사	
자음 앞	un cane un tavolo	개 테이블	una casa una donna	집 여성
모음 앞	un amico un albergo	친구 호텔	un'amica un'università	친구 대학교
S+자음, z, pn, ps, gn, y로 시작하는 단어	uno studente uno zaino uno psicologo	학생 배낭 심리학자	una spagnola una zebra	(여성) 스페인 사람 얼룩말

■ 정관사 : 그 ~

	남성 명사	여성 명사
자음 앞	il	la
모음 앞	(lo) → l'	(la) → l'
S+자음, z, pn, ps, gn, y로 시작하는 단어	lo	la

〈예시〉

	남성 단수		남성 복수
자음 앞	il ragazzo il cellulare	남자아이 핸드폰	i ragazzi i cellulari

모음 앞	l'amico l'uomo	친구 남성	gli amici gli uomini
S+자음, z, pn, ps, gn, y 앞	lo studente lo zaino lo gnocco lo yoga	남학생 배낭 뇨키 요가	gli studenti gli zaini gli gnocchi gli yoga
	여성 단수		여성 복수
자음 앞	la ragazza la casa	여자아이 집	le ragazze le case
모음 앞	l'amica l'università	친구 대학교	le amiche le università

연습하기

1. 빈칸에 알맞은 부정관사를 넣어보세요.

(1) _____ pasto
(2) _____ bicchiere di latte
(3) _____ bottiglia di vino
(4) _____ bibita
(5) _____ asilo

2. 빈칸에 알맞은 정관사를 넣어보세요.

(1) _____ ciabatte
(2) _____ colore
(3) _____ stivali
(4) _____ zucchero
(5) _____ armadio

* 실물 명사 앞이나 장소, 대상 수식용으로 사용됩니다.

〈정답〉

부정관사	뜻	정관사	뜻
(1) un pasto	한 끼 식사	(1) le ciabatte 여성 복수*	슬리퍼
(2) un bicchiere di latte	우유 한 잔	(2) il colore	색깔
(3) una bottiglia di vino	와인 한 병	(3) gli stivali 남성 복수*	장화
(4) una bibita	음료수 한 병	(4) lo zucchero	설탕
(5) un asilo	유치원 한 곳	(5) l'armadio	옷장

5 형용사

형용사는 명사를 꾸며주는 역할을 하며, 명사의 성과 수에 맞춰 일치해야 합니다. 일반적으로 형용사는 명사 앞이나 뒤에서 자유롭게 위치할 수 있지만, 예외의 경우도 있습니다.

* 예외의 경우
  ① 소유 형용사나 숫자 등은 명사 앞에서만 수식합니다.
  ② 색상, 국적, 모양(동그라미, 세모 등), 종교 등은 명사 뒤에서만 수식합니다.
  ③ 형용사의 수식 위치에 따라 의미나 형태가 달라지기도 합니다.

■ 형용사의 성, 수

(1) -o로 끝나는 형용사

	남성	여성
단수	-o	-a
복수	-i	-e

- **bravo** : 훌륭한

  남성 단수 명사를 수식할 때 : un ragazzo bravo   남성 복수 명사를 수식할 때 : due ragazzi bravi

  여성 단수 명사를 수식할 때 : una ragazza brava   여성 복수 명사를 수식할 때 : due ragazze brave

- **carino** : 귀여운

  남성 단수 명사를 수식할 때 : uno studente carino

  남성 복수 명사를 수식할 때 : due studenti carini

  여성 단수 명사를 수식할 때 : una studentessa carina

  여성 복수 명사를 수식할 때 : due studentesse carine

  * 명사의 실제 성과 수를 파악해야 하며, 단순히 명사의 어미 형태만 보고 형용사를 일치시키면 안 됩니다.
    예) studente carine (X)

(2) -e로 끝나는 형용사

	남성	여성
단수	-e	-e
복수	-i	-i

- grande : 큰

    남성 단수 명사를 수식할 때 : un ragazzo grande

    남성 복수 명사를 수식할 때 : due ragazzi grandi

    여성 단수 명사를 수식할 때 : una ragazza grande

    여성 복수 명사를 수식할 때 : due ragazze grandi

■ 수식 위치에 유의해야 하는 형용사

(1) 소유 형용사

	나의	너의	그/그녀/당신의	우리의	너희의	그/그녀들의
남성 단수	mio	tuo	suo	nostro	vostro	loro*
남성 복수	miei	tuoi	suoi	nostri	vostri	
여성 단수	mia	tua	sua	nostra	vostra	
여성 복수	mie	tue	sue	nostre	vostre	

* loro는 형태가 모두 같습니다.

- 소유 형용사 어순

    소유 형용사는 보통 명사 앞에 위치하며, 관사가 있을 경우 관사와 명사 사이에 놓입니다. 그러나 강조할 때는 명사 뒤에 둘 수 있습니다. 앞에서 언급된 명사나 서로 아는 명사는 생략하고 소유 형용사를 '소유 대명사'로 사용할 수 있습니다.

    관사(부정관사/정관사)+소유 형용사+명사

    il mio libro 나의 책   la mia casa 나의 집

    i miei genitori 나의 부모님(들)   le mie penne 나의 펜들

    Dov'è la tua borsa? 너의 가방이 어디에 있니?

    Questa è la mia (borsa). 이것이 내 것이야.

    → borsa를 생략하여 mia를 소유 대명사로 사용했습니다.

(2) 국가와 국적 형용사

국적 형용사는 반드시 명사 뒤에 위치합니다.

	나라	국적 형용사
한국	s.f. Corea	coreano
이탈리아	s.f. Italia	italiano
중국	s.f. Cina	cinese
일본	s.m. Giappone	giapponese
미국	s.m. Stati Uniti	americano
독일	s.f. Germania	tedesco
스페인	s.f. Spagna	spagnolo
프랑스	s.f. Francia	francese
영국	s.f. Inghilterra	inglese
스위스	s.f. Svizzera	svizzero
러시아	s.f. Russia	russo
필리핀	s.f. Filippine	filippino
캐나다	s.m. Canada	canadese

Mi piace il cibo italiano.   저는 이탈리아 음식을 좋아합니다.
Mi piace la macchina coreana.   저는 한국 자동차를 좋아합니다.

(3) 불규칙 형용사

bello(멋진, 아름다운)과 buono(맛있는, 좋은)는 명사 뒤에서 수식할 때 -o형 형용사 변형 규칙을 따르지만, 명사 앞에서 수식할 때는 불규칙적으로 변형됩니다.

● 명사 뒤에서 수식할 때 : 규칙적

	남성	여성	남성	여성
단수	un ragazzo bello	una ragazza bella	un ragazzo buono	una ragazza buona
복수	due ragazzi belli	due ragazze belle	due ragazzi buoni	due ragazze buone

● 명사 앞에서 수식할 때 : 불규칙적

① bello : 정관사와 유사

	남성 명사		여성 명사	
	단수	복수	단수	복수
자음으로 시작	bel	bei	bella	belle
모음으로 시작	bell'	begli	bell'	belle
s+자음, z, pn, ps, gn, y로 시작하는 단어	bello	begli	bella	belle

    un bel ragazzo 한 잘생긴 남자

    due bei ragazzi 잘생긴 두 남자들

    un bello spagnolo 한 잘생긴 스페인 남자

    due begli spagnoli 잘생긴 두 스페인 남자들

    un bell'uomo 한 잘생긴 (성인) 남자

    una bella ragazza 한 예쁜 여자

    due belle ragazze 예쁜 두 여자들

    una bell'amica 한 예쁜 (여성) 친구

② buono : 부정관사와 유사

	남성 명사		여성 명사	
	단수	복수	단수	복수
자음으로 시작	buon	buoni	buona	buone
모음으로 시작	buon	buoni	buon'	buone
s+자음, z, pn, ps, gn, y로 시작하는 단어	buono	buoni	buona	buone

    un buon ragazzo 한 좋은 남자

    due buoni ragazzi 좋은 두 남자들

    un buono spagnolo 한 좋은 스페인 남자

    un buon uomo 한 좋은 (성인) 남자

    una buona ragazza 한 좋은 여자

    una buon'amica 한 좋은 (여성) 친구

    due buone amiche 좋은 두 (여성) 친구들

(4) 위치에 따라 의미가 바뀌는 형용사

- grosso
    - 앞 – 중요한 : un **grosso** attore 중요한 (남성) 배우
    - 뒤 – 뚱뚱한 : un attore **grosso** 뚱뚱한 (남성) 배우

- vecchio
    - 앞 – 오래된 : un **vecchio** amico 오래된 (남성) 친구
    - 뒤 – 나이 든, 낡은 : un amico **vecchio** 나이 든 (남성) 친구

- certo
    - 앞 – 몇몇의 : **certe** informaizoni 몇몇의 정보들
    - 뒤 – 확실한 : informazioni **certe** 확실한 정보들

- diverso
    - 앞 – 많은 : **diversi** libri 많은 책들
    - 뒤 – 다른 : libri **diversi** 다른 책들

연습하기

빈칸에 알맞은 형용사를 넣어보세요.

(1) (questo) _____ tavolo 이 테이블
(2) consigli (pratico) _____ 실질적인 충고들 (consiglio 충고, pratico *a.* 실질적인)
(3) pantaloni (bianco) _____ 흰색 바지
(4) due caffè (lungo) _____ 카페 룽고 두 잔
(5) tre (bello) _____ stranieri 잘생긴 세 명의 외국인들

※ -co, -go로 끝나는 남성명사 복수형은 -chi/-ghi로 변형되거나 -ci/-gi로 변형됩니다.

| -chi/-ghi로 변형 | 마지막 두 번째 음절(모음)에 강세 | bianco → bianchi, lungo → lunghi |
| -ci/-gi로 변형 | 마지막 세 번째 음절(모음)에 강세 | pratico → pratici, medico → medici |

〈정답〉
(1) questo tavolo
(2) consigli pratici
(3) pantaloni bianchi
(4) due caffè lunghi
(5) tre begli stranieri

이탈리아어의 인사 종류

① 기본 인사

Buongiorno. (= Buona giornata.)	안녕하세요.	(낮 인사)
Buon pomeriggio.	좋은 오후입니다.	(정오 이후의 인사, 오후 인사)
Buona sera. (= Buona serata.)	좋은 저녁입니다.	(저녁 인사)
Buona notte.	잘 자요.	(늦은 밤, 자기 전 인사)
Ciao.	안녕.	
Salve.*	안녕하세요.	

* 조금 더 정중한 느낌을 주는 인사말로, 주로 토스카나 지역의 상점 직원들이 사용합니다.

② 안부 인사

Come stai (tu)?	어떻게 지내?	(비존칭)
Come va?	어떻게 지내?	(비존칭과 존칭 모두 가능)
Come sta (Lei)?	어떻게 지내세요?	(존칭)

③ 처음 만날 때

Piacere.	만나서 반갑습니다.

④ 헤어질 때

Arrivederci.	또 뵙겠습니다.
Ci vediamo.	또 만나. / 또 뵙겠습니다.

⑤ 감사 인사

Grazie.	고마워. / 감사합니다.
Grazie molto/tanto.	매우 고마워. / 감사합니다.

⑥ 사과하기

Scusi.	죄송합니다.
Scusa.	미안해.

IM
: Intermediate Mid

익숙한 화제에 대해 짧지만 비교적 자연스럽고 구체적인 설명이 가능한 단계로,
1:1 응대가 가능하고 회의에서 전체적인 맥락을 파악할 수 있습니다.

Unità

1

Prima mi presento.
제 소개를 먼저 하겠습니다.

OPI 시험을 시작하기에 앞서, 수험자의 인적 사항에 관한 간단한 질문이 진행됩니다. 이때, 질문에 한두 단어로 짧게 대답하기보다는, 시험관이 다양한 질문을 하기 전 자기소개 형식으로 길고 구체적으로 답변하는 것이 좋습니다.

핵심 패턴

- (Io) Sono + 명사/형용사 : 저는 ~입니다
- 의문사 Dove + 동사? : 어디서 (동사) 하나요?
- (주어) Si trova a : (주어)가 ~에 위치하다

다양한 질문 유형 파악하기

"자기소개를 해보세요"의 다양한 질문 유형입니다. 🎧 01-1

- **(Lei) Si presenti, per favore.** 자기소개를 해보세요.
- **(Lei) Si può presentare?** 자기소개를 해주 실 수 있나요?

"자기소개"에 관한 다른 표현의 질문들입니다. 🎧 01-2

① **Come si chiama (Lei)? / Il Suo nome?** 당신의 이름이 무엇입니까? / 당신의 이름은?

→ (Io) Mi chiamo Minsu. 제 이름은 민수입니다.

② **(Lei) Di che nazionalità è? / (Lei) Di dove è ? / (Lei) È coreano/a?**
국적이 어떻게 되시나요? / 어떤 도시에서 태어났나요? / 당신은 한국인인가요?

→ (Io) Sono coreano/a, di Seul. 저는 한국인이고 서울 출신입니다.
→ Sì, è giusto. (Io) Sono coreano/a, di Seul. 네, 맞습니다. 저는 한국인이고 서울 출신입니다.

③ **Dove abita (Lei)? / Dove vive (Lei)?** 당신은 어디서 사나요?

→ (Io) Abito/Vivo a Seul. 저는 서울에 삽니다.

④ **Qual è il Suo hobby?** 당신의 취미가 무엇인가요?

→ Il mio hobby è leggere libri. 제 취미는 책 읽기입니다.

⑤ **Quante persone ci sono nella Sua famiglia?** 당신의 가족은 몇 명인가요?

→ Siamo in 4 in famiglia. 가족은 4명입니다.

핵심 패턴 익히기

● **(Io) Sono+명사/형용사** : 저는 ~입니다

sono는 essere동사의 1인칭 단수(io) 형태입니다. essere를 이용해 나의 국적과 직업을 표현할 수 있습니다.

> **(Io) Sono+명사/형용사**

(Io) Sono uno studente/una studentessa. 저는 학생입니다.

(Io) Sono sposato/a. 저는 결혼했습니다.

(Io) Non sono un dottore/una dottoressa. 저는 의사가 아닙니다.

● **의문사 Dove+동사?** : 어디서 (동사) 하나요?

의문사가 올 경우, 어순을 변경할 필요 없이 의문사를 동사 앞에만 두면 됩니다.

> **(Lei) Dove+동사?**

(Lei) Dove lavora? 당신은 어디서 일하나요?

(Lei) Dove vive/abita? 당신은 어디서 사나요?

(Lei) Dove va il fine settimana? 주말에 어디에 가나요?

(Lei) Dove ha studiato? 당신은 어디서 공부했나요?

● **(주어) Si trova a** : (주어)가 ~에 위치하다

'trovarsi a ~(~에 위치하다)' 동사를 사용하여 어떤 장소의 위치를 설명할 수 있습니다. 여기서 a는 '~에'를 의미하는 전치사입니다.

> **(주어)+Si trova a+위치**

Il mio ufficio si trova a Seul. 저의 사무실은 서울에 위치합니다.

Dove si trova la Sua casa? 당신의 집은 어디에 위치해 있나요?

La mia casa non si trova a Seul. 저의 집은 서울에 위치하지 않습니다.

자기소개서 | 직장인일 경우

녹음은 성우 성별에 따라 성, 수가 다를 수 있습니다.
자신의 성별에 맞게 바꿔서 연습해 보세요.

 01-3

Buongiorno. Prima mi presento. Sono Minsu. Sono coreano, di Seul. Sono nato il 3 dicembre 1994. Ho 30 anni. Non sono ancora sposato. Vivo a Seul da 5 anni. Lavoro come impiegato in ufficio. La mia agenzia si trova in un'altra città, Incheon. Ho cominciato a studiare l'italiano un mese fa perché mi piace. Quindi, posso parlare un po' di italiano. La mia famiglia è composta da 5 persone: io, mia madre, mio padre e mia sorella.

안녕하세요. 제 소개를 먼저 하겠습니다. 저는 민수입니다. 저는 서울 출신의 한국인입니다. 저는 1994년 12월 3일에 태어났습니다. 나이는 30세입니다. 저는 아직 결혼하지 않았습니다. 저는 서울에서 5년째 살고 있습니다. 저는 사무실에서 직장인으로 일하고 있습니다. 저희 회사는 다른 도시인 인천에 위치해 있습니다. 저는 이탈리아어를 좋아해서 한 달 전 이탈리아어 공부를 시작했습니다. 그래서 저는 이탈리아어를 조금 할 수 있습니다. 저의 가족은 5명으로 구성되어 있습니다. 저와 어머니, 아버지, 그리고 저의 여동생입니다.

* **(Io) Sono di 도시** : 자신의 국적은 「Sono+국가 형용사」 형태로 표현하며, 태어난 도시를 말할 때는 「Sono+전치사 di+도시」로 표현합니다.

* **(Io) Sono nato/a il 일/월/년.** : nato(태어난)는 형용사로, 주어(나)의 성에 따라 남성인 경우 sono nato, 여성의 경우 sono nata로 변형해야 합니다. il은 정관사로, 날짜는 정확한 한날한시를 의미하므로 반드시 정관사 il이 있어야 합니다. 이탈리아어는 한국어와는 반대로 '일-월-년'순으로 날짜를 표현합니다.

새단어

- Buongiorno 안녕하세요
- presentarsi 소개하다
- prima 먼저
- coreano 한국인의
- nato 태어난
- ancora 아직
- sposato 결혼한
- vivere 살다
- da ~ ~로부터
- anno 년, 해
- lavorare 일하다
- come ~로서, 어떻게 (의문사)
- impiegato 고용된, 사무직
- ufficio 사무실
- mio 나의
- agenzia 회사
- altro 다른
- città 도시
- cominciare a+동사원형 ~하는 것을 시작하다
- studiare ~을 공부하다
- l'italiano 이탈리아어
- mese s.m. 월, 달
- fa ~전에
- perché 왜냐하면, 왜 (의문사)
- mi piace ~ 나는 ~을 좋아한다
- Quindi 그래서
- potere 할 수 있다
- parlare 말하다
- un po' 조금, 약간
- famiglia 가족
- composto da ~ ~로 구성된
- persona 사람
- madre 어머니
- padre 아버지
- sorella 손 위/아래 여자 형제

만들어 보세요! 나에게 맞는 스토리로 만들어 외워 보세요.

Buongiorno. Prima mi presento. Sono ___이름___ . Sono ___국가___ , di ___지역(도시)___.
Sono nato il ___출생연도___ . Ho ___나이___ anni. ___결혼 유/무___ .
Vivo a ___지역___ da ___기간___ anni. Lavoro come ② ___직업___ ① ___장소___ . La mia
agenzia si trova in ___회사 위치___ . Ho cominciato a studiare
l'italiano ___기간___ fa perché mi piace. Quindi, posso parlare un po' di
italiano. La mia famiglia è composta da ___가족 수___ persone: io, ③ ___가족 구성원___
.

안녕하세요. 제 소개를 먼저 하겠습니다. 저는   입니다. 저는   출신의   입니다. 저는
   에 태어났습니다. 나이는   세입니다.   . 저는   에서   년째 살고 있
습니다. 저는 ①   ②   으로 일하고 있습니다. 저희 회사는   에 위치해 있습니
다. 저는 이탈리아어를 좋아해서   전 이탈리아어 공부를 시작했습니다. 그래서 저는 이탈리아어를 조
금 할 수 있습니다. 저의 가족은 명으로 구성되어 있습니다. ③저와   입
니다.

패턴별 다른 표현들   나에게 맞는 표현을 찾아 위의 문장에 대입시켜 보세요.

① 장소	마트에서 공장에서 식당에서	al supermercato in fabbrica al ristorante	학교에서 집에서	a scuola a casa	
② 직업	선생님 가정주부 변호사	insegnante casalingo/a avvocato/a	(남) 교수 / (여) 교수 (남) 의사 / (여) 의사	professore / professoressa dottore / dottoressa	
③ 가족 구성원	나의 부모님 손 위/아래 남자 형제 조부모님	i miei genitori(= i miei) fratello nonni	아내 / 남편 자녀	moglie / marito figlio/a	

＊ 〈부록〉 기초 어휘를 활용해 다양한 표현을 만들어 보세요.

꼬리물기 | 직장인일 경우 | 🎧 01-4

1. **(Lei) Come si chiama? = Qual è il Suo nome?** 이름이 무엇인가요?

   ① 이름은 김민수입니다.
   (Io) Mi chiamo Kim Minsu.

   ② 이름은 민수, 성은 김입니다.
   Il mio nome è Minsu e il cognome è Kim.

2. **(Lei) Quanti anni ha?** 당신은 몇 살인가요?
   Suo figlio quanti anni ha? 당신의 아들은 몇 살인가요?

   ① 저는 38세입니다.
   (Io) Ho 38 anni.

   ② 저의 아들은 8살입니다. 초등학교에 다니기 시작했습니다.
   Mio figlio ha 8 anni. (Lui) Ha cominciato a frequentare la scuola elementare.

3. **(Lei) Con chi vive/abita?** 당신은 누구와 사나요?

   ① 저는 아내와 아이들과 삽니다.
   (Io) Vivo/Abito con mia moglie e i miei figli.

   ② 저는 부모님과 함께 삽니다.
   (Io) Vivo/Abito insieme ai miei genitori.

4. **Dove vivono/abitano i Suoi?** 당신의 부모님은 어디에서 사시나요?
   Dove si trova la casa dei Suoi (genitori)? 당신의 부모님 집은 어디에 위치해 있나요?

   ① 저희 부모님은 시골에서 사십니다.
   (Loro) Vivono/Abitano in campagna.

   ② 저희 부모님은 부산 근처에 사십니다.
   (Loro) Vivono/Abitano vicino a Busan.

꼬리물기는 자주 출제되는 질문에 대한 모범답변을 제시해 주는 코너입니다. 녹음을 통해 질문이 익숙해질 수 있도록 반복적으로 들으며, 나에게 맞는 스토리를 만들어 보세요. ※ 녹음은 경우 성별에 따라 성, 수가 다를 수 있습니다. 자신의 성별에 맞게 바꿔서 연습해 보세요.

5. (Lei) Che lavoro fa? = Qual è la Sua professione? 당신은 무슨 일을 하나요?

① 지금 일을 하지 않습니다.
   (Io) Non lavoro adesso.

② 저는 선생님입니다.
   (Io) Lavoro come insegnante. = Sono un insegnante. = Faccio l'insegnante.

6. Qual è il Suo hobby? 당신의 취미는 무엇인가요?
(Lei) Che cosa fa quando (Lei) è libero/a? 한가할 때 당신은 무엇을 하나요?

① 제 취미는 여행하기입니다.
   Il mio hobby è viaggiare.

② 저는 만화책 보는 것을 좋아합니다.
   Mi piace leggere i fumetti.

7. (Lei) Quando è nato/a? 당신은 언제 태어났나요?
Quando è il Suo compleanno? 당신의 생일은 언제인가요?

① 저는 80년생입니다.
   (Io) Sono nato/a nel 1980.

② 제 생일은 9월 3일입니다.
   Il mio compleanno è il 3 settembre.

8. (Lei) È sposato/a? 당신은 결혼을 했나요?
(Lei) È fidanzato/a? 당신은 애인이 있나요?

① 저는 싱글입니다.
   (Io) Sono single.

② 저는 남자친구/여자친구가 있습니다. / 저는 연애 중이에요.
   (Io) Ho un ragazzo/una ragazza. / (Io) Sono fidanzato/a.

자기소개서 — 학생일 경우

녹음은 성우 성별에 따라 성, 수가 다를 수 있습니다. 자신의 성별에 맞게 바꿔서 연습해 보세요.

Buongiorno. Prima mi presento. Mi chiamo Kim Minsu; 'Kim' è il mio cognome. Sono coreano, di Seul. La mia data di nascita è il 28 novembre 2001. Ho 23 anni. Sono uno studente. La mia facoltà è linguistica. Studio presso l'università che si trova a Seul. Da quando sono piccolo, abito a Seul. Ho iniziato a studiare l'italiano 3 settimane fa perché mi piace. Perciò, riesco a parlare un po' di italiano. La mia famiglia è composta da 5 persone: madre, padre e due fratelli.

안녕하세요. 먼저 자기소개를 하겠습니다. 제 이름은 김민수라고 하며 '김'이 성입니다. 저는 서울에서 태어난 한국인입니다. 저의 생년월일은 2001년 11월 28일입니다. 나이는 23살입니다. 저는 학생입니다. 제 전공은 언어학입니다. 서울에 위치한 대학교에서 공부하고 있습니다. 어렸을 때부터 서울에 살고 있습니다. 3주 전에 이탈리아어 공부를 시작했는데, 왜냐하면 그 언어가 좋기 때문입니다. 그래서 조금은 이탈리아어로 대화할 수 있습니다. 저의 가족은 엄마, 아빠, 그리고 두 형제로 총 5명입니다.

---

* **주격/목적격 관계대명사 che**

(1) Studio presso l'università.
(2) L'università si trova a Seul.

→ (1)+(2) : Studio presso l'università che si trova a Seul.

(1)과 (2)번 문장에서 l'università가 반복되는 것을 피하기 위해 관계대명사를 사용하여 문장을 하나로 연결하면 더 자연스럽고 고급스러운 표현이 될 수 있습니다.

새단어

- nome *s.m.* 이름
- data 날짜
- nascita 출생
- studente 남학생 (*cf.* studentessa 여학생)
- facoltà 전공
- linguistica 언어학
- presso ~에
- università 대학교
- piccolo 어린, 작은, *n.p.* 어린아이
- iniziare a+동사원형 ~하는 것을 시작하다
- settimana 주 (*cf. giorno* 일)
- perciò 그래서
- riuscire a+동사원형 ~할 수 있다

만들어 보세요! 나에게 맞는 스토리로 만들어 외워 보세요.

Buongiorno. Prima mi presento. Mi chiamo ___이름___ ; '___성___' è il mio cognome. Sono coreano, di ___출생지역___. La mia data di nascita è il ___출생연도___. Ho ___나이___ anni. Sono uno studente. La mia facoltà è ① ___전공___. Studio presso ___학교___ che si trova a ___위치___. Da quando sono piccolo, abito a ___지역___. Ho iniziato a studiare l'italiano ___시작일___ perché mi piace. Perciò, riesco a parlare un po' di italiano. La mia famiglia è composta da ___가족 수___ persone: ___가족 구성원___.

안녕하세요. 먼저 자기소개를 하겠습니다. 제 이름은 ___라고 하며 '___'이 성입니다. 저는 ___에서 태어난 한국인입니다. 저의 생년월일은 ___입니다. 나이는 ___살입니다. 저는 학생입니다. 제 전공은 ① ___입니다. ___에 위치한 ___에서 공부하고 있습니다. 어렸을 때부터 ___에 살고 있습니다. ___에 이탈리아어 공부를 시작했는데, 왜냐하면 그 언어가 좋기 때문입니다. 그래서 조금은 이탈리아어로 대화할 수 있습니다. 저의 가족은 ___로 총 ___명입니다.

패턴별 다른 표현들 나에게 맞는 표현을 찾아 위의 문장에 대입시켜 보세요.

①	전공	전자공학	ingegneria elettronica
		재료공학	ingegneria dei materiali
		경제학	economia
		경영학	gestione aziendale
		인문학	discipline umanistiche
		예술	arte
		성악	canto lirico
		조리학	arti e scienze culinarie
		디자인	design
		건축학	architettura

※ 〈부록〉 기초 어휘를 활용해 다양한 표현을 만들어 보세요.

꼬리물기 | 학생일 경우 🎧 01-6

1. **(Lei) Da quando vive a Seul? = Quanto tempo è stato/a a Seul?**
   당신은 서울에서 얼마나 살았나요?

   ① 학교 때문에 2년째 살고 있습니다.
   (Io) Vivo qui da 2 anni a causa della scuola.

   ② 이곳에서 태어났고 20년째 살고 있습니다.
   (Io) Sono nato/a qui e ci vivo da 20 anni.

2. **(Lei) Cosa vuole fare dopo la laurea?** 당신은 졸업 후에 무엇을 하고 싶나요?

   ① 바로 취직을 해서 회사에서 일을 하고 싶습니다.
   (Io) Vorrei essere assunto subito e lavorare in azienda.

   ② 사업을 하고 싶습니다.
   (Io) Vorrei aprire la mia azienda.

   ③ 공부를 더 하고 싶습니다.
   (Io) Vorrei studiare di più.

3. **(Lei) Quante volte va a scuola in una settimana?** 당신은 1주일에 몇 번 학교에 가나요?

   ① 지금은 휴학 중입니다.
   (Io) Sono in congedo accademico adesso.

   ② 3번 갑니다.
   (Io) Ci vado tre volte.

4. **Qual è la Sua facoltà/specializzazione?** 당신의 전공은 무엇인가요?

   ① 컴퓨터공학과 경영학, 이중 전공입니다.
   (Io) Sono laureato/a in ingegneria informatica e gestione aziendale, con doppia laurea.

   ② 경제경영학을 공부했습니다.
   (Io) Ho studiato economia e gestione aziendale.

꼬리물기는 자주 출제되는 질문에 대한 모범답변을 제시해 주는 코너입니다. 녹음을 통해 질문이 익숙해질 수 있도록 반복적으로 들으며, 나에게 맞는 스토리를 만들어 보세요. ※ 녹음은 성우 성별에 따라 성, 수가 다를 수 있습니다. 자신의 성별에 맞게 바꿔서 연습해 보세요.

5. A che anno è (Lei)? / Da quanto tempo studia (Lei)?
당신은 몇 학년인가요? / 얼마나 공부했나요?

① 3학년입니다.

   (Io) Sono al terzo anno.

② 4학기입니다.

   (Io) Sono al quarto semestre.

첫 번째	primo	네 번째	quarto	일곱 번째	settimo
두 번째	secondo	다섯 번째	quinto	여덟 번째	ottavo
세 번째	terzo	여섯 번째	sesto	아홉 번째	nono

6. Quanto tempo ci vuole/mette per andare da casa a scuola?
집에서부터 학교까지 얼마나 걸리나요?

① 버스로 30분 걸립니다.

   Ci vogliono 30 minuti in autobus.

② 걸어서 10분 거리입니다. 매우 가까워요.

   (Io) Ci metto 10 minuti a piedi. È molto vicino.

7. (Lei) In quale casa abita/vive? 당신은 어떤 집에 사나요?

① 혼자 대학교 기숙사에서 자취합니다.

   (Io) Abito/Vivo da solo/a in una residenza universitaria.

② 저의 가족들과 서울 아파트에서 삽니다.

   (Io) Abito/Vivo con la mia famiglia in un appartamento a Seul.

8. (Lei) Sa parlare altre lingue? 당신은 구사할 수 있는 다른 언어가 있나요?

① 이탈리아어만 할 수 있습니다.

   (Io) Posso parlare solo l'italiano.

② 영어와 중국어를 할 수 있습니다.

   (Io) Parlo l'inglese e il cinese.

학습 더하기⁺

● 국적 및 언어 (nazionalità e lingua)

나라		언어	사람
한국	Corea	coreano 또는 il coreano	coreano/i/a/e
이탈리아	Italia	italiano 또는 l'italiano	italiano/i/a/e
중국	Cina	cinese 또는 il cinese	cinese/i
일본	Giappone	giapponese 또는 il giapponese	giapponese/i
미국	Stati Uniti	inglese 또는 l'inglese	americano/i/a/e
독일	Germania	tedesco 또는 il tedesco	tedesco/chi/ca/che

* 국가를 표현할 때는 <u>첫 글자를 대문자</u>로 표기하고, 언어나 사람을 표현할 때는 <u>소문자</u>를 사용합니다.

(Io) Sono coreano/a. 저는 한국인입니다.

(Io) Posso parlare l'italiano e l'inglese. 저는 이탈리아어와 영어를 말할 수 있습니다.

(Io) Sono andato/a in Italia una volta. 저는 이탈리아에 한 번 가봤습니다.

● 숫자 (i numeri)

1	uno	11	undici	21	vent**uno***	40	quaranta
2	due	12	dodici	22	ventidue	50	cinquanta
3	tre	13	tredici	23	ventitré	60	sessanta
4	quattro	14	quattordici	24	ventiquattro	70	settanta
5	cinque	15	quindici	25	venticinque	80	ottanta
6	sei	16	sedici	26	ventisei	90	novanta
7	sette	17	**dicia**ssette**	27	ventisette	100	cento
8	otto	18	diciotto	28	vent**otto***	1,000	**mille*****
9	nove	19	diciannove	29	ventinove	2,000	due**mila*****
10	dieci	20	venti	30	trenta	1,000,000	un milione

* 1의 자리가 uno 또는 otto인 경우, 모음으로 시작하므로 10의 자리의 마지막 모음을 제거하고 붙여야 합니다.
　예) 31 = trenta + uno → trentuno　　58 = cinquanta + otto → cinquantotto
** 17부터 숫자 10을 의미하는 dicia가 앞에 옵니다.
*** 1,000은 mille로 l이 둘이지만, 2천이 넘어가면 mila로 l이 하나로 줄면서 어미가 a로 바뀌는 불규칙입니다.

1985 : mille/nove/cento/ottanta/cinque [밀레노베첸또옷땅따친꿰]

1991 : mille/nove/cento/novant/uno [밀레노베첸또노방뚜노]

1998 : mille/nove/cento/novant/otto [밀레노베첸또노방똣또]

● 월 (12 mesi)

1월	gennaio	5월	maggio	9월	settembre
2월	febbraio	6월	giugno	10월	ottobre
3월	marzo	7월	luglio	11월	novembre
4월	aprile	8월	agosto	12월	dicembre

● 직설법 현재형

이탈리아어에서는 주어를 생략하고 동사의 형태를 통해 주어의 인칭을 파악할 수 있습니다. 여러 시제 중에서 시험에서 가장 많이 사용되는 시제인 '직설법 현재형'의 규칙 형태를 인칭별로 자유롭게 변형할 수 있어야 합니다.

	-are로 끝나는 동사	-ere로 끝나는 동사	-ire로 끝나는 동사	
원형	lavorare	prendere	dormire	capire(-isc)
의미	일하다	~을 갖다, 취하다	잠을 자다	~을 이해하다
io	lavoro	prendo	dormo	capisco
tu	lavori	prendi	dormi	capisci
lui/lei/Lei	lavora	prende	dorme	capisce
noi	lavoriamo	prendiamo	dormiamo	capiamo
voi	lavorate	prendete	dormite	capite
loro	lavorano	prendono	dormono	capiscono

※ -ire 동사는 일반 변형과 -isc 변형 두 부류로 나뉘기 때문에 단어를 암기할 때 어느 쪽인지 꼭 알아야 합니다.

(1) 목적어를 필요로 하는 타동사 : (주어)+동사+목적어

나는 TV를 본다. (guardare) → (Io) Guardo la TV.

나는 주말마다 TV를 본다. → (Io) Guardo la TV ogni fine settimana.

나는 주말마다 가족과 함께 TV를 본다. → (Io) Guardo la TV ogni fine settimana con la famiglia.

(2) 목적어를 필요로 하지 않는 자동사 : (주어)+동사

나는 간다. (andare) → (Io) Vado.

나는 쇼핑을 하러 간다. → (Io) Vado a fare shopping.

나는 쇼핑을 하러 백화점에 간다. → (Io) Vado a fare shopping al centro commerciale.

IM
: Intermediate Mid

익숙한 화제에 대해 짧지만 비교적 자연스럽고 구체적인 설명이 가능한 단계로,
1:1 응대가 가능하고 회의에서 전체적인 맥락을 파악할 수 있습니다.

Unità

2

(Lei) Da dove chiama?

당신은 어디에서 전화하고 있나요?

자기소개가 끝난 후에는 수험자가 현재 시험을 보고 있는 장소에 대한 다양한 정보를 불시에 질문받을 수 있습니다. 전화기를 통해 OPI 시험을 진행할 때, 현재 장소와 시간 및 날씨 등을 설명할 수 있는 표현법을 반드시 숙지해야 합니다. 기초 회화 수준의 질문을 이해하지 못하거나 틀린 표현으로 대답할 경우, 큰 감점 요인이 될 수 있으므로 집중해서 학습해 보세요.

핵심 패턴

- Sono le (A) e (B) : A시 B분입니다
- c'è/ci sono : (주어)가 있습니다
- da+동사원형 : ~해야 할 것

다양한 질문 유형 파악하기

"현재 장소 정보"의 다양한 질문 유형입니다. 🎧 02-1

- **(Lei) Dov'è adesso?** 지금 어디신가요?
- **Dov'è il luogo dell'esame?** 시험 장소가 어디인가요?

"현재 장소 정보"에 관한 다른 표현의 질문들입니다.

① **Che ora è? / Che ore sono lì?** 그곳은 몇 시인가요?
  → Sono le 10 e 20. 10시 20분입니다.

② **Com'è il tempo là?** 그곳의 날씨는 어떤가요?
  → Fa caldo/freddo. 날이 덥습니다/춥습니다.
  → Sta piovendo/nevicando fuori. 밖에 비가/눈이 내리고 있습니다.

③ **Descriva Seul, per favore.** 서울에 대해서 말해주세요.
  → Seul è una città molto grande. 서울은 매우 큰 도시입니다.
  → È complicata e affollata di persone. (이 도시는) 복잡하고 사람이 많습니다.

④ **Potrebbe spiegare il posto in cui (Lei) si trova?** 당신이 있는 장소를 설명해 줄 수 있나요?
  → Sono a Incheon, è una città vicino a Seul. 저는 서울 근처에 있는 도시, 인천에 있습니다.

⑤ **Quali sono i vantaggi di quella città?** 그 도시의 장점이 무엇인가요?
  → I trasporti pubblici sono molto comodi. 대중교통이 매우 편리합니다.
  → I prezzi dei prodotti sono economici. 물건들의 가격이 저렴합니다.

핵심 패턴 익히기

● **Sono le (A) e (B)** : A시 B분입니다

시간을 말할 때는 반드시 정관사 le를 사용해야 합니다.

> Sono le (숫자 1) e (숫자 2).

Sono le 10 e 20. 10시 20분입니다.   Sono le 10 e mezza. 10시 반입니다.
Sono le 8 di mattina. 오전 8시입니다.   Sono le 11 meno un quarto. 11시 15분 전입니다.
È mezzogiorno/mezzanotte. 정오/자정입니다.
È l'una. 1시입니다.

● **c'è/ci sono** : (주어)가 있습니다

주어가 단수일 때는 c'è, 복수일 때는 ci sono입니다. 단, io(나), tu(너), noi(우리), voi(너희)는 주어가 될 수 없습니다.

> c'è (단수 명사), ci sono (복수 명사)

Ci sono molti grattacieli. 높은 빌딩이 많이 있습니다.
Ci sono molti alberi per le strade. 길가에 나무가 많이 있습니다.
C'è molta gente.* 사람들이 많이 있습니다.
Non c'è nessuno. 아무도 없습니다.

* 'la gente(사람들)'은 복수명사로 해석되지만, 단수형으로만 사용합니다.

● **da+동사원형** : ~해야 할 것

전치사 da는 다양한 의미를 가지고 있습니다. 첫 번째는 「da (A) a (B) : A부터 B까지 (from ~ to ...)」 두 번째는 「a casa di+사람 : ~의 집」 그리고 「da+동사원형 : ~해야 할 것」이 있습니다.

> da+동사원형

Ho da fare. 저는 해야 할 것이 있습니다.
Ho da mangiare. 저는 먹을 것이 있습니다.
Le do cibo da mangiare. 저는 먹을 음식을 당신에게 줍니다.

사는 곳 소개 | 도시일 경우

녹음은 성우 성별에 따라 성, 수가 다를 수 있습니다. 자신의 성별에 맞게 바꿔서 연습해 보세요. 🎧 02-3

Seul è una città molto grande. Ha oltre dieci linee della metro e una vasta rete di trasporti pubblici. Più del 50% della popolazione coreana vive a Seul, quindi è una città molto affollata, ma è anche molto comoda grazie alle molte strutture. Nel centro di Seul, ci sono luoghi interessanti da visitare come il Palazzo Gyeongbokgung e musei d'arte moderna. Anche se c'è il problema dell'inquinamento atmosferico, è possibile vedere splendide viste notturne. Adesso a Seul è primavera, il clima è caldo e sono le 9 e 30.

서울은 매우 큰 도시입니다. 지하철 노선도 10개가 넘으며 대중교통시설이 다양합니다. 한국 인구의 50% 이상이 서울에 살아서 사람이 많지만, 여러 시설이 모여 있어 편하기도 합니다. 서울 중심에는 경복궁과 같은 고궁이나 현대 미술관과 같은 재미있는 볼거리들도 있습니다. 공기가 좋지 않다는 문제가 있지만 멋진 야경을 볼 수 있습니다. 지금 서울은 봄이고, 날씨는 따뜻하며 현재 시간은 9시 30분입니다.

* **la metro**(지하철) : -o로 끝나는 명사이지만, metro(politana)의 줄임말로 실제로는 '여성 명사'입니다. 이러한 축약형은 복수형도 le metro와 같이 형태가 동일합니다. 관사나 수식 받는 형용사를 통해 단수와 복수를 유추할 수 있습니다.

단수		성	복수	
la moto(cicletta)	오토바이	여성	le moto(ciclette)	오토바이들
l'auto(mobile)	자동차	여성	le auto(mobili)	자동차들
la foto(grafia)	사진	여성	le foto(grafie)	사진들
la bici(cletta)	자전거	여성	le bici(clette)	자전거들
il cinema(tografo)	영화, 영화관	남성	i cinema(tografi)	영화들, 영화관들

새단어

- oltre *avv.* 더
- linea 선
- vasto 넓은
- rete *s.f.* 네트워크/망
- trasporto pubblico 대중교통
- popolazione *s.f.* 인구
- affollato 혼잡한
- comodo 편안한
- grazie a ~ ~덕분에
- luogo 장소
- interessante 흥미로운
- visitare ~을 방문하다
- palazzo 궁, 건물
- museo 박물관
  (museo d'arte moderna 현대 미술관)
- anche se 비록 ~일지라도
- inquinamento 오염
- atmosferico 공기의
- splendido 빛나는
- vista 광경
- notturno 밤의

만들어 보세요! 나에게 맞는 스토리로 만들어 외워 보세요.

지역 è una città molto grande. Ha 지하철 노선 수 linee della metro e una vasta rete di trasporti pubblici. 인구 분포 vive a 지역, quindi è una città molto affollata, ma è anche molto comoda grazie alle molte strutture. Nel centro di 지역, ci sono luoghi interessanti da visitare come ① 관광지 . Anche se c'è il problema di ② 지역 문제 , è possibile vedere splendide viste notturne. Adesso a 지역 è ③ 계절 , il clima è ④ 기온 e sono le 시간 .

매우 큰 도시입니다. 지하철 노선도 대중교통시설이 다양합니다. 이 에 살아서 사람이 많지만, 여러 시설이 모여 있어 편하기도 합니다. 중심에는 ① 과 같은 재미있는 볼거리들도 있습니다. ② 문제가 있지만 멋진 야경을 볼 수 있습니다. 지금 은 ③ 이고, 날씨는 ④ 며 현재 시간은 입니다.

패턴별 다른 표현들 나에게 맞는 표현을 찾아 위의 문장에 대입시켜 보세요.

①	관광지	남산타워 등산로 유명한 식당	La Torre di Seul i sentieri di montagna (단수형 il sentiero) i ristoranti famosi (단수형 il ristorante)
②	지역 문제	교통 체증 범죄 비싼 임대료 쓰레기 거리 소음	il traffico la criminalità il costo elevato dell'affitto i rifiuti (단수형 il rifiuto) il rumore stradale
③	계절	여름 가을 겨울	estate autunno inverno
④	기온	습한 건조한 추운	umido secco freddo

* 〈부록〉 기초 어휘를 활용해 다양한 표현을 만들어 보세요.

꼬리물기 | 도시일 경우 | 🎧 02-4

1. Com'è Seul? 서울은 어떤가요?

① 아름다운 도시입니다.
   È una città bella.

② 맛있는 음식으로 유명한 도시입니다.
   È una città famosa per il cibo delizioso.

2. Di solito, il clima in quella città com'è? 그 도시의 날씨는 주로 어떤가요?

① 겨울에는 영하 20도까지 기온이 내려갑니다.
   In inverno la temperatura può scendere fino a meno 20 gradi.

② 여름엔 38도까지 기온이 올라갑니다.
   In estate la temperatura può arrivare fino a 38 gradi.

3. Quante persone vivono lì? 그곳에 몇 명이 사나요?

① 약 200만 명이 삽니다.
   Ci vivono circa 2 milioni di persone.

② 정확히는 모르지만, 500만 명이 안 될 겁니다.
   Non lo so esattamente, ma *saranno meno di 5 milioni di persone.

* essere 동사의 단순 미래 형태입니다.

io	sarò	noi	saremo
tu	sarai	voi	sarete
lui/lei/Lei	sarà	loro	saranno

4. Quale è il luogo più famoso in quella zona?
Quale è il monumento più famoso in quella zona?

그 지역에서 가장 유명한 장소는 어디인가요? / 그 지역에서 가장 유명한 랜드마크가 무엇인가요?

① 서울은 마천루인 63빌딩이 유명합니다.
   A Seul, il grattacielo 63 Building è famoso.

② '불국사'라는 사찰이 유명합니다.
   Il tempio chiamato "Bulguksa" è famoso.

③ 여름에는 시원한 '용추'계곡에 많이 갑니다.
   In estate, molte persone vanno nella fresca valle "YongChoo".

꼬리물기는 자주 출제되는 질문에 대한 모범답변을 제시해 주는 코너입니다. 녹음을 통해 질문이 익숙해질 수 있도록 반복적으로 들으며, 나에게 맞는 스토리를 만들어 보세요. ※ 녹음은 성우 성별에 따라 성, 수가 다를 수 있습니다. 자신의 성별에 맞게 바꿔서 연습해 보세요.

5. Quali sono i vantaggi di questa città? 이 도시의 장점은 무엇인가요?

① 놀 거리들이 많습니다.

Ci sono molte attrazioni.

② 늦은 밤에도 안전해 돌아다닐 수 있습니다.

È sicuro anche di notte per passeggiare.

6. Quali aspetti di questa città dovrebbero essere migliorati? Quali sono gli svantaggi di questa città?

이 도시의 어떤 점이 개선되어야 할까요? / 이 도시의 단점은 무엇인가요?

① 쓰레기통이 적어 쓰레기를 버리기가 어렵습니다.

Ci sono pochi cestini dell'immondizia, rendendo difficile gettare i rifiuti.

② 길거리에서 택시 타기가 어렵습니다.

È difficile prendere un taxi per strada.

7. Tra città e campagna, quale è meglio? (Lei) Dove preferirebbe vivere?

도시와 외곽 중 어떤 곳이 더 나은가요? 당신은 어디서 살고 싶나요?

① 지금은 대도시에 살고 있습니다. 하지만 조용한 외곽에서 살고 싶습니다.

Attualmente vivo nella grande città. Tuttavia, vorrei vivere in una zona tranquilla nella periferia.

② 인프라가 잘 갖춰진 도시가 좋습니다.

Mi piace una città con infrastrutture ben sviluppate.

8. Mi *dica cosa le piace di più nella sua zona.

당신이 사는 지역에서 가장 마음에 드는 점을 말해보세요.

① 제가 다니는 직장이 매우 가깝습니다.

Il mio posto di lavoro è molto vicino.

② 신선한 음식을 사서 바로 먹을 수 있습니다.

Posso acquistare cibo fresco e mangiarlo subito.

* dire(말하다) 동사의 존칭 명령형입니다.

사는 곳 소개 | 외곽일 경우

녹음은 성우 성별에 따라 성, 수가 다를 수 있습니다.
자신의 성별에 맞게 바꿔서 연습해 보세요.

 02-5

Vivo a Yangpyeong, una zona di campagna situata nella periferia della città. L'aria è molto pulita e l'acqua è limpida grazie alla presenza delle montagne circostanti. Ci sono molti campi e risaie. Recentemente, è stata costruita una stazione della metro, rendendo più facile raggiungere la città. Ma ci sono pochi autobus nel villaggio, quindi può essere scomodo spostarsi senza un'auto. Tuttavia, è un luogo tranquillo e pacifico che mi fa sentire sereno.

저는 도시 외곽에 있는 양평이라는 시골에서 삽니다. 산에 둘러싸인 덕에 공기가 매우 좋고 물도 맑습니다. 논과 밭이 참 많습니다. 최근에 지하철역이 생겨서 도시에 가기 더 편리해졌습니다. 하지만 마을 안에는 버스가 많지 않아 자동차가 없으면 이동이 불편할 수 있습니다. 그만큼 조용하고 평화로운 곳이어서 마음이 편안합니다.

* 수동태 : **È stata costruita** una stazione della metro. 지하철역이 만들어졌다.

	주어	동사	목적어
능동태	Lui	costruisce	una stazione della metro
수동태	Una stazione della metro	è costruita	da lui.
	능동태에서 목적어	essere + 과거분사*	da + 행위자

134p. 수동태 참고

* 제룬디오 : **rendendo** più facile raggiungere la città 도시에 가기 편해지면서

형태	-are	▶	-ando	-ere	▶	-endo	-ire	▶	-endo
예시	studi**are**		studi**ando**	rend**ere**		rend**endo**	costru**ire**		costru**endo**

기초 단계에서 제룬디오 형태는 진행형과 동시 동작 '~하면서'를 표현할 때 주로 사용합니다.

새단어

- campagna 시골, 외곽
- situato a/in ~ ~에 위치한
- periferia 교외, 주변
- aria 공기
- pulito 깨끗한
- limpido 투명한
- grazie a A A 덕분에
- presenza 존재
- montagna 산
- circostante 주위의
- campo 밭
- risaia 논
- recentemente 최근에
- costruito 설립된 (costruire ~을 설립하다)
- stazione s.f. 역
- rendere ~가 되다
- facile 쉬운
- raggiungere ~에 다다르다
- villaggio 마을, 촌락
- scomodo 불편한
- spostarsi 이동하다
- senza ~ 없이
- tuttavia 그럼에도 불구하고
- tranquillo 평온한
- pacifico 평화로운
- sereno 맑은

만들어 보세요! 나에게 맞는 스토리로 만들어 외워 보세요.

Vivo a _____지역_____ , una zona di campagna situata nella periferia della città. L'aria è molto pulita e l'acqua è limpida grazie alla presenza delle ① _____자연 지형_____ . Ci sono molti _____자연 지형_____ . Recentemente, è stata costruita _____편의시설_____ , rendendo più facile ② _____일상 활동_____ . Ma ci sono pochi ③ _____조형물_____ nel villaggio, quindi può essere scomodo _____없으면 불편한 것_____ . Tuttavia, è un luogo tranquillo e pacifico che mi fa sentire sereno.

저는 도시 외곽에 있는 _____ 이라는 시골에서 삽니다. ① _____ 덕에 공기가 매우 좋고 물도 맑습니다. _____ 이 참 많습니다. 최근에 _____ 이 생겨서 ② _____ 더 편리해졌습니다. 하지만 마을 안에는 ③ _____ 가 많지 않아 _____ 이 불편할 수 있습니다. 그만큼 조용하고 평화로운 곳이어서 마음이 편안합니다.

패턴별 다른 표현들 나에게 맞는 표현을 찾아 위의 문장에 대입시켜 보세요.

①	자연 지형	강	i fiumi (단수형 il fiume)
		호수	i laghi (단수형 il lago)
		나무	gli alberi (단수형 l'albero)
		꽃	i fiori (단수형 il fiore)
		언덕	le colline (단수형 la collina)
②	일상 활동	장 보다	fare la spesa
		쇼핑하다	fare shopping (= fare spese)
		운동하다	fare ginnastica
		외식하다	mangiare fuori
		영화를 보다	vedere il film
		음악을 듣다	ascoltare la musica
		자녀들을 데리러 가다	accompagnare i figli
③	조형물	가로등	lampioni (단수형 il lampione)
		가게	negozi (단수형 il negozio)
		버스정류장	fermate (단수형 la fermata)
		입간판	insegne (단수형 l'insegna)
		표지판	cartelli stradali (단수형 il cartello stradale)

＊〈부록〉기초 어휘를 활용해 다양한 표현을 만들어 보세요.

꼬리물기 | 외곽일 경우　🎧 02-6

1. Qual è il luogo preferito delle persone del quartiere quando vogliono divertirsi? 그 지역 사람들은 놀 때 어떤 장소를 선호하나요?

① 시청 근처에 영화관과 작은 쇼핑거리가 있어 그곳으로 갑니다.
　 Ci sono un cinema e una piccola area commerciale vicino al municipio, quindi vanno lì.

② 갈만한 곳이 없어 근처 도시로 갑니다.
　 Non ci sono luoghi interessanti, quindi vanno nelle città vicine.

2. La distanza dalla città a quella zona è breve? O lunga?
도시에서 그 지역까지 거리가 가깝나요? 먼가요?

① 자동차로 30분 걸리기 때문에 멀지는 않습니다.
　 Non è così lontano perché ci vogliono circa 30 minuti in macchina.

② 기차로 1시간 걸리기 때문에 매우 멉니다.
　 È molto lontano perché ci vuole un'ora di treno.

3. Descriva come raggiungere quella zona. 그 지역에 가는 법을 설명해 보세요.

① 자동차로 간다면 고속도로를 따라 20분 정도 간 후 교차로에서 나와 30분 더 가면 됩니다.
　 Se vado in auto, percorro l'autostrada per circa 20 minuti, poi esco all'uscita e continuo per altri 30 minuti.

② 지하철을 탄다면 '평택'역에서 1호선을 탄 후 '서울역'에서 내리면 됩니다.
　 Se prendo la metro, prendo la Linea 1 dalla stazione "Pyeongtaek" e scendo alla stazione "Seul".

4. Quali sono principalmente le occupazioni in quella zona?
그 지역에는 주로 어떤 일자리가 있나요?

① 공공기관에서 일하는 공무원들이 많습니다.
　 Ci sono molti impiegati che lavorano nelle istituzioni pubbliche.

② 도시와 마찬가지로 사무실에서 일하는 회사원들이 많습니다.
　 Come nelle città, ci sono molti impiegati che lavorano in ufficio.

5. Quali sono i prodotti tipici o famosi di quella zona?
그 지역 특산물이나 유명한 것은 무엇인가요?

① 쌀이 유명합니다.

  Il riso è famoso.

② 자동차 공장이 있기 때문에 해외 수출용 자동차가 많습니다.

  Ci sono molte auto destinate all'esportazione perché c'è una fabbrica di automobili.

6. Ci sono più anziani o giovani in quella zona? 그 지역은 노인이 많나요 젊은 사람이 많나요?

① 노인이 훨씬 더 많습니다.

  Ci sono molti più anziani.

② 젊은 사람들이 적습니다.

  Ci sono pochi giovani.

7. La popolazione di quella zona sta diminuendo o aumentando?
그 지역은 인구가 줄고 있나요 늘고 있나요?

① 전반적인 인구는 변화가 없으나 노인 인구가 늘고 있습니다.

  La popolazione complessiva non sta cambiando, ma la popolazione anziana sta aumentando.

② 젊은 사람들이 대도시로 이동하여 인구가 줄고 있습니다.

  I giovani si stanno trasferendo nelle grandi città e la popolazione sta diminuendo.

8. Per quanto tempo vuoi vivere in quella zona? 당신은 언제까지 그 지역에 살고 싶나요?

① 평생 이곳에서 살고 싶습니다.

  Vorrei vivere qui per tutta la vita.

② 앞으로 10년 동안만 여기에 살고 싶습니다.

  Vorrei vivere qui solo per i prossimi 10 anni.

● 전치사

di	~의 (of), (도시) 출신의	Questa è la borsa di Silvia. 이것은 실비아의 가방입니다. Sono di Napoli. 저는 나폴리 출신입니다.
a	~에 (at)	A che ora va a casa? 당신은 몇 시에 집에 가나요?
da	~로부터 (from), ~의 집에 (= a casa di)	Il treno da Roma a Firenze 로마부터 피렌체로 가는 기차 Vieni da me? 너는 우리 집에 오니?
in	~안에	Metto i soldi in banca. 저는 은행(안)에 돈을 넣습니다.
su	~위에	Ci sono delle monete su questa tavola. 이 테이블 위에 동전들이 있습니다.
con	~와 (with)	Studio l'italiano con i compagni. 저는 동료들과 이탈리아어를 공부합니다.
per	~위해 (for)	Studio per andare in Italia. 저는 이탈리아에 가기 위해 공부합니다.
tra/fra	사이에 (between)	C'è un foglio tra/fra due libri. 두 책들 사이에 종이가 있습니다.

● 전치사+관사

	il	i	lo	l'	gli	la	l'	le
di	del	dei	dello	dell'	degli	della	dell'	delle
a	al	ai	allo	all'	agli	alla	all'	alle
da	dal	dai	dallo	dall'	dagli	dalla	dall'	dalle
in	nel	nei	nello	nell'	negli	nella	nell'	nelle
su	sul	sui	sullo	sull'	sugli	sulla	sull'	sulle
con								
per				전치사, 정관사 분리				
tra/fra								

 **사는 곳 소개** : 도시

Nel centro di Seul, ci sono luoghi interessanti. [in+il]

서울 중심에는 흥미로운 장소들이 있습니다.

C'è il problema **dell'**inquinamento atmosferico. [di+l']

공기 오염의 문제가 있습니다.

● 직설법 현재형 – 불규칙 동사

	avere ~을 갖다	fare ~을 하다/만들다	dire ~을 말하다	dare ~을 주다	stare 지내다
io	ho	faccio	dico	do	sto
tu	hai	fai	dici	dai	stai
lui/lei/Lei	ha	fa	dice	dà*	sta
noi	abbiamo	facciamo	diciamo	diamo	stiamo
voi	avete	fate	dite	date	state
loro	hanno	fanno	dicono	danno	stanno

* 전치사 da와 구분하기 위해 악센트를 넣은 것이므로 발음상에 큰 차이를 둘 필요는 없습니다.

(Io) Non ho tempo per rilassarmi. 저는 쉴 시간이 없습니다.

(Io) Dico sempre la verità. 저는 항상 진실만을 말합니다.

(Lei) Mi dà qualche consiglio per il viaggio in Corea?
한국을 여행하기 위한 조언을 제게 해 주겠어요?

● 조동사

조동사는 본동사를 보완하여 추가적인 의미를 부여하는 기능을 하므로, 조동사 뒤에는 항상 본동사인 동사원형이 와야 합니다.

	potere ~을 할 수 있다	dovere ~을 해야만 하다	volere ~을 하고 싶다
io	posso	devo	voglio
tu	puoi	devi	vuoi
lui/lei/Lei	può	deve	vuole
noi	possiamo	dobbiamo	vogliamo
voi	potete	dovete	volete
loro	possono	devono	vogliono

(Lei) Può parlare lentamente, per favore? 말을 천천히 해주 실 수 있나요? [본동사 parlare]

(Lei) Quando deve finire questo esame? 당신은 언제 이 시험을 끝내야 하나요? [본동사 finire]

(Lei) Vuole fare una pausa? 당신은 잠시 쉬고 싶으신가요? [본동사 fare]

(Io) Voglio un caffè macchiato. 저는 마키아토 한 잔을 원합니다.*

* 예외 : volere는 '~을 원하다'라는 의미로 일반 동사로도 사용되며, 명사가 올 수 있습니다.

IM
: Intermediate Mid

익숙한 화제에 대해 짧지만 비교적 자연스럽고 구체적인 설명이 가능한 단계로,
1:1 응대가 가능하고 회의에서 전체적인 맥락을 파악할 수 있습니다.

Unità

3

Descriva la Sua routine quotidiana.
당신의 하루 일과를 소개해 주세요.

출제 빈도가 높은 대표적인 질문 유형 중 하나입니다. 하루 일과에 대해 묻거나 아침부터 저녁까지의 일과를 서술하도록 요청하는 경우도 있습니다. 이 과정에서 재귀동사를 통해 초급에서 중급 수준의 문법 실력을 평가할 수 있으므로, 재귀동사를 꼼꼼히 공부해야 합니다.

본 단원부터는 주격인칭대명사(io, tu, lui/lei, noi, voi, loro)를 생략하여 말하는 연습을 합니다.

핵심 패턴

- dopo+명사 : ~후에
- e poi : 그러고 나서
- prima di+동사원형/명사 : ~전에

다양한 **질문 유형** 파악하기

"하루 일과"의 다양한 질문 유형입니다. 🎧 03-1

- **Qual è la Sua routine quotidiana?** 당신의 하루 루틴이 어떻게 되나요?
- **Descriva la Sua giornata tipica.** 당신의 일상을 서술하세요.

"하루 일과"에 관한 다른 표현의 질문들입니다. 🎧 03-2

① **A che ora si sveglia (Lei)?** 몇 시에 일어나세요?
➡ (Io) Di solito mi sveglio alle 8. 주로 8시에 일어납니다.

② **A che ora si è svegliato/a questa mattina (Lei)?** 오늘 아침에 몇 시에 일어났나요?
➡ (Io) Mi sono svegliato/a alle 8. 8시에 일어났습니다.
 * 본인이 남성인 경우 svegliato, 여성인 경우 svegliata로 성, 수 일치를 해야 합니다.  120p. 참고

③ **Quando comincia la Sua giornata (Lei)?** 언제 당신의 하루를 시작하나요?
A che ora inizia il Suo giorno lavorativo (Lei)? 몇 시에 당신의 하루를 시작하나요?
➡ (Io) Comincio dopo la doccia. 샤워가 끝나면 시작합니다.
➡ (Io) Inizio alle 9 di mattina. 아침 9시에 시작합니다.

④ **A che ora si addormenta la sera (Lei)?** 밤에는 몇 시에 잠드나요?
A che ora va a letto (Lei)? 몇 시에 침대로 가나요? (= 몇 시에 잠드나요?)
➡ (Io) Mi addormento a mezzanotte. 자정에 잠듭니다.
➡ (Io) Vado a letto tardi, all'una di notte. 새벽 1시에 늦게 잡니다.
➡ (Io) Vado a dormire presto, alle 10. 10시에 일찍 잡니다.

핵심 패턴 익히기

- **dopo+명사** : ~후에

    dopo는 전치사, 부사, 접속사로 기능하며 뒤에 명사뿐만 아니라 '단독 사용, 동사원형, 완전한 문장' 등이 위치할 수 있습니다. 이번에는 '명사'를 이용한 작문을 익혀보세요.

    > **dopo+명사**

    Vado a casa dopo il lavoro. 저는 일(이 끝난) 후에 집에 갑니다.

    Ceno dopo la scuola. 저는 학교(가 끝난) 후에 저녁 식사를 합니다.

    Vado a letto molto tardi, dopo l'una di notte. 저는 1시 후에 매우 늦게 잡니다.

    A dopo! 잠시 후에 보자! (= Ci vediamo dopo!)

    참고 '(기간) 후에'를 표현할 때는 dopo보다 tra/fra를 주로 사용합니다.
    예) Tra/Fra poco inizia l'esame. 잠시 후에 시험이 시작합니다.

- **e poi** : 그러고 나서

    e(그리고)를 생략해서 말하기도 합니다.

    > **e poi+문장**

    Finisco il lavoro e poi vado a casa. 저는 일을 끝내고 나서 집에 갑니다.

    Finisco la scuola e poi ceno. 저는 학교를 끝내고 나서 저녁 식사를 합니다.

    Vedo un film e poi dormo. 저는 영화를 보고 나서 잠을 잡니다.

- **prima di+동사원형/명사** : ~전에

    prima는 '전에, 먼저'라는 의미로 단독으로도 사용되지만, 주로 전치사 di를 수반합니다.

    > **prima di+동사원형 또는 명사**

    Finisco il lavoro prima di andare a casa. 저는 집에 가기 전에 일을 끝냅니다.

    Faccio una passeggiata veloce prima della cena.
    저는 저녁 식사 전에 빠르게 산책을 합니다.

    참고 다른 의미로 쓰이기도 합니다.
    예) Prima di tutto, mi piace. 무엇보다 제가 (그것을) 좋아합니다.

하루 일과 | 직장인일 경우

녹음은 성우 성별에 따라 성, 수가 다를 수 있습니다.
자신의 성별에 맞게 바꿔서 연습해 보세요.

Mi sveglio alle 6 e mezza. Vado subito in bagno e mi lavo. Di solito, non faccio colazione. Parto per l'azienda in auto alle 7. Quando arrivo in ufficio, prima controllo le email. Poi prendo un caffè da solo. Io faccio affari, quindi parlo spesso con i clienti interessati ad acquistare i prodotti della nostra azienda. Lavoro fino alle 5 di sera. Dopo il lavoro, torno a casa per vedere la mia famiglia. Finisco di cenare con la mia famiglia verso le 7, gioco con i bambini fino alle 9, poi leggo o studio e vado a letto a mezzanotte.

저는 아침 6시 반에 일어납니다. 화장실로 바로 가고 씻습니다. 주로 아침 식사를 하지 않습니다. 7시에 자동차로 회사로 떠납니다. 사무실에 도착하면, 먼저 이메일을 확인합니다. 그러고 나서 혼자 커피를 마십니다. 저는 영업일을 하므로 저희 회사의 물건을 구매하고 싶어 하는 고객들과 이야기를 자주 합니다. 저녁 5시까지 일합니다. 일이 끝난 후에는 가족들을 보기 위해 집에 돌아갑니다. 7시쯤에 가족들과 저녁 식사를 마치고 아이들과 9시까지 논 후 책을 읽거나 공부를 하고 12시에 잠을 잡니다.

* fare와 avere를 이용한 일상생활 및 상태 표현

인칭 변형	fare (~을 하다/만들다)		인칭 변형	avere (~을 갖다)	
faccio	fare una passeggiata	산책하다	ho	avere fame	배고프다
fai	fare colazione	아침 식사하다	hai	avere sete	목마르다
fa	fare la doccia	샤워하다	ha	avere caldo/freddo	덥다 / 춥다
facciamo	fare una foto	사진 찍다	abbiamo	avere sonno	잠이 오다
fate	fare le ore piccole	밤늦게 자다	avete	avere paura	두렵다
fanno	fare la spesa	장 보다	hanno	avere fretta	급하다
	fare una pausa	휴식을 취하다		avere il raffreddore	감기 걸리다

새단어

- svegliarsi 잠에서 깨다
- subito *avv.* 바로, 곧
- bagno 화장실
- lavarsi 씻다
- di solito 평상시에, 일반적으로
- fare colazione 아침 식사하다
- partire per ~ ~로 출발하다
- azienda/agenzia 회사
- in auto 자동차로
- arrivare 도착하다
- ufficio 사무실
- prima *avv.* 먼저
- controllare ~을 확인하다
- (e) poi 그러고 나서
- prendere ~을 갖다/마시다
- da solo/a 혼자
- affare *s.m.* 일, 영업, 사업
- spesso *avv.* 자주
- cliente *n.p.* 고객
- interessato a ~ ~에 관심 있는
- acquistare ~을 사다
- tornare 돌아가다
- vedere ~을 보다

만들어 보세요! 나에게 맞는 스토리로 만들어 외워 보세요.

Mi sveglio alle ⟨기상 시간⟩ . Vado subito ⟨장소⟩ e mi lavo. Di solito, non faccio colazione. Parto per l'azienda ⟨시간과 교통수단⟩ . Quando arrivo in ufficio, prima ⟨처음 하는 일⟩ . Poi ⟨이후 하는 일⟩ . Io faccio ① ⟨직무⟩ , quindi parlo spesso con ② ⟨업무 상대/내용⟩ . Lavoro fino alle ⟨시간⟩ di sera. Dopo il lavoro, ⟨퇴근 후 하는 일⟩ . Finisco di cenare con la mia famiglia verso le ⟨시간⟩ , ⟨퇴근 후 하는 일⟩ , poi ⟨자기 전 하는 일⟩ e vado a letto a ⟨취침 시간⟩ .

저는 아침 　에 일어납니다. 　바로 가고 씻습니다. 주로 아침 식사를 하지 않습니다. 　회사로 떠납니다. 사무실에 도착하면, 먼저 　합니다. 그리고 나서 　. 저는 ① 　을 하므로 ② 　과 이야기를 자주 합니다. 저녁 　시까지 일합니다. 일이 끝난 후에는 　. 　시쯤에 가족들과 저녁 식사를 마치고 　후 　하고 　시에 잠을 잡니다.

패턴별 다른 표현들 | 나에게 맞는 표현을 찾아 위의 문장에 대입시켜 보세요.

①	직무	연구	la ricerca
		관리	il/la manager
		생산	la produzione
		회계	la contabilità
②	업무 상대/내용	• 업무 상대	
		책임자	il/la responsabile
		동료	il/la collega (복수형 i/le colleghi)
		상사	il capo
		• 업무 내용+상대	
		프로젝트를 함께 진행하는 동료	il/la collega che lavora sul progetto insieme
		나에게 일을 가르쳐 주는 상사	il capo che mi insegna il lavoro
		나에게 도움을 주는 책임자	il/la responsabile che mi dà aiuto

＊ ⟨부록⟩ 기초 어휘를 활용해 다양한 표현을 만들어 보세요.

꼬리물기 | 직장인일 경우 🎧 03-4

1. **Quante ore lavora al giorno (Lei)?** 하루에 몇 시간 일하나요?

   ① 매일 10시간 일합니다.
      Lavoro 10 ore al giorno tutti i giorni.

   ② 그때그때 다릅니다. 약 3~5시간 정도 일합니다.
      Dipende dalla situazione. Di solito lavoro circa 3-5 ore.

2. **Cosa fa dopo il lavoro (Lei)?** 일이 끝나면 무엇을 하나요?

   ① 집에서 휴식을 취합니다.
      Mi riposo a casa.

   ② 학원에 가서 영어와 이탈리아어를 공부합니다.
      Vado all'accademia privata per studiare inglese e italiano.

3. **Quali sono i problemi principali nella Sua azienda?**
   당신의 회사에서는 주로 어떤 문제가 발생하나요?

   ① 월급 인상이 없습니다.
      Non ci sono aumenti di stipendio.

   ② 다른 사람들의 의견과 제 의견이 잘 맞지 않습니다.
      Le opinioni degli altri non coincidono con le mie.

4. **Le piace il Suo lavoro?** 회사는 마음에 드나요?

   ① 아뇨, 새로운 회사를 찾고 있습니다. 특히 상사가 마음에 들지 않습니다.
      No, sto cercando un nuovo lavoro. In particolare, non mi piace il mio capo.

   ② 네, 만족합니다. 특히 월급이 마음에 듭니다.
      Sì, sono soddisfatto/a. Soprattutto mi piace lo stipendio.

꼬리물기는 자주 출제되는 질문에 대한 모범답변을 제시해 주는 코너입니다. 녹음을 통해 질문이 익숙해질 수 있도록 반복적으로 들으며, 나에게 맞는 스토리를 만들어 보세요. ※ 녹음은 성우 성별에 따라 성, 수가 다를 수 있습니다. 자신의 성별에 맞게 바꿔서 연습해 보세요.

5. Quali sono i lavori relativi all'Italia? 이탈리아 관련 업무는 무엇인가요?

① 이탈리아 고객들과 소통하는 것입니다.
   È comunicare con i clienti italiani.

② 이탈리아에 저희 회사 물건을 파는 것입니다.
   È vendere i prodotti della nostra azienda in Italia.

6. Di solito a che ora esce dal lavoro? 보통 몇 시에 퇴근하나요?

① 보통 5시에 퇴근합니다.
   Di solito esco dal lavoro alle 5.

② 야근을 자주 합니다. 6시 전에 퇴근을 언제 했는지 기억이 잘 안 납니다.
   Lavoro spesso fino a tardi. Non ricordo bene quando sono uscito prima delle 6.

7. Qual è il giorno più impegnativo della settimana?
일주일 중 가장 바쁜 요일이 언제인가요?

① 월요일이 가장 바쁩니다.
   Il lunedì è il giorno più impegnativo.

② 주말 중 토요일이 가장 바쁩니다.
   Il sabato è il giorno più impegnativo del fine settimana.

8. Qual è la prima cosa che fa appena si sveglia il fine settimana?
주말에 일어나면 무엇을 가장 먼저 하나요?

① 멍하니 TV를 봅니다.
   Guardo la TV senza pensieri.

② 점심을 배달시켜 먹습니다.
   Ordino il pranzo a domicilio e lo mangio.

하루 일과 | 학생일 경우

🎧 03-5

녹음은 성우 성별에 따라 성, 수가 다를 수 있습니다.
자신의 성별에 맞게 바꿔서 연습해 보세요.

Quando non vado a scuola, dormo fino a tardi. Nei giorni in cui vado a scuola, di solito mi sveglio alle 8. Mi lavo e mi vesto prima di partire. Se prendo la metro e arrivo a scuola alle 9, studio fino alle 12 e poi pranzo con gli amici nella mensa scolastica. Nel pomeriggio studio in biblioteca e torno a casa alle 6. La sera seguo le lezioni online, studio inglese o faccio i compiti e vado a letto a mezzanotte.

학교에 가지 않는 날에는 늦게까지 잠을 잡니다. 학교에 가는 날에는 보통 8시에 일어납니다. 씻고 옷을 입은 후 출발합니다. 지하철을 타고 학교에 9시에 도착하면 12까지 수업을 듣고 친구들과 구내식당에서 점심을 먹습니다. 오후에는 도서관에서 공부를 하고 6시에 집으로 돌아옵니다. 저녁에는 인터넷 강의를 들으며 영어 공부를 하거나 과제를 하고 자정에 잠이 듭니다.

---

* 복합 관계대명사

Nei giorni **in cui** vado a scuola, di solito mi sveglio alle 8. [내가 학교에 가는] 요일에는 보통 8시에 일어납니다.
[in cui] Vado a scuola nei giorni. 나는 요일에 학교에 갑니다.

***cf.* 주격 및 목적격 관계대명사**

Ci sono molti impiegati **che** lavorano nelle istituzioni pubbliche. 공공기관에 근무하는 직원이 많습니다.

① Ci sono molti impiegati. 많은 직원들이 있습니다.
② Molti impiegati lavorano nelle istituzioni pubbliche. 많은 직원들이 공공기관에서 일합니다.
→ ①+② : Ci sono molti impiegati + ~~Molti impiegati~~ **che** lavorano nelle istituzioni pubbliche.

새단어

- fino a ~ ~까지
- tardi 늦게
- vestirsi 옷을 입다
- se 만약 ~한다면
- pranzare 점심 식사를 하다
- mensa 구내식당
- scolastico 학교의
- pomeriggio 오후
- biblioteca 도서관
- compito 과제 (주로 복수형으로 사용)
- andare a letto 잠을 자러 가다
  (*cf.* letto 침대)

만들어 보세요! 나에게 맞는 스토리로 만들어 외워 보세요.

Quando non vado a scuola, dormo fino a tardi. Nei giorni in cui vado a scuola, di solito mi sveglio alle 시간. ① 일어나서 하는 일 prima di partire. Se prendo 교통수단 e arrivo a scuola alle 시간, studio fino alle 시간 e poi pranzo con gli amici ② 휴게 및 식사 장소 . Nel pomeriggio studio 장소 e torno a casa alle 시간. La sera ③ 자기 전 하는 일 e vado a letto a 취침 시간 .

학교에 가지 않는 날에는 늦게까지 잠을 잡니다. 학교에 가는 날에는 보통 시에 일어납니다. ① 후 출발합니다. 타고 학교에 시에 도착하면 까지 수업을 듣고 친구들과 ② 점심을 먹습니다. 오후에는 공부를 하고 시에 집으로 돌아옵니다. 저녁에는 ③ 하고 에 잠이 듭니다.

패턴별 다른 표현들   나에게 맞는 표현을 찾아 위의 문장에 대입시켜 보세요.

①	일어나서 하는 일	저는 세수를 하고 이를 닦습니다 저는 화장을 합니다 저는 샤워를 합니다	Mi lavo il viso e i denti Mi trucco (화장하다 truccarsi) Faccio la doccia
②	휴게 및 식사 장소	카페에서 식당에서 공원에서 교실에서	al bar al ristorante al parco in aula
③	자기 전 하는 일	저는 TV를 봅니다 저는 게임을 합니다 저는 넷플릭스에서 영화를 봅니다	guardo la TV gioco ai videogiochi vedo film su Netflix

* 〈부록〉 기초 어휘를 활용해 다양한 표현을 만들어 보세요.

꼬리물기 | 학생일 경우 🎧 03-6

1. Nei giorni in cui non va a scuola, a che ora si sveglia (Lei)?
학교를 가지 않는 날에는 몇 시에 일어나나요?

① 12시 이후에 일어납니다.
   Mi sveglio dopo le 12.

② 주말에도 일찍 일어나 친구들과 놀러 갑니다.
   Anche nei fine settimana mi sveglio presto per uscire con gli amici.

2. Appena si sveglia, cosa fa (Lei)? 일어나자마자 무엇을 하나요?

① 여자친구/남자친구에게 연락합니다.
   Mi metto in contatto con la mia fidanzata/il mio fidanzato.

② 바로 운동을 하러 갑니다.
   Vado subito a fare ginnastica.

3. A che ora è arrivato/a in sala d'esame (Lei)? 시험장에는 몇 시에 도착했나요?

① 11시에 도착했습니다.
   Sono arrivato/a alle 11.

② 시험 시작 10분 전에 도착했습니다.
   Sono arrivato/a 10 minuti prima dell'inizio dell'esame.

③ 이제 막 도착했습니다.
   Sono appena arrivato/a.

4. A che ora si è svegliato/a stamattina? 오늘 아침에 몇 시에 일어났나요?

① 8시에 (일어났습니다).
   Alle 8.

② 확실하지는 않지만 9시쯤에 일어났습니다.
   Non sono sicuro/a, ma credo di essermi svegliato/a verso le 9.

꼬리물기는 자주 출제되는 질문에 대한 모범답변을 제시해 주는 코너입니다. 녹음을 통해 질문이 익숙해질 수 있도록 반복적으로 들으며, 나에게 맞는 스토리를 만들어 보세요. ※ 녹음은 성우 성별에 따라 성, 수가 다를 수 있습니다. 자신의 성별에 맞게 바꿔서 연습해 보세요.

5. A che ora ha il tempo libero? 당신의 휴식 시간은 몇 시부터인가요?

① 저녁에 집에 도착하고 나면 자유 시간입니다.
   Quando torno a casa la sera, è il mio tempo libero.

② 12시부터 1시까지 1시간 동안 쉴 수 있습니다.
   Posso riposarmi dalle 12 all'1 per un'ora.

6. Qual è il Suo mezzo di trasporto principale? 주로 이용하는 교통수단은 무엇인가요?
Quale mezzo di trasporto è più conveniente? 어떤 교통수단이 더 편리한가요?

① 교통체증이 심해 지하철이나 버스를 타고 다닙니다.
   A causa del traffico, prendo spesso la metro o l'autobus.

② 편안하게 저의 자동차를 타고 다닙니다.
   Mi muovo comodamente con la mia macchina.

7. Fa colazione? 아침 식사를 하나요?

① 흰쌀밥에 국물이 있는 한국 음식으로 아침 식사를 합니다.
   Faccio colazione con cibo coreano a base di riso bianco e zuppa.

② 간단하게 시리얼을 먹습니다.
   Mangio semplicemente cereali.

③ 아침에는 아무것도 안 먹습니다. 소화가 어렵습니다.
   Al mattino non mangio nulla. Mi pesa sullo stomaco.

8. Quale è la prima cosa che fa appena si alza (Lei)? 일어나서 무엇을 제일 먼저 하나요?

① 누워서 핸드폰을 먼저 봅니다.
   Prima di tutto, guardo il telefono mentre sono sdraiato/a.

② 이를 닦습니다.
   Mi lavo i denti.

③ 간단한 아침 식사를 합니다.
   Faccio una colazione leggera.

 **학습 더하기⁺**

● **재귀동사**(Verbo Riflessivo) [Mi lavo. = (영어) I wash myself.]

동사의 목적어가 주어와 같거나 주어와 관련이 있는 동사를 의미합니다. 타동사의 원형에 마지막 모음 e를 빼고 si를 붙이면 재귀동사가 됩니다. 대부분의 타동사는 재귀동사로 만들 수 있습니다. 일부에서는 이를 대명사(mi, ti, si, ci, vi, si)와 동사가 결합한 것으로 보아 '대명동사(Verbo Pronominale)'라고도 합니다.

• 일반 타동사를 재귀동사로 만드는 방법

~을 씻다/씻기다	lavare		lavarsi	(주어)가 씻다
~와 결혼하다	sposare	-e제거+si ▶	sposarsi	(주어)가 결혼하다
~을 옷 입히다	vestire		vestirsi	(주어)가 옷을 입다

• 재귀동사 인칭변형

	lavarsi		sposarsi		vestirsi	
io	mi*	lavo	mi	sposo	mi	vesto
tu	ti	lavi	ti	sposi	ti	vesti
lui/lei/Lei	si	lava	si	sposa	si	veste
noi	ci	laviamo	ci	sposiamo	ci	vestiamo
voi	vi	lavate	vi	sposate	vi	vestite
loro	si	lavano	si	sposano	si	vestono

* 재귀동사는 반드시 mi, ti, si, ci, vi, si와 같은 (재귀)대명사를 사용해야 합니다.

• 타동사를 자동사로

일반적으로 재귀동사는 타동사를 자동사로 만들어 줍니다. 타동사는 목적어가 필요하지만, 재귀동사는 목적어 없이도 사용될 수 있습니다.

① 저는 Anna와 결혼합니다.   Sposo Anna.
② 저는 결혼합니다.   Sposo. (X) → Mi sposo.
③ 저는 Anna와 결혼합니다.   Mi sposo con Anna.

➡ ① sposare 동사는 한국어로 '~와 결혼하다'로 해석되기 때문에 전치사 con을 써야 할 것 같지만, 타동사이므로 결혼하는 대상을 직접목적어로 (전치사 없이) 표현해야 합니다. 영어로 'Will you marry me?'라는 문장이 맞고 'Will you marry with me?'는 틀린 문장이 되는 것과 같은 맥락입니다.

② sposare는 타동사이기 때문에 목적어가 필요합니다. 결혼하는 대상 즉, 목적어가 없다면 다소 어색한 문장이 됩니다. 이때 목적어 없이 완전한 문장으로 표현하려면 반드시 타동사를 자동사화 시키는 재귀동사를 사용해야 합니다.

③ 재귀동사로 바뀌면서 목적어가 필요 없어졌으므로 'Mi sposo.'에서는 직접목적어를 가질 수 없습니다. 만약 재귀동사를 통해 '~와 결혼한다'를 표현하려면 전치사 con을 사용해야 합니다. 'Sposo Anna.'와 'Mi sposo con Anna.' 두 문장의 의미 차이는 없습니다.

> **참고** 'Sono sposato/a.' 문장 : essere+sposato (형용사: 결혼한) 조합이며, '결혼한 현 상태'를 표현할 때 사용합니다.

하지만 재귀동사가 무조건 목적어를 못 갖는 것은 아닙니다.

- **목적어를 쓸 수 있는 재귀동사**

일반적으로 타동사는 재귀화하여 직접목적어를 가질 수 없는 완전한 자동사가 되지만, 재귀화된 후에도 목적어 사용이 가능한 불완전 재귀동사도 있습니다. 다른 문법 용어로 완전한 자동사가 되어 목적어를 가질 수 없는 경우는 '대명자동사(Verbo Intransitivo Pronominale)'라고 하며, 목적어를 가질 수 있는 경우는 '대명타동사(Verbo Transitivo Pronominale)'라고 합니다. 대명타동사에는 lavarsi, sentirsi 등이 있습니다.

저는 체리를 씻습니다.	Lavo le ciliegie.
저는 씻습니다.	Lavo. (X) → Mi lavo.
저는 (저의) 이를 닦습니다.	Lavo i denti. (X)*
→ 저는 (저의) 이를 닦습니다.	Lavo i miei denti. → Mi lavo i denti.

* 위 문장에서 재귀동사가 아닌 일반 타동사로 표현하면, i denti는 '주어의 이'가 아닌 '다른 사람의 이'가 됩니다.

'Lavo me.'와 'Lavo i miei denti.'라는 표현은 이탈리아어에서 사용되지 않습니다. 이처럼 동사의 목적어가 주어와 같거나 목적어의 소유자가 주어와 같을 경우에는 재귀동사를 사용해야 합니다.

- **일상 서술 시, 자주 사용하는 재귀동사**

svegliarsi (잠에서 깨다), alzarsi (자리에서 일어나다), sedersi (자리에 앉다), farsi la barba (면도하다), pettinarsi (빗질하다), truccarsi (화장하다), asciugarsi (건조 시키다, ~을 말리다), vestirsi (옷을 입다), addormentarsi (잠이 들다)

IM : Intermediate Mid

익숙한 화제에 대해 짧지만 비교적 자연스럽고 구체적인 설명이 가능한 단계로,
1:1 응대가 가능하고 회의에서 전체적인 맥락을 파악할 수 있습니다.

Unità

4

Quando Lei è libero/a, che cosa fa?

당신은 한가할 때 무엇을 하나요?

난이도 높은 질문 전에 자주 묻는 질문 유형입니다. 이 단계를 잘 넘어가야 높은 등급의 질문을 받을 수 있습니다. 특히 운동, 취미 그리고 자녀가 있다면 가족에 대한 질문들이 이어지며 많은 시간을 차지하므로, 불규칙 동사를 미리 익혀두어 당황하지 않고 자연스럽게 표현하는 연습을 해보세요.

핵심 패턴

- la cosa più importante è + 명사/동사원형
  : 가장 중요한 것은 ~입니다
- 빈도부사 sempre, di solito, spesso, a volte, mai
- quando + 문장 : ~할 때

 다양한 **질문 유형** 파악하기

"여가시간"의 다양한 질문 유형입니다.  04-1

- **Qual è il Suo hobby?** 당신의 취미가 무엇인가요?

- **Cosa le piace fare quando è libero?** 당신은 한가할 때 무엇 하는 것을 좋아하나요?

- **Come trascorre/passa il Suo tempo libero?**
  당신은 한가한 시간을 어떻게 보내나요?

"여가시간"에 관한 다른 표현의 질문들입니다.  04-2

① **Cosa fa il fine settimana?** 당신은 주말에 무엇을 하나요?

➡ Faccio una passeggiata. 저는 산책을 합니다.
➡ Non faccio niente. 저는 아무것도 안 합니다.
➡ Mi riposo a casa con la mia famiglia. 저는 가족과 함께 집에서 휴식을 취합니다.

② **Di solito dove va per divertirsi?** 당신은 주로 어디로 놀러 가나요?

➡ Vado a esplorare ristoranti famosi. 저는 맛집 탐방을 갑니다.
➡ Vado a vedere i concerti. 저는 콘서트들을 보러 갑니다.

③ **Ha qualche interesse particolare?** 당신은 특별한 관심사가 있나요?
Ha delle passioni o degli interessi? 당신은 열정이나 관심분야가 있나요?
Quali sono le Sue attività preferite? 당신이 가장 좋아하는 활동은 무엇인가요?

➡ Mi piace fare esercizio in palestra. 저는 헬스장에서 운동하는 것을 좋아합니다.
➡ In questi giorni, mi interessa disegnare. 요즘 저는 그림 그리는 것에 관심이 갑니다.

핵심 패턴 익히기

● **la cosa più importante è+명사/동사원형** : 가장 중요한 것은 ~입니다

「정관사+più+형용사」 문형은 상대 최상급입니다. 대상 명사의 성, 수에 맞춰 정관사를 사용하고 più 뒤의 형용사도 성, 수에 일치해야 합니다. la cosa più importante에서는 'cosa(여성 명사: 어떤 것)'에 맞춰 정관사 la, 형용사 importante를 사용합니다.

`164p. 최상급 참고`

> **la cosa più importante è+단수 명사/동사원형**

La cosa più importante per me è la salute. 제게 가장 중요한 것은 건강입니다.
La cosa più importante è riposarmi bene. 잘 쉬는 것이 가장 중요합니다.
La cosa più importante è studiare costantemente.
끊임없이 공부하는 것이 가장 중요합니다.

● **빈도부사 sempre, di solito, spesso, a volte, mai**

빈도부사는 주로 본동사 바로 오른쪽에 있으나 위치는 자유로운 편입니다.

> **sempre, di solito – spesso – a volte – non ~ mai**
> 항상, 주로 – 자주 – 가끔 – 전혀

Faccio sempre colazione. 저는 항상 아침 식사를 합니다.
Di solito mi addormento a mezzanotte. 저는 주로 자정에 잠이 듭니다.
Vado spesso dai miei. 저는 저의 부모님 댁에 자주 갑니다.
A volte penso di dovere fare la dieta. 저는 가끔 다이어트를 해야 한다고 생각합니다.
Non mangio mai coriandolo. 저는 고수를 전혀 안 먹습니다.

● **quando+문장** : ~할 때

의문사 '언제'라는 의미 외에도 접속사로서 '~할 때'라는 의미를 가지고 있습니다.

> **quando+완전 문장**

Quando sto male, non vado a scuola. 제가 아플 땐 학교에 가지 않습니다.
Non faccio niente quando voglio riposarmi. 제가 쉬고 싶을 땐 아무것도 하지 않습니다.

여가시간 | 미혼일 경우

녹음은 성우 성별에 따라 성, 수가 다를 수 있습니다.
자신의 성별에 맞게 바꿔서 연습해 보세요.

 04-3

Dal lunedì al venerdì lavoro molto e dopo il lavoro studio l'italiano, quindi di solito durante il fine settimana mi riposo. Mi alzo tardi dal letto, faccio colazione e poi esco a fare una passeggiata. A volte vado al centro commerciale per fare shopping o vado al cinema a vedere un film. Quando voglio vedere qualcun altro, esco a bere con gli amici. Secondo me, per lavorare a lungo la cosa più importante è riposarmi bene.

월요일부터 금요일까지 저는 일을 많이 하고 퇴근 후에는 이탈리아어를 공부하기 때문에 주말에는 주로 휴식을 취합니다. 침대에서 늦게 일어나 아침을 먹고 산책을 나갑니다. 가끔은 백화점에 가서 쇼핑을 하기도 하고 영화관에서 영화를 보기도 합니다. 다른 누군가를 만나고 싶을 때는 친구들과 술을 마시러 나갑니다. 제 생각에는, 오래 일하기 위해서 잘 쉬는 것이 가장 중요한 것 같습니다.

* 요일과 관사

lunedì	martedì	mercoledì	giovedì	venerdì	sabato	domenica
월요일	화요일	수요일	목요일	금요일	토요일	일요일

요일에는 주로 관사를 쓰지 않지만 '(해당 요일)마다'를 의미할 때는 정관사를 사용합니다.

예) Vado dai miei sabato. 　　　저는 토요일에 저의 부모님 댁에 갑니다.
　　Vado dai miei il sabato. 　저는 매주 토요일마다 저의 부모님 댁에 갑니다.

Dal lunedì al venerdì lavoro molto. 문장에서 「da+il lunedì, a+il venerdì」로 정관사가 있으므로 매주 월요일부터 금요일까지를 의미합니다.

참고 주말 : il fine settimana 또는 il weekend

* riposarsi와 같은 재귀동사를 동사원형으로 사용할 때

① La cosa più importante è **riposarmi** bene. / ② Non faccio niente quando voglio **riposarmi**. / ③ Ho bisogno di **riposarmi**.

①명사적으로 사용한 원형 부정사, ②조동사 뒤, ③전치사 뒤에서는 동사원형을 사용합니다. 이때 riposarsi 행동을 하는 주체에 맞게 대명사 mi, ti, si, ci, vi, si를 사용하고 동사 바로 뒤에 붙여줍니다.

새단어

- durante avv. ~동안
- riposarsi ~가 휴식을 취하다
- alzarsi ~가 자리에서 일어나다
- tardi avv. 늦게
- uscire ~가 나가다
- centro commerciale s.m. 백화점
- cinema s.m. 영화관, 영화
- film s.m. 영화 (남 복수형 film)
- qualcuno 누군가
- altro 다른, 다른 것
- bere ~을 마시다
- secondo me 내 생각에는
  (cf. Secondo te? 네 생각에는?)

만들어 보세요! 나에게 맞는 스토리로 만들어 외워 보세요.

근무 요일　　　lavoro molto e dopo il lavoro　　퇴근 후 하는 일　　,
quindi di solito durante il fine settimana 주말 루틴 . Mi alzo tardi dal letto, faccio colazione e poi esco a ① 　　취미 생활　　. A volte vado ②　　취미 장소　　per ① 　　취미 생활　　o vado ②　　취미 장소　　a ① 　　취미 생활　　. Quando voglio vedere qualcun altro, esco a ① 　　취미 생활　　. Secondo me, per lavorare a lungo la cosa più importante è ① 　　취미 생활　　.

저는 일을 많이 하고 퇴근 후에는　　　　　때문에 주말에는 주로 　　　. 침대에서 늦게 일어나 아침을 먹고 ①　　　　　　. 가끔은 ②　　　　　①　　하기도 하고 ②　　　①　　합니다. 다른 누군가를 만나고 싶을 때는 ①　　　　러 나갑니다. 제 생각에는, 오래 일하기 위해서 ①　　것이 가장 중요한 것 같습니다.

패턴별 다른 표현들 나에게 맞는 표현을 찾아 위의 문장에 대입시켜 보세요.

① 취미 생활	책을 읽다 다른 언어를 공부하다 자기 계발을 하다 운동하다 　- 골프 치다　　- 축구하다 　- 수영하다　　- 조깅하다 　- 낚시하다　　- 테니스 치다	leggere libri studiare un'altra lingua svilupparsi personalmente fare ginnastica 　- giocare a golf　　- giocare a calcio 　- nuotare　　　　- fare jogging 　- pescare　　　　- giocare a tennis

* 어떤 스포츠를 한다는 표현은 「giocare(놀다)+a+스포츠」 순으로 반드시 전치사 a를 사용해야 합니다.

② 취미 장소	산 / 바다 헬스장(체육관) 테니스장 • 장소에 따른 전치사, 전치사 관사 저는 공원 안에서 조깅을 합니다. 저는 시 외곽에서 휴식을 취합니다. 저는 필드에서 골프를 칩니다.	montagna / s.m. mare palestra campo da tennis Faccio jogging nel parco. Mi riposo nella periferia della città. Gioco a golf sul campo.

* 장소에 따른 전치사, 전치사 관사
→ 장소에 따라 '전치사'와 '전치사 관사'가 다르므로 주의하세요!

* 〈부록〉 기초 어휘를 활용해 다양한 표현을 만들어 보세요.

꼬리물기 | 미혼일 경우 | 🎧 04-4

1. Cosa fa di solito quando è stressato/a? 당신은 스트레스받을 때 주로 무엇을 하나요?

① 혼자 여행을 갑니다.
   Vado in viaggio da solo/a.

② 영화나 동영상을 보며 스트레스받는 일을 잊으려 노력합니다.
   Guardo film o video cercando di dimenticare le cose che mi stressano.

2. Qual è la principale causa del suo stress? 당신의 주요 스트레스 원인이 무엇인가요?

① 직장 상사 때문입니다.
   È colpa del mio capo.

② 제 생각에 지나치게 많은 업무 때문인 것 같습니다.
   Secondo me, è a causa del troppo lavoro.

3. Ha dei piani speciali per stasera/domani/questo weekend?
당신은 오늘 밤/내일/이번 주말에 특별한 계획이 있나요?

① 아뇨, 집에서 쉴 예정입니다.
   No, ho intenzione di riposarmi a casa.

② 네, 오랜 친구들을 만날 예정입니다.
   Sì, ho intenzione di incontrare vecchi amici.

4. Incontra spesso gli amici nel Suo tempo libero?
당신은 여가시간에 친구들을 자주 만나나요?

① 네, 거의 매주 만납니다.
   Sì, ci incontriamo quasi ogni settimana.

② 아뇨, 취직하고 나서는 자주 만나기가 힘듭니다.
   No, è difficile incontrarsi spesso da quando ho trovato lavoro./da quando ho iniziato a lavorare.

꼬리물기는 자주 출제되는 질문에 대한 모범답변을 제시해 주는 코너입니다. 녹음을 통해 질문이 익숙해질 수 있도록 반복적으로 들으며, 나에게 맞는 스토리를 만들어 보세요. ※ 녹음은 성우 성별에 따라 성, 수가 다를 수 있습니다. 자신의 성별에 맞게 바꿔서 연습해 보세요.

5. Fa attività fisica? (se sì) Che tipo di attività fa?
당신은 운동을 하나요? (한다면) 어떤 운동을 하나요?

① 골프를 칩니다. 정말 재미있습니다.
Gioco a golf. È davvero divertente.

② 그저 건강 유지를 위해 유산소 운동을 합니다.
Faccio esercizio aerobico solo per mantenere la salute.

6. Quanto tempo ha praticato* quello sport? 그 운동을 얼마나 했나요?

① 1년 정도 되었습니다. 시작한 지 얼마 안 되었습니다.
Circa un anno. Ho appena iniziato.*

② 10년 넘었습니다. 어릴 때부터 했습니다.
Più di 10 anni. Lo faccio da quando ero piccolo/a**.

* ha praticato, ho iniziato : 「avere (또는 essere)+과거분사」 문형   120p. 직설법 근과거 참고
** ero : essere 동사 반과거, 과거 시절을 회상할 때 주로 사용되며 '직설법 근과거'와 다른 '반과거 (비완료 과거)' 시제

essere 반과거			
io	ero	noi	eravamo
tu	eri	voi	eravate
lui/lei/Lei	era	loro	erano

7. Non pratica altri sport oltre a quello? 그 운동 말고 다른 운동은 안 하나요?

① 네, 안 합니다. 이것만으로도 시간이 부족합니다.
No, non pratico altri sport. Anche solo questo mi prende molto tempo.

② 간단한 조깅을 아침마다 합니다.
Faccio jogging ogni mattina.

8. Che tipo di sport praticano di solito i coreani? 한국인들은 주로 어떤 운동을 하나요?

① 한국 직장인들은 골프를 많이 칩니다.
Gli impiegati d'ufficio coreani giocano molto a golf.

② 제 주변에는 테니스를 많이 치는 것 같은데 확실하지 않습니다.
Nella mia cerchia molti giocano a tennis, ma non ne sono sicuro/a.

여가시간 | 기혼, 자녀가 있는 경우

녹음은 성우 성별에 따라 성, 수가 다를 수 있습니다. 자신의 성별에 맞게 바꿔서 연습해 보세요.

Mi sono sposato dieci anni fa e ho una figlia di sei anni e un figlio di quattro. Quando torno dal lavoro, passo circa un'ora giocando con i miei figli e poi ceniamo tutti insieme. Durante il fine settimana, andiamo al parco giochi. Lì, mentre i bambini giocano con i loro amici, io e mia moglie prendiamo un caffè. Non abbiamo ancora hobby di famiglia da fare in comune poiché i bambini sono ancora piccoli, ma la cosa più importante adesso è trascorrere tempo insieme.

저는 10년 전에 결혼을 했고, 6살짜리 딸과 4살짜리 아들이 있습니다. 제가 퇴근하면, 아이들과 게임을 하면서 1시간 정도 보내고 가족 모두 함께 저녁 식사를 합니다. 우리는 주말에 키즈 파크에 갑니다. 그곳에서 아이들은 친구들과 놀고 저는 아내와 함께 커피 한 잔을 마십니다. 아직 아이들이 어려서 함께 즐기는 취미는 없지만, 지금 가장 중요한 것은 함께 시간을 보내는 것입니다.

---

* **직설법 근과거**
  - (Io) **Mi sono sposato/a** dieci anni fa. (주어가 남성이면 sposato, 여성이면 sposata)
    → sposarsi 재귀동사의 직설법 근과거 문장입니다. 120p. 직설법 근과거 참고

* **원형 부정사**
  - La cosa più importante adesso è **trascorrere** tempo insieme.
    → 본동사는 essere(è)입니다. trascorrere(시간을 보내다)는 여기에서 원형 부정사로 문장의 주어로서 명사처럼 기능하고 있습니다. 'trascorrere tempo'는 '시간을 보내는 것'으로 해석합니다.

새단어

- sposarsi 결혼하다
- fa avv. ~전에
- tornare 돌아가다
- lavoro 일
- passare ~을 보내다
- circa avv. 거의
- ora 시간
- cenare 저녁 식사를 하다
- tutto a. 모두
- insieme 함께
- parco giochi s.m. 놀이공원
- lì (= là) avv. 그곳
- comune a. 공동의
- piccolo a. 작은
- adesso avv. 지금
- trascorrere (주로 시간을) 보내다
- tempo 시간

만들어 보세요! 나에게 맞는 스토리로 만들어 외워 보세요.

Mi sono sposato   결혼 시기   fa e ho   가족 구성원
          . Quando torno dal lavoro, passo circa un'ora ①   자녀와의 활동
          e poi ceniamo tutti insieme. Durante il fine settimana,
andiamo   주말 여가 활동 장소   . Lì, mentre i bambini   아이들이 하는 일   ,
io e   가족 구성원   prendiamo un caffè. Non abbiamo ancora hobby di famiglia da fare in comune poiché i bambini sono ancora piccoli, ma la cosa più importante adesso è ②   양육에서 중요한 것   .

저는   전에 결혼을 했고,   이 있습니다. 제가 퇴근하면, ①   1시간 정도 보내고 가족 모두 함께 저녁 식사를 합니다. 주말에는 아이들과   에 갑니다. 그곳에서 아이들은   저는   함께 커피 한 잔을 마십니다. 아직 아이들이 어려서 함께 즐기는 취미는 없지만, 지금 가장 중요한 것은 ②   입니다.

패턴별 다른 표현들   나에게 맞는 표현을 찾아 위의 문장에 대입시켜 보세요.

①	자녀와의 활동	숙제 도와주면서 책 읽어주면서 장난감 놀이하면서 하루 일과 이야기하면서 신체 활동하면서	aiutando con i compiti leggendo un libro giocando con i giocattoli parlando delle cose quotidiane facendo attività fisica
②	양육에서 중요한 것	좋은 추억 쌓기 가족들과 많은 대화하기 다양한 것들을 배우기	creare bei ricordi avere molte conversazioni in famiglia imparare varie cose

*〈부록〉 기초 어휘를 활용해 다양한 표현을 만들어 보세요.

꼬리물기 | 기혼, 자녀가 있는 경우

 04-6

1. **Quando si è sposato/a?** 언제 결혼을 했나요?

   ① 2010년 3월 14일에 결혼했습니다.
   Mi sono sposato/a il 14 marzo 2010.

   ② 2년 전에 했습니다. 최근입니다.
   Mi sono sposato/a due anni fa. È recente.

2. **Ha dei figli?** 아이가 있으신가요?

   ① 아뇨, 없습니다. 저와 아내/남편 둘이 삽니다.
   No, non ne ho. Vivo solo con mia moglie/mio marito.

   ② 네, 예쁜 딸 두 명 있습니다.
   Sì, ho due bellissime figlie.

3. **Quando è nato/a Suo figlio/Sua figlia?** 언제 아이가 태어났나요?

   ① [딸 2명] 첫째는 2018년에, 둘째는 2020년에 태어났습니다.
   La prima è nata nel 2018 e la seconda nel 2020.

   ② [딸 1명] 2017년 5월 8일에 태어났습니다. 얼마 전에 생일이 지나서 만 7세가 되었습니다.
   È nata l'8 maggio 2017. Ha appena compiuto 7 anni.

   * 아들만 있는 사람은 성, 수 일치를 남성으로 해야합니다.

4. **Quando sono più belli i bambini?** 아이들이 언제 가장 예쁜가요?

   ① 잠을 잘 때 가장 예쁩니다.
   Sono più belli quando dormono.

   ② 저에게 사랑한다 말할 때 너무 예쁩니다.
   Sono troppo belli quando mi dicono che mi amano.

꼬리물기는 자주 출제되는 질문에 대한 모범답변을 제시해 주는 코너입니다. 녹음을 통해 질문이 익숙해질 수 있도록 반복적으로 들으며, 나에게 맞는 스토리를 만들어 보세요. ※ 녹음은 경우 성별에 따라 성, 수가 다를 수 있습니다. 자신의 성별에 맞게 바꿔서 연습해 보세요.

5. Cosa fate di solito con la famiglia durante il fine settimana?
주말에 가족들과 보통 무엇을 하나요?

① 특별한 것은 없이 공원을 산책합니다.

    Non facciamo niente di speciale, solo passeggiate nel parco.

② 박물관이나 미술관과 같은 특별한 곳을 가려 노력합니다.

    Cerchiamo di visitare posti speciali come musei o gallerie d'arte.

6. Quali attività le piace fare di più con i bambini? 아이들과 무엇을 할 때 가장 즐거운가요?

① 무엇을 하던 함께 있으면 행복합니다.

    Qualsiasi cosa facciamo, se siamo insieme sono felice.

② 같이 공부를 하면 즐겁습니다.

    È piacevole studiare insieme.

7. Mi parla di suo figlio/sua figlia? 아이에 대해서 말씀해 주시겠어요?

① 저희 딸은 2020년 4월 20일에 태어났습니다. 유치원에 다니고 있고 한글을 배우고 있습니다. 얼굴도 너무 예쁘고 긴/짧은 머리를 갖고 있습니다.

    Mia figlia è nata il 20 aprile 2020. Frequenta l'asilo e sta imparando l'hangul. Ha un viso molto bello e capelli lunghi/corti.

② 저희 아들은 2015년 9월 1일에 태어났습니다. 초등학교에 다니고 있으며 영어 과목을 제일 좋아합니다. 아들이 아빠를 닮아서 매우 잘생겼습니다.

    Mio figlio è nato l'1 settembre 2015. Frequenta la scuola elementare e la sua materia preferita è l'inglese. Assomiglia molto a suo padre ed è molto bello.

8. Sua moglie/Suo marito che lavoro fa? 아내/남편분은 어떤 일을 하시나요?

① 제 아내는 가정주부입니다.

    Mia moglie è una casalinga.

② 제 남편은 다른 회사에서 일합니다.

    Mio marito lavora in un'altra azienda.

학습 더하기⁺

● 이동동사 andare/venire+전치사

자동사 andare(가다), venire(오다) 동사의 경우 목적지를 표현할 때 반드시 전치사가 필요합니다. 이때, 사용하는 전치사는 목적지에 따라 a 또는 in을 적절하게 맞춰 사용해야 합니다.

> ① **vado a**+정관사+장소 : ~에 가다
> ② **vado in**+장소 : ~에 가다
> ③ **vado a**+동사원형 : ~하러 가다
> ④ **vado da**+사람 : ~의 집에 가다

⟨andare(가다), venire(오다) 동사 직설법 현재 형태⟩

	andare	venire
io	vado	vengo
tu	vai	vieni
lui/lei/Lei	va	viene
noi	andiamo	veniamo
voi	andate	venite
loro	vanno	vengono

(1) 대부분의 장소 이름 앞에 전치사 a가 올 때는 정관사를 사용하지만, 자주 가는 특정 장소의 경우에는 관사가 생략됩니다.

　　Vado a casa a piedi.　　　저는 걸어서 집에 갑니다.
　　Vado a scuola.　　　　　저는 학교에 갑니다.
　　Vado a lezione.　　　　　저는 수업에 갑니다.
　　Vado a teatro.　　　　　저는 극장에 갑니다.

⟨전치사 (a, in)+관사 형태⟩　　　62p. 참고

	il	i	lo	gli	la	le
a	al	ai	allo	agli	alla	alle
in	nel	nei	nello	negli	nella	nelle

　　Vado al centro commerciale nel fine settimana. 저는 주말에 백화점에 갑니다.
　　Vado al cinema.　　　　　저는 영화관에 갑니다.
　　Vado al supermercato.　　저는 마트에 갑니다.

Vado al ristorante italiano.   저는 이탈리아 식당에 갑니다
Vado al bagno.   저는 화장실에 갑니다. (= Vado in bagno.)

(2) andare in 뒤에는 주로 「in＋국가/주」, 「in＋-eria, -eca로 끝나는 장소 명사」가 옵니다.

Vado in Italia.   저는 이탈리아에 갑니다.
Vado in gelateria.   저는 아이스크림 가게에 갑니다.
Vado in libreria.   저는 서점에 갑니다.
Vado in biblioteca.   저는 도서관에 갑니다.
Vado in piscina.   저는 수영장에 갑니다.
Vado in banca.   저는 은행에 갑니다.
Vado in ospedale.   저는 병원에 갑니다.
Vado in albergo.   저는 호텔에 갑니다.
Vado in campagna.   저는 시골에 갑니다.
Vado in aeroporto.   저는 공항에 갑니다.
Vado in montagna con il treno espresso.   저는 고속 기차를 타고 산에 갑니다.
Vado negli Stati Uniti.*   저는 미국에 갑니다. (미국 : gli Stati Uniti)

* andare 「in+국가」에서는 정관사를 안 쓰는 것이 일반적이나 국가가 '복수 명사'인 경우 정관사를 사용해야 합니다.

(3) andare a＋동사원형 : '~하러 가다'라는 문형에서는 반드시 전치사 a를 사용해야 합니다. 동시에 목적지가 온다면 해당 목적지에 맞는 전치사를 함께 사용해야 합니다.

Vado a studiare.   저는 공부하러 갑니다.
Vado a studiare in biblioteca.   저는 도서관에 공부하러 갑니다.
Vado a giocare a golf sul campo.   저는 필드에 골프 치러 갑니다.

(4) andare da＋사람 : '(사람)의 집'을 의미할 때 'a casa di(사람)'도 사용할 수 있지만, 더 간단하게 「da＋사람」 문형을 자주 사용합니다.

Vado da Silvia. (= Vado a casa di Silvia.)   저는 실비아 집에 갑니다.
Vado dai miei (genitori).   저는 부모님 댁에 갑니다.

IM
: Intermediate Mid

익숙한 화제에 대해 짧지만 비교적 자연스럽고 구체적인 설명이 가능한 단계로,
1:1 응대가 가능하고 회의에서 전체적인 맥락을 파악할 수 있습니다.

Unità

5

Descriva il Suo lavoro.
당신의 일을 서술해 주세요.

이탈리아어에서는 같은 단어의 반복을 피하기 위해 앞에서 언급한 명사는 대명사로 바꿔 사용하는 것이 일반적입니다. '~을/를'을 대신하는 직접목적격대명사, '~에게'를 대신하는 간접목적격 대명사 그리고 이 두 대명사를 함께 사용할 때 쓰는 혼합대명사에 대해 알아봅시다.

핵심 패턴

- Mi piace + 3인칭 단수 명사/동사원형
  : 저는 ~을 좋아합니다
- stare + 제룬디오 (-ando/-endo)

다양한 질문 유형 파악하기

"업무 및 분야"의 다양한 질문 유형입니다. 🎧 05-1

- **Qual è il Suo lavoro?** 당신의 직업은 무엇인가요?

- **In quale settore lavora?** 당신은 어떤 분야에서 일하나요?

- **Cosa sta studiando?** 당신은 무엇을 공부하고 있나요?

"업무 및 분야"에 관한 다른 표현의 질문들입니다. 🎧 05-2

① **Dove lavora?** 당신은 어디서 일하나요?

➡ Lavoro presso l'azienda commerciale ABC.
저는 ABC 무역 회사에서 일합니다.

➡ Attualmente sono in pausa dal lavoro.
일을 잠시 쉬고 있습니다.

② **Da quanto tempo lavora lì?** 당신은 그곳에서 일한 지 얼마나 되었나요?

➡ Lavoro lì da cinque anni.
5년째 일하고 있습니다.

③ **In quale settore lavora?** 당신은 어떤 분야에서 일하고 있나요?
In quale settore vuole lavorare? 당신은 어떤 분야에서 일하고 싶나요?

➡ Lavoro nel settore della moda.
저는 패션 분야에서 일하고 있습니다.

핵심 패턴 익히기

● Mi piace+3인칭 단수 명사/동사원형 : 저는 ~을 좋아합니다

piacere 동사 직설법 현재 동사 변형 (불규칙)	
io	piaccio
tu	piaci
lui/lei/Lei	piace
noi	piacciamo
voi	piacete
loro	piacciono

동사 piacere(좋아하다)는 독특한 방식으로 사용됩니다. 좋아하는 주체는 간접목적어 '~에게'로, 좋아하는 대상은 주어로 나타납니다. 예를 들어, '나는 이탈리아가 좋다'는 문장에서 좋아하는 주체인 '나'는 'a me=mi'로 표현되며, 좋아하는 대상인 '이탈리아'는 piacere(본동사)의 주어가 됩니다. 따라서 piacere의 3인칭 단수 형태인 piace를 사용하여 'Mi piace l'Italia.'라고 표현해야 합니다. 'Io piaccio l'Italia.'와 같은 문장은 존재하지 않습니다.

`106p. 대명사 참고`

Mi(= a me) piace il mio lavoro. 저는 저의 일이 좋습니다. (주어 : il mio lavoro)

Ti(= a te) piace la città? 너는 도시가 좋니? (주어 : la città)

Le(= a Lei) piace leggere? 당신은 (책) 읽는 것이 좋습니까? (주어 : leggere)

Gli(= a lui) piace giocare con me. 그는 저와 노는 것을 좋아합니다. (주어 : giocare con me)

Mi piacciono i cibi tipici italiani. 저는 전통적인 이탈리아 음식들이 좋습니다.
→ 주어 : i cibi italiani 복수 명사를 좋아하는 경우, piacere의 3인칭 복수 형태 piacciono를 사용합니다.

Non mi piace stare da solo. 저는 혼자 있는 것이 싫습니다.
→ 주어 : stare da solo 동사원형을 좋아하는 경우, piacere의 3인칭 단수 형태 piace를 사용합니다.

● stare+제룬디오 (-ando/-endo)

「stare+제룬디오(-ando/-endo)」 문형은 '현재진행형'을 의미합니다. stare 동사와 함께 제룬디오(gerundio)라 칭하는 -ando/-endo 형태를 사용합니다. -are 동사는 -ando, -ere 및 -ire 동사는 -endo로 변환됩니다. 이때 stare 동사는 주어에 맞게 인칭 변형을 해야 합니다.

동사원형	제룬디오	현재진행형 예문
studiare	studiando	Sto studiando. 저는 공부하고 있습니다.
prendere	prendendo	Sto prendendo un caffè. 저는 커피를 마시고 있습니다.
dormire	dormendo	Sta dormendo. 그는 잠을 자고 있습니다.
finire	finendo	Sta finendo quello. 그는 그것을 끝내고 있습니다.

업무 및 분야 | 재직 중일 경우

녹음은 성우 성별에 따라 성, 수가 다를 수 있습니다.
자신의 성별에 맞게 바꿔서 연습해 보세요.

 05-3

Sono un dipendente della società ABC e lavoro qui da 8 anni. La nostra azienda produce elettrodomestici che vendiamo non solo sul mercato nazionale ma anche internazionale. Abbiamo fabbriche in Corea, negli Stati Uniti, in Cina e in Argentina. Sto studiando italiano perché lavorerò nella nostra filiale in Italia come espatriato. Adesso lavoro a Seul e mi sto preparando per trasferirmi in Italia. Sono abituato a comunicare in inglese, trovare le parole giuste in italiano è ancora un po' difficile per me. Tuttavia, sono molto emozionato di andare in Italia perché mi piace l'Italia.

저는 ABC 회사의 직원이며 여기에서 8년 동안 일해 왔습니다. 우리 회사는 전자제품을 생산하여 국내뿐 아니라 국제 시장에도 판매하고 있습니다. 우리는 한국, 미국, 중국, 아르헨티나에 공장을 가지고 있습니다. 저는 이탈리아에 있는 우리 회사의 지사에서 주재원으로서 근무할 예정이므로 이탈리아어를 공부하고 있습니다. 현재 서울에서 일하고 있으며 이탈리아로 이주할 준비를 하고 있습니다. 항상 영어로 소통해 왔기 때문에 이탈리아어로 적절한 단어를 찾는 것은 아직 조금 어렵습니다. 그러나 이탈리아로 가는 것이 매우 기대가 됩니다. 왜냐하면 저는 이탈리아를 좋아하기 때문입니다.

* produrre같이 -urre로 끝나는 동사 변형 **243p. 불규칙 동사 표 참고**

** 단순 미래의 형태와 기능

Sto studiando italiano perché lavor**erò** nella nostra filiale in Italia come espatriato.
→ 미래 시제는 미래에 일어날 사건을 서술하기도 하지만 강한 의지를 나타낼 때도 사용합니다. 이 문장에서 lavorerò는 lavorare(일하다)의 미래형으로, '나는 그 일을 할 거야'라는 강한 계획/의지를 나타냅니다.

새단어

- dipendente *n.p.* 직원
- società 회사, 사회
- qui *avv.* 여기
- azienda 회사
- produrre ~을 생산하다
- elettrodomestico 전자 제품
- vendere ~을 팔다
- non solo A ma anche B A뿐 아니라 B도
- mercato 시장
- nazionale *a.* 국가의
- internazionale *a.* 국제적인
- fabbrica 공장
- filiale *s.f.* 지점
- espatriato *n.p.* 이주민, 주재원
- prepararsi (주어)가 준비하다
- trasferirsi (주어)가 이사하다
- abituato/a a ~ *a.* ~에 익숙한
- comunicare ~을 전달하다/의사소통하다
- trovare ~을 찾다
- parola 말, 단어
- giusto *a.* 옳은
- ancora *avv.* 여전히
- un po' *avv.* 약간
- difficile *a.* 어려운
- tuttavia *avv.* 그럼에도
- emozionato a ~ *a.* ~에 기대하는/감동하는

만들어 보세요! 나에게 맞는 스토리로 만들어 외워 보세요.

Sono un dipendente　　　회사명　　　e lavoro qui da　근무 기간　. ①
　　　　　　　　　　　　회사 종류 및 소개

　　　　　　　　　　　　　　　　　　　Abbiamo
　　　　회사 보유 자산 (지점, 기술 등)　　　　　. Sto studiando italiano
perché ②　　　　　외국어 공부 이유　　　　　. Adesso
lavoro a 근무지 e mi sto preparando　준비하고 있는 일　. Sono abituato
a comunicare in 소통 언어 , e trovare le parole giuste in 언어 è ancora
un po' difficile per me. Tuttavia, sono molto emozionato di ③ 향후 기대
　　perché mi piace 나라 .

저는　　　의 직원이며 여기에서　　간 일해 왔습니다. ①
　　　　　　　　　　　우리는　　　　　　　　　　　　가지고 있습니다.
저는 ②　　　　　　　　　　　예정이므로 이탈리아어를 공부하고 있
습니다. 현재　　에서 일하고 있으며　　　　준비를 하고 있습니다. 항상　　로 소통해 왔기
때문에　　로 적절한 단어를 찾는 것은 아직 조금 어렵습니다. 그러나 ③　　　　　매우
기대가 됩니다. 왜냐하면 저는　　　를 좋아하기 때문입니다.

패턴별 다른 표현들　나에게 맞는 표현을 찾아 위의 문장에 대입시켜 보세요.

①	회사 종류 및 소개	저는 무역회사 직원입니다. 저희는 한국 물건을 이탈리아에 팝니다. Sono un impiegato di un'agenzia commerciale. Vendiamo prodotti coreani in Italia. 저는 여행회사 직원입니다. 저희는 여행 상품을 팝니다. Sono un impiegato di un'agenzia turistica. Vendiamo pacchetti turistici.
②	외국어 공부 이유	이탈리아에서 이탈리아인들과 일 할 것입니다. Lavorerò con gli altri italiani in Italia. 다양한 문화를 이해하고 싶습니다. Vorrei capire varie culture.
③	향후 기대	이직하는 것　　　　　　cambiare lavoro 승진하는 것　　　　　　essere promossi 여행하는 것　　　　　　viaggiare 이탈리아어를 이해하는 것　capire l'italiano 이탈리아인과 대화하는 것　parlare con gli italiani

* 〈부록〉 기초 어휘를 활용해 다양한 표현을 만들어 보세요.

꼬리물기 | 재직 중일 경우

1. **Viaggia spesso per lavoro all'estero?** 당신은 해외로 출장을 자주 가나요?

   ① 아니요, 자주 가지 않습니다. 1년에 1~2회 정도 갑니다.
   No, non spesso. Vado circa una o due volte all'anno.

   ② 네, 적어도 한 달에 한 번씩 자주 갑니다.
   Sì, vado spesso, almeno una volta al mese.

2. **In che anno è stata fondata la Sua azienda?** 당신의 회사는 몇 년도에 설립되었나요?

   ① 얼마 안 되었습니다. 스타트업 회사입니다.
   Non è passato molto tempo. È una startup.

   ② 약 30년 정도 전에 설립되었다고 들었습니다.
   Ho sentito che è stata fondata circa 30 anni fa.

   ③ 약 1950년에 설립되었습니다.
   È stata fondata intorno al 1950.

3. **Quanti dipendenti ha la Sua azienda?** 회사에 직원은 몇 명 정도 되나요?

   ① 직원 수 10명 이내의 작은 회사입니다.
   È una piccola azienda con meno di 10 dipendenti.

   ② 전 세계적으로 수천 명에 이르는 대기업입니다.
   È una grande azienda con migliaia di dipendenti in tutto il mondo.

4. **Per quanto tempo lavorerà in Italia?** 이탈리아에서는 얼마나 일할 예정인가요?

   ① 아직 정하지 않았습니다. 아마 평생 일할 것 같습니다.
   Non ho ancora deciso. Probabilmente ci lavorerò per tutta la vita.

   ② 5년간 일할 예정입니다.
   Ci lavorerò per 5 anni. = Lavorerò in Italia per 5 anni.

꼬리물기는 자주 출제되는 질문에 대한 모범답변을 제시해 주는 코너입니다. 녹음을 통해 질문이 익숙해질 수 있도록 반복적으로 들으며, 나에게 맞는 스토리를 만들어 보세요. ※ 녹음은 경우 성별에 따라 성, 수가 다를 수 있습니다. 자신의 성별에 맞게 바꿔서 연습해 보세요.

5. Qual è la Sua posizione lavorativa? 당신의 직급이 무엇인가요?

① 저는 관리자입니다.

Sono un manager.

② 입사한 지 1년 안 된 신입입니다.

Sono un nuovo dipendente che è stato assunto da meno di un anno.

6. Dove lavora in Italia? 이탈리아 어디서 일하나요?

① 밀라노에서 일합니다. 모든 것이 다 비싼 도시입니다.

Lavoro a Milano. È tutto costoso in questa città.

② 다양한 도시에서 일합니다. 최근에는 피렌체에 갔습니다.

Lavoro in varie città. Di recente sono stato/a a Firenze.

7. Qual è la parte più difficile del Suo lavoro? 회사에서 가장 힘든 점이 무엇인가요?

① 쓸모없는 일을 하는 것입니다.

È fare lavori inutili.

② 인간관계요. 혼자 있고 싶습니다.

Le relazioni umane. Vorrei stare da solo/a.

8. Perché lavora per quella azienda? 당신은 왜 그 회사에서 일하나요?

① 일이 재미있는 데다 돈을 많이 줍니다.

È un lavoro divertente e inoltre mi paga bene.

② 일을 하며 많은 것을 배우기 때문입니다.

Perché imparo molte cose mentre lavoro.

업무 및 분야 | 취업 준비 중일 경우

녹음은 성우 성별에 따라 성, 수가 다를 수 있습니다.
자신의 성별에 맞게 바꿔서 연습해 보세요.

🎧 05-5

Sto cercando un lavoro. Mi piace molto la lingua e la cultura italiana, quindi vorrei lavorare in un'agenzia commerciale italiana. Per lavorare, sto studiando varie parole di questo settore. Adesso vivo a Seul, ma vorrei accumulare esperienza viaggiando spesso tra l'Italia e la Corea. Dopo il viaggio in Italia, mi sono innamorato dell'Italia. Se ne avrò la possibilità, vorrei vivere lì.

저는 현재 일자리를 찾고 있습니다. 이탈리아 언어와 문화를 무척 좋아하기 때문에 이탈리아 무역 회사에 취직하고 싶습니다. 무역회사에서 일하기 위해 다양한 이 분야 용어들을 공부하고 있습니다. 현재 서울에서 거주하고 있지만, 이탈리아와 한국을 자주 오고 가면서 경력을 쌓고 싶습니다. 이탈리아 여행 이후 이탈리아에 사랑에 빠졌습니다. 저는 가능하다면 그곳(이탈리아)에서 살고 싶습니다.

* 현재진행형 : stare + 제룬디오(-ando/-endo)

주어	stare	제룬디오 규칙		예시	
io	sto	-are → -ando		cercare	→ cercando
tu	stai			prendere	→ prendendo
lui/lei/Lei	sta	-ere → -endo		dormire	→ dormendo
noi	stiamo			capire	→ capendo
voi	state	-ire → -endo			
loro	stanno				

(Io) Cerco. 저는 찾습니다. → (Io) Sto cercando. 저는 찾고 있습니다.
(Io) Studio. 저는 공부합니다. → (Io) Sto studiando. 저는 공부하고 있습니다.

(뒷장 내용 연결)

새단어

- lingua 언어, 혀
- cultura 문화
- vario *a.* 다양한
- parola 단어
- questo *a.* 이것의, (지시대명사) 이것
- settore *s.m.* 분야
- accumulare ~을 쌓다
- esperienza 경험
- viaggiare 여행하다
- spesso *avv.* 자주
- innamorarsi di ~ ~에 사랑에 빠지다
- possibilità 가능성, 기회
- lì *avv.* 그곳에

만들어 보세요! 나에게 맞는 스토리로 만들어 외워 보세요.

Sto cercando un lavoro. Mi piace molto la lingua e la cultura italiana, quindi vorrei lavorare in _____희망 회사_____ . Per lavorare, sto studiando ① _____취업을 위한 활동_____ di questo settore. Adesso vivo a Seul, ma vorrei accumulare esperienza ② _____취업 후 계획_____ . Dopo il viaggio in Italia, mi sono innamorato dell'Italia. Se ne avrò la possibilità, vorrei ③ _취업 후 희망_ .

저는 현재 일자리를 찾고 있습니다. 이탈리아 언어와 문화를 무척 좋아하기 때문에 _____에 취직하고 싶습니다. 무역회사에서 일하기 위해 ① _____들을 공부하고 있습니다. 현재 서울에서 거주하고 있지만, ② _____경력을 쌓고 싶습니다. 이탈리아 여행 이후 이탈리아에 사랑에 빠졌습니다. 저는 가능하다면 ③ _____고 싶습니다.

패턴별 다른 표현들 | 나에게 맞는 표현을 찾아 위의 문장에 대입시켜 보세요.

①	취업을 위한 활동	자격증 외국어 인턴십	certificazione lingua straniera tirocinio
		→ 저는 'A'에서 인턴십을 합니다. Faccio un tirocinio da 'A'.	
②	취업 후 계획	이탈리아인들과 연락하면서 이탈리아어 공부를 하면서	conttatando gli italiani studiando l'italiano
③	취업 후 희망	돈을 많이 벌다 집을 사다 대학원을 다니다	guadagnare tanti soldi comprare una casa frequentare un master

* 〈부록〉 기초 어휘를 활용해 다양한 표현을 만들어 보세요.

* 조동사 volere의 조건법, vorrei

조동사 volere는 직설법 현재형보다 조건법 형태로 사용했을 때 더 공손한 표현이 됩니다. 조건법은 다소 복잡할 수 있으므로, 기초 단계에서는 vorrei만 사용하여 겸손하게 희망이나 요청을 표현하는 연습을 해보세요.

	직설법 현재	조건법 현재
io	voglio	vorrei
tu	vuoi	vorresti
lui/lei/Lei	vuole	vorrebbe
noi	vogliamo	vorremmo
voi	volete	vorreste
loro	vogliono	vorrebbero

* innamorarsi '사랑에 빠지다' 재귀동사의 직설법 근과거

재귀동사의 직설법 근과거에서는 essere 동사가 선행하며, 뒤따르는 과거분사는 반드시 주어와 성, 수 일치를 해야 합니다. 주어가 남성 단수일 경우 innamor**ato**, 여성 단수일 경우 innamor**ata**, 남성 복수일 경우 innamor**ati**, 여성 복수일 경우 innamor**ate**가 사용됩니다.

	직설법 현재 (주어)가 사랑에 빠진다.	직설법 근과거 (주어)가 사랑에 빠졌다.
io	mi innamoro	mi sono innamorato/a
tu	ti innamori	ti sei innamorato/a
lui/lei/Lei	si innamora	si è innamorato/a
noi	ci innamoriamo	ci siamo innamorati/e
voi	vi innamorate	vi siete innamorati/e
loro	si innamorano	si sono innamorati/e

* Se ne avrò la possibilità, vorrei vivere lì.

(1) ne는 전치사 di 이하를 대신하는 대부사입니다. 원래 문장은 'Se avrò la possibilita di vivere lì …'이며, 여기서 vivere lì가 반복되기 때문에 di vivere lì 대신 ne로 대체하여 표현한 것입니다. ne는 목적어 뿐만 아니라 전치사구를 대신할 수 있으며, 이 전치사 구의 기능에 따라 대형용사(Pro-aggettivi), 대부사(Pro-avverbi)로 분류됩니다. 이들 역시 대명사(Pro-nomi)와 마찬가지로 동사 앞에 위치해야 합니다.

(2) avrò는 avere 동사의 단순 미래형입니다. 미래 계획, 불확실성, 강한 의지를 나타낼 때 사용됩니다. 형태는 아래와 같습니다.

	essere	avere
io	sarò	avrò
tu	sarai	avrai
lui/lei/Lei	sarà	avrà
noi	saremo	avremo
voi	sarete	avrete
loro	saranno	avranno

* ci, ne의 다양한 기능

(1) ci

	주요 기능	해석	예문
①	재귀동사의 재귀대명사 **76p. 참고**	우리는	(Noi) **Ci** sposiamo. 우리는 결혼합니다.
②	앞서 언급한 장소를 다시 말해야 할 때 사용	그곳에	Quando vieni a casa mia? 너는 우리 집에 언제 올래? **Ci** vengo domani. (ci = a casa tua) 나는 그곳에(너희 집에) 내일 가.
③	앞서 언급한 전치사 a, in, su, con 이하의 전치사 구 전체를 다시 말할 때 사용	~을/를, ~와	Chi finisce questo lavoro? 누가 이 일을 끝내나요? **Ci** penso io. (Ci = a finire questo lavoro) 제가 하겠습니다. Amo mio figlio. Mi piace giocar**ci**. (ci = con mio figlio) 저는 제 아들을 사랑합니다. 그와 노는 것을 저는 좋아합니다.

④	허사, esserci 동사의 ci	~가 있다	주로 3인칭으로 사용
			  C'è Marco. 마르코가 있습니다.
			  Non c'è niente. 아무것도 없습니다.
			  Ci sono le monete. 동전들이 있습니다.

⑤	어떤 사람이 무언가 하는데 필요한 것 또는 필요한 시간을 나타낼 때 사용	~가 필요하다	① **volerci** : 3인칭으로만 사용
			  Quanto tempo **ci** vuole?
			  시간이 얼마나 걸릴까요(필요할까요)?
			  Ci vogliono due ore. 2시간 걸립니다(필요합니다).
			  → 필요한 무엇(2시간)이 주어
			② **metterci** : 다양한 인칭으로 사용
			  Quanto tempo **ci** metti per andare in ufficio?
			  사무실에 가기 위해 너는 시간이 얼마나 걸리니?
			  Ci metto circa due ore. 나는 대략 2시간이 걸려.
			  → 행동하는 사람(나)이 주어

(2) ne

	주요 기능	해석	예문
①	부분 직접목적격대명사, 앞서 언급한 직접목적어의 일부를 다시 말할 때 사용	~을/를	Quanti libri hai comprato? 너는 몇 권의 책들을 샀니? **Ne** ho comprati tre. (ne = tre libri) 3권을 샀어. ▶ 부분/일부를 나타내는 표현(예 숫자, molto, tanto 등)이 문장 내에 있는 경우 직접목적격대명사 lo/la/li/le가 아닌, **ne**를 사용합니다. Ho preso una bottiglia di birra e **ne** ho bevuto un bicchiere. (ne= un bicchiere di birra) 저는 맥주 한 병을 사고 (중) 한 잔을 마셨습니다. ▶ 셀 수 있는 명사뿐 아니라 birra(맥주), vino(와인), acqua(물)과 같은 셀 수 없는 명사에도 사용할 수 있습니다.
②	앞서 언급한 전치사 di, da 이하의 전치사 구 전체를 다시 말할 때 사용	~을/를, ~에 대해, ~의	Conosci quel signore? 너는 저 남성을 아니? Sì, me **ne** hai parlato poco fa. 응, 저 남자에 대해 얼마 전에 말했잖아. (ne = di quel signore, parlare di ~ ~에 대해 말하다)

꼬리물기 | 취업 준비 중일 경우

1. Perché le piace l'Italia? 왜 이탈리아를 좋아하나요?

① 매우 아름다운 문화와 역사가 가득하기 때문입니다.
   Perché è piena di una bellissima cultura e storia.

② 이탈리아에는 아름답고 매력적인 사람들이 많기 때문입니다.
   Perché ci sono molte persone belle e affascinanti in Italia.

2. Cosa le piace di più dell'Italia? 이탈리아의 무엇이 가장 좋나요?

① 맛있는 음식들이 가장 좋습니다.
   Mi piacciono soprattutto i cibi buoni.

② 이탈리아의 발달한 복지 시스템이 가장 좋습니다.
   Mi piace di più il sistema di welfare sviluppato in Italia.

* 좋아하는 대상이 ①에서는 i cibi 복수이므로 piacere 동사가 3인칭 복수 형태인 piacciono, ②에서는 il sistema 단수이므로 piacere 동사가 3인칭 단수 형태인 piace를 사용합니다.

3. Dove vuole lavorare in Italia? 이탈리아 어디에서 일하고 싶나요?

① 밀라노나 피렌체 같은 북쪽 대도시에서 일하고 싶습니다.
   Vorrei lavorare in una grande città del nord come Milano o Firenze.

② 소렌토나 카프리 같은 아름다운 휴양지에서 일하고 싶습니다.
   Vorrei lavorare in una bella località turistica come Sorrento o Capri.

4. È difficile trovare lavoro in Corea? 한국은 취업하기 어렵나요?

① 대학교 졸업하고 바로 일자리를 찾기는 쉽지 않습니다.
   Non è facile trovare un lavoro subito dopo la laurea.

② 네, 어렵기 때문에 일자리를 해외에서 찾거나 창업하는 경우가 많습니다.
   Sì, è difficile, quindi molti cercano lavoro all'estero o aprono un'attività.

꼬리물기는 자주 출제되는 질문에 대한 모범답변을 제시해 주는 코너입니다. 녹음을 통해 질문이 익숙해질 수 있도록 반복적으로 들으며, 나에게 맞는 스토리를 만들어 보세요. ※ 녹음은 성우 성별에 따라 성, 수가 다를 수 있습니다. 자신의 성별에 맞게 바꿔서 연습해 보세요.

5. Ha mai lavorato in un'altra azienda? 다른 회사에서 일해본 적이 있나요?

① 아뇨, 저의 첫 직장입니다.
   No, è il mio primo lavoro.

② 네, 무역과 관련 없는 회사에서 3년 정도 일했습니다.
   Sì, ho lavorato per circa tre anni in un'azienda non legata al commercio.

6. Cosa sta facendo per trovare un lavoro? 취업을 위해 어떤 노력을 하고 있나요?

① 매일 아침 뉴스 기사를 읽습니다.
   Leggo articoli di notizie ogni mattina.

② 다양한 자격증 시험을 준비합니다.
   Preparo vari esami di certificazione.

7. Qual è la prima cosa che vuole fare quando trova un lavoro?
취업을 하면 무엇을 가장 먼저 하고 싶나요?

① 부모님께 선물을 하고 싶습니다.
   Vorrei fare un regalo ai miei (genitori).

② 돈을 모으고 싶습니다.
   Vorrei risparmiare dei soldi.

8. Qual è la cosa più difficile nella ricerca di un lavoro?
취업을 준비하면서 가장 어려운 점이 무엇인가요?

① 혼자 준비하니 외로움이 느껴집니다.
   Mi sento solo/a a prepararmi da solo/a.

② 불확실한 미래에 대한 불안한 감정을 컨트롤하기가 어렵습니다.
   È difficile controllare l'ansia per un futuro incerto.

 학습 더하기⁺

> **Tip** 시험 시, 같은 단어를 여러 번 반복하는 것은 지양하는 것이 좋습니다. 특히, 기초 단계에서 **강세형**(동사 오른쪽에 대명사를 놓는 것)을 사용하는 오류가 많으므로, 되도록 **비강세형**(동사 왼쪽에 대명사를 놓는 것)으로 **연습**하여 자연스럽게 구사하는 연습을 해보세요.

● 대명사 (Pronome)

• 직접목적격대명사 (~을/를)

해석	강세형	비강세형
나를*	me	mi
너를*	te	ti
그를	lui	lo
그녀를/당신을	lei/Lei	la/La
우리를	noi	ci
너희를	voi	vi
그들을	loro	li
그녀들을/당신들을	loro	le/Le

* 나(io)와 너(tu)는 주격인칭대명사 외의 다른 격에서는 me, te의 형태로 사용됩니다.

(Io) Amo te. 나는 너를 사랑해. → (Io) Ti amo.

(Lui) Chiama me. 그는 저를 부릅니다. → (Lui) Mi chiama.

(Io) Guardo lei. 저는 그녀를 봅니다. → (Io) La guardo.

➡ 직접목적어가 사람이 아닌 사물인 경우에도 직접목적격대명사로 표현할 수 있습니다. 단, 해당 명사의 성, 수에 따라 lo, la, li, le를 사용하여 일치시켜야 합니다.

(Io) Compro una borsa. 저는 가방을 삽니다. → (Io) La compro. (una borsa 여성 명사 = la)

(Io) Offro un caffè. 저는 커피를 제공합니다. → (Io) Lo offro. (un caffè 남성 명사 = lo)

참고 목적어가 반복되는 것 같을 때는 꼭 이 대명사를 사용해 보세요!

- **간접목적격대명사** (~에게)

해석	강세형	비강세형
나에게	a me	mi
너에게	a te	ti
그에게	a lui	gli
그녀에게/당신에게	a lei/Lei	le/Le
우리에게	a noi	ci
너희에게	a voi	vi
그들에게/그녀들에게/당신들에게	a loro	gli/Gli

* mi, ti, ci, vi와 같이 직접목적격대명사와 간접목적격대명사의 형태가 같은 경우 해석을 통해 구분합니다.

(Io) Do a te. 나는 네게 준다. → (Io) Ti do.
(Io) Regalo a lui. 저는 그에게 선물합니다. → (Io) Gli regalo.
(Tu) Passi a me? 너는 내게 전해 주겠니? → (Tu) Mi passi?

➡ 간접목적어에 대한 반응 표현 방법

Mi(= a me) piace il gelato. 저는 아이스크림이 좋습니다. → Anche a me. 저도 좋습니다. (Anch'io (X))
Buona sera (a te). (너) 좋은 밤 보내. → Anche a te. 너도. (Anche tu (X))

- **복합대명사** : 간접목적격대명사(~에게)+직접목적격대명사(~을)를 동시에 사용하는 경우

	lo 남성 단수	la 여성 단수	li 남성 복수	le 여성 복수
a me = mi	me lo	me la	me li	me le
a te = ti	te lo	te la	te li	te le
a lui = gli	glielo	gliela	glieli	gliele
a lei = le	glielo	gliela	glieli	gliele
a noi = ci	ce lo	ce la	ce li	ce le
a voi = vi	ve lo	ve la	ve li	ve le
a loro = gli	glielo	gliela	glieli	gliele

(Io) Do una borsa a te. 나는 네게 가방을 준다. → (Io) Te la do.
(Io) Regalo questi pantaloni a lui. 저는 그에게 이 바지를 선물합니다. → (Io) Glieli regalo.
(Tu) Passi le monete a me? 너는 내게 그 동전들을 전해 주겠니? → (Tu) Me le passi?

IM
: Intermediate Mid

익숙한 화제에 대해 짧지만 비교적 자연스럽고 구체적인 설명이 가능한 단계로,
1:1 응대가 가능하고 회의에서 전체적인 맥락을 파악할 수 있습니다.

Unità

6

Ha mai viaggiato in Italia?
이탈리아 여행을 가본 적이 있나요?

출제 빈도가 높은 대표적인 질문 유형 중 하나입니다. 갔던 여행지 중 가장 기억에 남는 곳을 미리 생각해 두고, 막힘없이 서술할 수 있도록 연습해 두는 것이 좋습니다. 때로는 여행지가 아닌, 내가 거주하고 있는 도시에 대한 묘사를 요청하기도 합니다.

핵심 패턴

- Ha mai+과거분사 : 당신은 ~을 해본 적 있나요?
- Sono andato/a a ~ : 저는 ~에 갔습니다

# 다양한 질문 유형 파악하기

"여행 및 도시"의 다양한 질문 유형입니다. 06-1

- **Parli del luogo di viaggio più memorabile.**
  가장 기억에 남는 여행지를 소개해 주세요.
- **Descriva una città in Italia.** 이탈리아 도시 중 한곳을 서술해 주세요.
- **Presenti il luogo in cui vive.** 당신이 살고 있는 곳을 소개해 주세요.
- **Le piace viaggiare?** 당신은 여행을 좋아하나요?

"여행 및 도시"에 관한 다른 표현의 질문들입니다. 06-2

① **Come trascorre le vacanze?** 당신은 휴가를 어떻게 보내나요?

→ Viaggio all'estero con la mia famiglia. 가족들과 해외여행을 합니다.
→ Viaggio da solo/a in Corea. 혼자 국내 여행을 합니다.
→ Gioco ai videogame e mi rilasso a casa. 집에서 게임을 하며 쉽니다.

② **Mi può parlare di un famoso luogo turistico in Corea?**
한국의 유명한 관광지를 소개해 줄 수 있나요?

→ A Seul c'è il palazzo reale della dinastia Joseon. Costruito in legno e con un tetto di 'Kiwa' è molto affascinante. Le pareti e i soffitti delle stanze sono semplici ma pieni di colori belli e disegni tradizionali.
서울에 조선시대 왕궁이 있습니다. 나무로 이루어져 있고 '기와'로 만든 지붕이 참 매력적입니다. 방 안의 벽과 천장은 화려하지는 않지만 단순하고 아름다운 색상과 전통무늬로 가득 차 있습니다.

③ **Ci sono molti turisti in Corea?** 한국에 관광객이 많나요?

→ Ogni anno circa 15 milioni di stranieri visitano il paese.
한 해 약 1,500만 명 정도 외국인들이 방문합니다.

핵심 패턴 익히기

일상에서 가장 많이 사용하는 과거 시제는 직설법 근과거입니다. 정해진 과거 시점에 어떤 사건이(행동이) 완료된 경우에 사용됩니다. 「avere 또는 essere+과거분사」 형태를 취하고 있으며, avere가 선행하는 동사와 essere가 선행하는 동사를 구분해서 익혀야 합니다. **120p. 직설법 근과거 참고**

주어	avere 또는 essere			과거분사		
io	ho	sono	-are → -ato	lavorare	→	lavor**ato**
tu	hai	sei	-ere → -uto	ricevere	→	ricev**uto**
lui/lei/Lei	ha	è	-ire → -ito	dormire	→	dorm**ito**
noi	abbiamo	siamo		capire	→	cap**ito**
voi	avete	siete	그 외 불규칙	prendere	→	**preso**
loro	hanno	sono		essere	→	**stato**

➡ **avere 선행**

타동사의 경우 avere가 선행합니다. 그러나 이탈리아는 목적어의 유무만으로 자/타동사 구분이 어렵습니다. 청자와 화자가 목적어를 알고 있으면 자유롭게 목적어를 생략하기도 하고, lavorare(일을 하다), telefonare(전화하다)처럼 동사 자체에 목적어가 내포되어 별도의 목적어가 필요하지 않은 경우도 있기 때문입니다. 따라서 기초 단계에서는 예외적으로 essere가 보조 동사로 오는 경우를 먼저 익히고, 그 외 대부분의 동사에는 avere가 보조 동사로 온다고 생각하면 더 쉽게 이해할 수 있습니다.

➡ **essere 선행**

① 이동동사	andare(가다), venire(오다), arrivare(도착하다), entrare(들어오다)
② 상태동사	essere(~이다), nascere(태어나다), rimanere(머무르다), diventare(~가 되다)
③ 재귀동사*	lavarsi(씻다), innamorarsi(사랑에 빠지다), svegliarsi(깨어나다)
④ piacere 동사류	piacere(좋아하다), servire(필요로 하다), mancare(부족하다)

* 재귀동사는 목적어가 있어도 복합 시제에서 무조건 essere 동사가 선행합니다.

● **Ha mai+과거분사** : 당신은 ~을 해본 적 있나요?

'결코 ~않다'라는 의미의 mai를 직설법 근과거 시제에서 사용하면 과거에 (현재까지) 어떤 행동을 한 경험이 전혀 없다는 의미가 됩니다. 주로 mai의 위치는 avere/essere 뒤가 됩니다.

> **avere/essere+mai(= never/ever)+과거분사**

Ha **mai** studiato l'italiano prima? 당신은 이탈리아어를 전에 공부한 적 있나요?

➡ No, **non** ho **mai*** studiato nessuna lingua straniera.
아뇨, 저는 외국어를 공부해 본 적이 없습니다. (* 답변에는 반드시 'non ~ mai-'로 non과 함께 사용해야 합니다.)

● **Sono andato/a a ~** : 저는 ~에 갔습니다

(Io) Sono andat**o/a** a Firenze. 저는 피렌체에 갔습니다.

* essere가 선행하는 경우, 과거분사는 반드시 주어와 성, 수 일치가 되어야 합니다.

여행 및 도시 | 이탈리아 도시일 경우

녹음은 성우 성별에 따라 성, 수가 다를 수 있습니다.
자신의 성별에 맞게 바꿔서 연습해 보세요.

🎧 06-3

Dieci anni fa, ho viaggiato in Italia, visitando Firenze e Roma. È stato un viaggio breve, di circa una settimana. Prima sono andato a Roma, una città piena di storia. Ho visitato il Colosseo, il Pantheon e il Foro Romano, e ho mangiato la carbonara in un ristorante molto famoso a Roma chiamato '*al Moro*'. Dopo Roma, il terzo giorno sono andato a Firenze. Appena sono arrivato, sono andato a vedere le varie opere alla Galleria degli Uffizi. La sera ho mangiato una bistecca alla fiorentina con un bicchiere di vino rosso. I siti archeologici, i paesaggi e il cibo erano tutti meravigliosi. Voglio viaggiare ancora in Italia.

저는 10년 전 이탈리아에서 피렌체와 로마 여행을 했습니다. 일주일 정도로 짧게 다녀왔습니다. 역사로 가득한 도시인 로마에 가장 먼저 갔습니다. 콜로세움, 판테온, 포로 로마노를 방문했고, 로마에서 매우 유명한 'al Moro'라는 식당에서 카르보나라를 먹었습니다. 로마를 다 구경하고 3일째에 피렌체로 갔습니다. 도착하자마자 우피치 미술관에 다양한 미술 작품들을 보러 갔습니다. 저녁에는 레드 와인과 함께 피렌체식 스테이크(티본스테이크)를 먹었습니다. 유적지, 풍경, 음식 모두 환상적이었습니다. 다시 이탈리아 여행을 하고 싶습니다.

새단어

- viaggiare ~에 여행하다
- visitare ~을 방문하다
- stato *essere* 동사 과거분사 (불규칙)
- viaggio 여행
- breve *a.* 짧은
- circa *avv.* 대략
- prima *avv.* 먼저
- città 도시
- pieno di ~ *a.* ~로 가득한
- storia 역사
- mangiare ~을 먹다
- famoso *a.* 유명한
- chiamato *a.* ~라 불리는
- terzo *a.* 세 번째의
- appena *prep.* ~하자마자
- arrivare ~에 도착하다
- vedere ~을 보다
- opera 작품, 오페라
- sera 저녁
- bistecca alla fiorentina 티본스테이크
- bicchiere *s.m.* 유리잔
- vino 와인
- rosso *a.* 빨간색의
- sito 장소
- archeologico *a.* 고고학의
- paesaggio 풍경
- cibo 음식
- meraviglioso *a.* 환상적인
- ancora *avv.* 다시, 아직도

만들어 보세요! 나에게 맞는 스토리로 만들어 외워 보세요.

① 여행 시기 , ho viaggiato in Italia, visitando 여행 지역 . È stato un viaggio breve, di circa 여행 기간 . Prima sono andato a 여행 지역 , una città piena di storia. Ho visitato 여행 지역 , e ho mangiato ② 음식 종류 in un ristorante molto famoso a Roma chiamato ' 식당 이름 '. Dopo Roma, il 날짜 giorno sono andato a 여행 지역 . Appena sono arrivato, sono andato a vedere 관광지에서 본 것 . La sera ho mangiato ② 음식 종류 . I siti archeologici, i paesaggi e il cibo erano tutti meravigliosi. Voglio viaggiare ancora in Italia.

저는 ① 이탈리아에서 여행을 했습니다. 정도로 짧게 다녀왔습니다. 역사로 가득한 도시인 에 가장 먼저 갔습니다. 를 방문했고, 로마에서 매우 유명한 ' '라는 식당에서 ② 를 먹었습니다. 로마를 다 구경하고 일째에 로 갔습니다. 도착하자마자 을 보러 갔습니다. 저녁에는 ② 를 먹었습니다. 유적지, 풍경, 음식 모두 너무 아름다웠습니다. 다시 이탈리아 여행을 하고 싶습니다.

패턴별 다른 표현들 | 나에게 맞는 표현을 찾아 위의 문장에 대입시켜 보세요.

①	시기 (시점 표현)	어제/오늘/내일 그저께/내일모레 ⓐ 지난/다음 ⓑ 전/후	ieri / oggi / domani l'altro ieri / dopo domani scorso / prossimo fa / dopo
		→ ⓐ 지난주/달/년 : la settimana scorsa / il mese scorso / l'anno scorso 　　다음 주/달/년 : la settimana prossima / il mese prossimo / l'anno prossimo 　ⓑ 2주/달/년 전 : due settimane fa/mesi fa/anni fa 　　2주/달/년 후 : dopo due settimane/mesi/anni 　* 2 이상의 기간에서는 fa와 dopo 사용	
②	음식 종류	토마토 파스타 크루아상과 카푸치노 물/탄산수 수프 (한국의 국)	una pasta al pomodoro (맛을 표현할 때 : 전치사 a+정관사) un cornetto e un cappuccino acqua naturale / acqua frizzante zuppa (맑은 국물은 brodo에 가까움)

* 〈부록〉 기초 어휘를 활용해 다양한 표현을 만들어 보세요.

꼬리물기 | 이탈리아 도시일 경우

1. **Quali città ha visitato in Italia?** 이탈리아의 어떤 도시를 가봤나요?

   ① 대도시인 로마와 밀라노에 갔습니다.
   Sono stato/a nelle grandi città di Roma e Milano.

   ② 큰 도시는 로마만 갔고 주로 해안가에서 휴가를 보냈습니다.
   Ho visitato solo Roma come grande città e ho passato le vacanze sulla spiaggia.

2. **Cosa le è piaciuto di più dell'Italia?** 이탈리아의 무엇이 가장 좋았나요?

   ① 친절한 이탈리아인들입니다. 이탈리아인들이 한국인들과 성격이 비슷한 것 같습니다.
   Gli italiani gentili. Sembrano avere una personalità simile a quella dei coreani.

   ② 시장의 과일이나 채소 값입니다. 매우 저렴했습니다.
   I prezzi di frutta e verdura nei mercati. Erano molto economici.

3. **Quale posto in Italia vorrebbe visitare ancora?** 이탈리아의 어디를 또 가고 싶나요?

   ① 피렌체 음식점 'Perseus'입니다. 그곳은 정말 맛있었습니다.
   Il ristorante 'Perseus' a Firenze. Era davvero buono.

   ② 토리노의 자동차 박물관입니다. 제가 너무 피곤해서 제대로 보지 못했습니다.
   Il Museo dell'Automobile di Torino. Ero troppo stanco/a e non l'ho apprezzato bene.

4. **Quanto tempo è rimasto/a in Italia?** 이탈리아에 얼마나 체류했나요?

   ① 여행차 일주일간 있었습니다.
   Sono stato/a in viaggio per una settimana.

   ② 2년 동안 살았습니다.
   Ho abitato lì per due anni.

꼬리물기는 자주 출제되는 질문에 대한 모범답변을 제시해 주는 코너입니다. 녹음을 통해 질문이 익숙해질 수 있도록 반복적으로 들으며, 나에게 맞는 스토리를 만들어 보세요. ※ 녹음은 성우 성별에 따라 성, 수가 다를 수 있습니다. 자신의 성별에 맞게 바꿔서 연습해 보세요.

5. Quante volte è stato/a in Italia? 이탈리아에 몇 번 가봤나요?

① 작년에 딱 한 번입니다.

Solo una volta l'anno scorso.

② 출장 때문에 자주 가서 몇 번인지 정확히 모르겠습니다.

Vado in Italia spesso per lavoro, quindi non so esattamente quante volte.

6. Com'è stato il Suo viaggio in Italia? 이탈리아 여행은 어땠나요?

① 잊을 수 없을 정도로 너무 아름다웠습니다.

È stato così bello che* non posso dimenticarlo. (così ~ che … : 매우 ~해서 …하다)

② 여름에 가서 너무 더웠지만 많은 추억을 쌓을 수 있었습니다.

Sono andato/a in estate e faceva* molto caldo, ma ho creato molti ricordi.

* '날씨가 덥다/춥다'는 'fare caldo/freddo'입니다. 그러나 과거의 날씨는 어떤 한 시점에만 덥거나 추울 수 없기에 과거 날씨에 대한 '회상'은 반드시 반과거로 표현해야 합니다. 148p. 참고

7. Qual è il periodo migliore dell'anno per visitare la Corea?
한국을 방문하기 가장 좋은 시기는 언제인가요?

① 봄입니다. 벚꽃이 절정입니다.

In primavera. I ciliegi sono in piena fioritura.

② 가을입니다. 단풍이 절정입니다.

In autunno. Le foglie sono al culmine dei colori.

8. Descriva il Colosseo. 콜로세움에 대해 서술해 보세요.

① 안팎에 관광객으로 가득합니다. 주변에 아무 건축물도 없이 푸른 정원이 있었습니다. 내부에는 건축물과 관련한 역사 기록물들이 전시되어 있습니다.

È pieno di turisti dentro e fuori. Intorno c'è un giardino verde senza nessun altro edificio. All'interno ci sono esposizioni di documenti storici relativi alla costruzione.

② 지붕이 없는 흰색 원형 건축물이었습니다.

È un edificio circolare bianco senza tetto.

여행 및 도시 — 국내 도시일 경우

Non ho mai viaggiato in Italia. Quindi, vorrei condividere la mia esperienza di viaggio a Seul, la capitale della Corea. Seul è una metropoli con circa dieci milioni di abitanti, quindi ci sono molti tipi di trasporti pubblici. Prima di tutto, ho sentito la storia di Seul visitando i palazzi della dinastia Joseon in centro. La sera, ho ammirato la vista notturna dal piano più alto della 'Lotte Tower', un edificio di 123 piani situato a est di Seul. Per cena, ho mangiato pancetta di maiale in stile barbecue coreano e ho bevuto il tradizionale alcolico coreano chiamato "soju". Era davvero buono. Ho scoperto che anche il mio paese ha molte cose da vedere.

저는 이탈리아 여행을 해본 적이 없습니다. 그래서 한국의 수도인 서울에서의 여행 경험을 말씀드리겠습니다. 서울은 천만 명 정도가 거주하는 대도시이기에 대중교통의 종류가 매우 다양합니다. 가장 먼저 서울 중심부에 있는 조선시대 궁궐들을 방문하여 서울의 역사를 느꼈습니다. 저녁에는 서울 동쪽에 123층짜리 '롯데 타워' 꼭대기 층에서 야경을 감상했습니다. 저녁 식사로 코리안 바비큐 형식으로 삼겹살을 먹고 한국 술 '소주'를 마셨습니다. 정말 맛있었습니다. 우리나라에도 볼 것들이 많다는 것을 알게 되었습니다.

* **전치사 da+동사원형** : ~해야 할 것 *53p. 참고*

  Ho scoperto che anche il mio paese ha molte cose **da vedere**. 우리나라에도 볼 것들이 많다는 것을 알게 되었습니다.
  - È un film **da vedere**. (이것은) 봐야 할 영화이다. (dovere와 같은 의무가 내포되어 있음)
  - Non c'è tempo **da perdere**. 지체할 시간이 없다.

새단어

- condividere ~을 나누다
- esperienza 경험
- capitale s.f. 수도, s.m. 캐피털, 자본금, a. 우두머리의
- metropoli s.f. 대도시, 메트로폴리스
- milione 100만
- abitante n.p. 거주자
- tipo 유형, 타입
- trasporto pubblico 대중교통
- prima di tutto 무엇보다도
- sentire ~을 느끼다
- visitare ~을 방문하다
- palazzo 건물, 궁전
- dinastia 왕조
- ammirare ~을 감탄하다
- vista notturna 야경
- piano s.m. 층, avv. 느리게
- alto a. 높은
- edificio 건물
- situato a ~ a. ~에 위치한
- pancetta 뱃살 (주로 돼지고기 삼겹살)
- maiale s.m. 돼지
- stile s.m. 양식, 스타일
- bere ~을 마시다
- tradizionale a. 전통적인
- alcolico s.m. 술, a. 알코올의
- davvero avv. 정말로
- scoprire ~을 발견하다
- cosa 무엇 (셀 수 있는 명사 복수형 cose)

만들어 보세요! 나에게 맞는 스토리로 만들어 외워 보세요.

Non ho mai viaggiato in Italia. Quindi, vorrei condividere la mia esperienza di viaggio a _____ 국내 여행지 _____ .
_____ 여행지 인구 분포 _____ di abitanti, quindi ci sono molti tipi di _____ 지역 특이점 _____ . Prima di tutto, ho sentito la storia di ① _____ 관광지 _____ . ② _____ 묘사 _____ . Per cena, ho mangiato _____ 저녁 식사 _____ e ho bevuto _____ 함께 마신 음료 및 술 _____ . Era davvero buono. Ho scoperto che anche il mio paese ha molte cose da vedere.

저는 이탈리아 여행을 해본 적이 없습니다. 그래서 _____ 에서의 여행 경험을 말씀드리겠습니다. _____ 이기에 _____ 의 종류가 매우 다양합니다. 가장 먼저 ① _____ 의 역사를 느꼈습니다. ② _____ . 저녁 식사로 _____ 을 먹고 _____ 를 마셨습니다. 정말 맛있었습니다. 우리나라에도 볼 것들이 많다는 것을 알게 되었습니다.

패턴별 다른 표현들 | 나에게 맞는 표현을 찾아 위의 문장에 대입시켜 보세요.

① 관광지		국립공원	il parco nazionale
		박물관	il museo
		유적지	il sito storico
		항구/해변	il porto/la spiaggia
② 묘사		(국립공원은) 아름다운 자연 경관을 제공하며 많은 종류의 식물과 동물들을 품고 있습니다. (Il parco nazionale) Offre splendidi paesaggi naturali e ospita molte specie di piante e animali. (박물관은) 현대적인 외관에 큰 유리창과 중앙에는 입구, 건물로 이어지는 길이 있습니다. (Il museo) Ha un aspetto moderno, con grandi vetrate, un ingresso centrale e una passerella che conduce all'edificio. (유적지는) 산꼭대기에 위치해 있으며, 고대 유적과 탁 트인 전망을 자랑합니다. (Il sito storico) Si trova sulla cima di una montagna, con rovine antiche e una vista panoramica.		

* 〈부록〉 기초 어휘를 활용해 다양한 표현을 만들어 보세요.

꼬리물기 | 국내 도시일 경우

1. **Quale città le è piaciuta di più tra quelle che ha visitato?**
   당신이 방문했던 도시들 중 어디가 가장 좋았나요?

   ① 경주입니다. 이곳은 신라시대의 역사를 간직하고 있어 서울에서는 볼 수 없는 유물을 구경할 수 있습니다.
   Gyeongju. Questo luogo conserva la storia dell'era Silla, quindi si possono vedere monumenti che non è possibile trovare a Seul.

   ② 전주입니다. 음식으로 가장 유명한 지역이기 때문에 맛있는 음식을 많이 먹을 수 있습니다.
   Jeonju. È la zona più famosa per il cibo, quindi si possono mangiare molti piatti buoni.

2. **Mi può consigliare un luogo turistico in Corea?** 저에게 한국 여행지 한곳을 추천해 주실래요?

   ① 강원도 태백산입니다. 자연 경관이 이탈리아 돌로미티만큼 멋있습니다.
   Il monte Taebaek nella provincia di Gangwon. Il paesaggio naturale è bello quanto le Dolomiti italiane.

   ② 양평의 계곡입니다. 여름에 무척 시원합니다.
   La valle di Yangpyeong. È molto fresca in estate.

3. **Ha mai visitato altre città in Corea?** 한국의 다른 도시에 가본 적 있나요?

   ① 그럼요, 하지만 주로 업무 때문에 가서 관광지에 대해서는 잘 모르겠습니다.
   Certo, ma sono andato/a per lavoro, quindi non conosco bene i luoghi turistici.

   ② 네, 가족들과 바다가 멋진 부산에 여행하러 갔습니다.
   Sì, sono andato/a in viaggio a Busan con la mia famiglia, dove il mare è splendido.

4. **Com'è la città di Seul?** 서울은 어떤 도시인가요?

   ① 서울은 한국의 수도이자 정치, 경제, 문화의 중심지입니다.
   Seul è la capitale della Corea e il centro politico, economico e culturale del paese.

   ② 일자리가 많은 기회의 도시입니다.
   È la città delle opportunità che offre molti posti di lavoro.

꼬리물기는 자주 출제되는 질문에 대한 모범답변을 제시해 주는 코너입니다. 녹음을 통해 질문이 익숙해질 수 있도록 반복적으로 들으며, 나에게 맞는 스토리를 만들어 보세요. ※ 녹음은 경우 성별에 따라 성, 수가 다를 수 있습니다. 자신의 성별에 맞게 바꿔서 연습해 보세요.

5. Qual è la città più grande o famosa dopo Seul in Corea?
한국에서 서울 다음으로 큰/유명한 도시는 어디인가요?

① 두 번째로 큰 도시는 부산입니다. 이곳에서 국제 영화제가 열립니다.

La seconda città più grande è Busan. Qui si tiene il Festival Internazionale del Cinema.

② 제주시입니다. 한국의 가장 유명한 섬, 제주도에 있는 도시입니다. 자연 경관이 아름답습니다.

È Jeju. È una città sull'isola più famosa della Corea, Jeju. Il paesaggio naturale è bellissimo.

• 상대 최상급

형태	정관사	명사*	più	형용사	di/a/in	비교 대상
예문	la	città	più	grande	(in)	(Corea)
	l'	isola	più	famosa	della	Corea

* 명사는 상황에 따라 생략되기도 합니다.

164p. 참고

6. Quali mezzi di trasporto pubblico usa a Seul? 당신은 서울에서 어떤 대중교통을 이용하나요?

① 도로는 교통체증이 심해 지하철을 탑니다. 서울에만 9개의 노선이 있습니다.

C'è molto traffico, quindi prendo la metro. Solo a Seul ci sono nove linee.

② 지하철은 사람이 너무 많아 버스를 자주 탑니다. 버스 전용도로가 있어 빠르고 편리합니다.

La metro è spesso affollata, quindi prendo spesso l'autobus. Ci sono corsie riservate agli autobus, che li rendono veloci e comodi.

7. È soddisfatto/a di vivere a Seul? 서울에 살면서 만족하나요?
Vuole trasferirsi a Seul? 서울로 이사 가고 싶나요?

① 네, 서울에서의 삶은 매우 편리합니다. 모든 것들이 다 있거든요!

Sì, la vita a Seul è molto conveniente. C'è tutto!

② 저는 이곳이 좋습니다. 서울은 물가가 너무 비싸지만, 이곳은 상대적으로 저렴합니다.

Mi piace stare qui. Il costo della vita a Seul è troppo alto, ma qui è relativamente economico.

 **학습 더하기⁺**

● **직설법 근과거**(Passato Prissmo) **– 현재완료**

avere 또는 essere + 과거분사	
단, essere가 선행하는 경우 반드시 주어와 성, 수 일치해야 합니다.	
과거분사 규칙 (불규칙형 별도 암기 필수)	-are 동사 → -ato -ere 동사 → -uto -ire 동사 → -ito

(1) **avere 선행**

① 목적어가 있는 경우, ② 목적어를 사용할 수 있지만 생략된 경우, ③ 목적어가 내포된 경우

① (Io) Ho ricevuto un'e-mail. (ricevere → ricevuto) 저는 메일을 받았습니다.

② (Io) Ho finito. (finire → finito) 저는 끝냈습니다.

③ (Io) Ho lavorato. (lavorare → lavorato) 저는 일을 했습니다.

(2) **essere 선행**

① 이동동사	andare(가다), venire(오다), arrivare(도착하다), entrare(들어오다)
② 상태동사	essere(~이다), nascere(태어나다), rimanere(머무르다), diventare(~가 되다)
③ 재귀동사*	lavarsi(씻다), innamorarsi(사랑에 빠지다), svegliarsi(깨어나다)
④ piacere 동사류	piacere(좋아하다), servire(필요로 하다), mancare(부족하다)

① (Io) Sono andato a scuola. 저는 학교에 갔습니다. (주어 : 나 → 남성 단수)

② (Io) Sono nata il 3 settembre 1985. 저는 1985년 9월 3일에 태어났습니다. (주어 : 나 → 여성 단수)

③ (Io) Mi sono lavato alle 8 di mattina. 저는 아침 8시에 씻었습니다. (주어 : 나 → 남성 단수)

 (Noi) Ci siamo innamorati. 저희는 사랑에 빠졌습니다. (주어 : 우리 → 여성+남성, 남성 복수)

 Anna si è svegliata alle 9. 안나는 9시에 일어났습니다. (주어 : Anna → 여성 단수)

* 재귀대명사(mi, ti, si, ci, vi, si) 주어에 맞춰 꼭 사용해야 합니다.

④ **piacere 동사류**

piacere 동사류는 독특하게도 '좋아하는 대상'이 주어의 역할을 합니다. 예를 들어, 'Mi piace il mio lavoro. (저는 제 일이 좋습니다.)' 문장에서 주어는 '나의 일'이 되며 이에 맞춰 essere 동사 인칭 변형과 과거분사 성, 수 일치를 해야 합니다.

Mi piace il mio lavoro. 저는 제 일이 좋습니다.

직설법 근과거 : Mi è piaciuto il mio lavoro. (주어 : il mio lavoro 3인칭 단수, 남성)

Mi piacciono i soldi. 저는 돈이 좋습니다.

직설법 근과거 : Mi sono piaciuti i soldi. (주어 : i soldi 3인칭 복수, 남성)

Mi piacciono le auto. 저는 자동차들이 좋습니다.

직설법 근과거 : Mi sono piaciute le auto. (주어 : le auto 3인칭 복수, 여성)

● 과거분사 불규칙

뜻	원형	과거분사	예문 (avere/essere 선행 여부 확인)
~을 켜다	accendere	acceso	Ho acceso. 나는 켰다.
~을 열다	aprire	aperto	Ho aperto. 나는 열었다.
~을 마시다	bere	bevuto	Ho bevuto. 나는 마셨다.
~을 요구하다, 물어보다	chiedere	chiesto	Ho chiesto. 나는 물었다.
~을 닫다	chiudere	chiuso	Ho chiuso. 나는 닫았다.
~을 덮다	coprire	coperto	Ho coperto. 나는 덮었다.
~을 결정하다	decidere	deciso	Ho deciso. 나는 결정했다.
~을 말하다	dire	detto	Ho detto. 나는 말했다.
~을 하다	fare	fatto	Ho fatto. 나는 했다.
~을 읽다	leggere	letto	Ho letto. 나는 읽었다.
~을 놓다	mettere	messo	Ho messo. 나는 놓았다.
~을 제공하다	offrire	offerto	Ho offerto. 나는 제공했다.
~을 잃다	perdere	perso	Ho perso. 나는 잃었다.
~을 갖다/먹다	prendere	preso	Ho preso. 나는 가졌다.
~을 해결하다	risolvere	risolto	Ho risolto. 나는 해결했다.
~을 대답하다	rispondere	risposto	Ho risposto. 나는 대답했다.
~을 선택하다	scegliere	scelto	Ho scelto. 나는 선택했다.
~을 쓰다	scrivere	scritto	Ho scritto. 나는 썼다.
~을 끄다	spegnere	spento	Ho spento. 나는 껐다.
~을 보다	vedere	visto	Ho visto. 나는 봤다.
(주어)가 오다	venire	venuto	Sono venuto/a. 나는 왔다.
(주어)가 ~이다	essere	stato	Sono stato/a felice. 나는 행복했다.
(주어)가 죽다	morire	morto	È morto/a. 그/그녀는 죽었다.
(주어)가 태어나다	nascere	nato	Sono nato/a. 나는 태어났다.
(주어)가 좋다	piacere	piaciuto	Mi è piaciuto/a. 나는 그것이 좋았다.
(주어)가 남다	rimanere	rimasto	Sono rimasto/a. 나는 남았다.
(주어)가 거주하다	vivere	vissuto	Sono/Ho vissuto/a.* 나는 거주했다.

* vivere 동사는 예외적으로 avere, essere 모두 선행 가능한 동사입니다. avere를 사용한 경우는 성, 수일치를 안 하지만, essere를 사용한 경우에는 반드시 성, 수 일치를 해야 합니다.

(Io) Ho letto tanti libri. 저는 책을 많이 읽었습니다.

(Loro) Sono venuti a vedermi. 그들은 저를 보러 왔습니다.

IM : Intermediate Mid

익숙한 화제에 대해 짧지만 비교적 자연스럽고 구체적인 설명이 가능한 단계로,
1:1 응대가 가능하고 회의에서 전체적인 맥락을 파악할 수 있습니다.

Unità

7

Che tipo di cibo le piace?
어떤 음식을 좋아하세요?

음식 관련 질문과 대화는 OPI 시험에서 빈출도가 높은 주제 중 하나입니다. 이탈리아 음식뿐만 아니라 한국 외 각국의 다양한 음식 종류와 소개하고 싶은 이유 등을 미리 준비해야 합니다.

핵심 패턴

- (Io) Sono riuscito/a a+동사원형
  : 저는 ~을 할 수 있었습니다
- È stato servito+주어 : (주어)가 제공되었습니다

다양한 질문 유형 파악하기

"음식"의 다양한 질문 유형입니다. 🎧 07-1

- **Quale piatto coreano vorrebbe presentare a un italiano?**
  이탈리아 사람에게 어떤 한국 음식을 소개해 주고 싶은가요?

- **Mi consigli un piatto coreano.** 제게 한국 음식 한 가지를 추천해 주세요.

- **Potrebbe descrivermi il Suo piatto preferito?**
  당신이 좋아하는 음식에 대해 설명해 주시겠어요?

"음식"에 관한 다른 표현의 질문들입니다. 🎧 07-2

① **Qual è il motivo per cui lo consiglia?** 그 음식을 추천하는 이유가 무엇인가요?

➡ Perché si può mangiare solo in Corea. 한국에서만 먹을 수 있기 때문입니다.

➡ Perché è il più buono che io abbia mai mangiato.
제가 먹어 본 것 중 가장 맛있기 때문입니다.

➡ È un po' difficile da spiegare, ma il suo sapore è davvero particolare.
설명이 좀 어렵지만, 맛이 굉장히 독특합니다.

② **Tra i piatti italiani, qual è il Suo preferito?** 이탈리아 음식 중 어떤 것을 제일 좋아하나요?

➡ Preferisco la pasta al ragù. 저는 라구 파스타를 좋아합니다.

➡ Non lo so bene, perché non ho ancora avuto occasione di provarli.
아직 먹어본 적 없어서 잘 모르겠습니다.

③ **Cucina spesso a casa?** 집에서 요리를 자주 하시나요?

➡ Sì, mi piace cucinare. 네, 요리하는 것을 좋아합니다.

➡ No, di solito ordino cibo a domicilio o mangio fuori.
아니요, 주로 배달을 시켜 먹거나 밖에서 사 먹습니다.

핵심 패턴 익히기

- **(Io) Sono riuscito/a a+동사원형** : 저는 ~을 할 수 있었습니다

「riuscire a+동사원형」은 '(동사원형)을 할 수 있다'는 의미로, 반드시 전치사 a와 함께 동사원형이 뒤따릅니다. 조동사 potere와 거의 같은 의미를 갖고 있습니다. 완전한 자동사이기에 직설법 근과거에서 보조 동사로 essere가 선행합니다. 그러므로 주어의 성, 수에 맞춰 과거분사 riuscito와 성, 수 일치를 해야 합니다.

> **(Io) Sono+riuscito/a a+동사원형**

(Io) Sono riuscito/a a finire il lavoro in tempo. 저는 제시간에 일을 끝낼 수 있었습니다.
(Io) Non sono riuscito/a a fare colazione. 저는 아침을 먹을 수 없었습니다.
(Io) Sono riuscito/a a capire la spiegazione. 저는 설명을 이해할 수 있었습니다.

riuscire 동사의 직설법 현재 형태는 불규칙이므로 잘 암기해야 합니다.

(io)riesco – (tu)riesci – (lui)riesce – (noi)riusciamo – (voi)riuscite – (loro)riescono

(Io) Riesco a aiutare il mio collega. 저는 동료를 도울 수 있습니다.
(Io) Riesco a imparare cose nuove. 저는 새로운 것을 배울 수 있습니다.

- **È stato servito+주어** : (주어)가 제공되었습니다

servire를 타동사로 사용할 경우, '~을 제공하다'라는 의미를 가집니다. 주어가 행동의 주체가 될 수 없을 때 수동태를 사용해야 하며, stato와 servito를 주어에 맞춰 성, 수 일치를 해야 합니다.

`134p. 참고`

> **essere+stato/i/a/e+servito/i/a/e**

È stato servito un piatto di pasta calda. 따뜻한 파스타 한 접시가 제공되었습니다.
È stato servito il *dessert alla fine del pasto. 식사 후 디저트가 제공되었습니다.
È stata servita un'insalata fresca. 신선한 샐러드가 제공되었습니다.
Sono stati serviti due bicchieri di vino rosso. 레드 와인 두 잔이 제공되었습니다.
Sono state servite verdure grigliate. 구운 채소들이 제공되었습니다.

* 외래어의 경우 대다수 남성 명사이며, 단수형과 복수형이 동일한 형태를 가집니다. 단, 관사와 형용사는 반드시 성, 수 일치 해야 합니다. (단수) il dessert → (복수) i dessert

음식 | 이탈리아 음식

> 녹음은 성우 성별에 따라 성, 수가 다를 수 있습니다.
> 자신의 성별에 맞게 바꿔서 연습해 보세요.   🎧 07-3

In Italia ho provato un piatto chiamato *Carciofi alla Romana*. Il profumo dei carciofi cotti con acqua, olio d'oliva e vino bianco era unico e molto aromatico. Essendo un ingrediente che in Corea non si consuma spesso, inizialmente sono rimasto sorpreso dall'aspetto, ma grazie alle spiegazioni del personale del ristorante sono riuscito a gustarlo bene. È stato servito come antipasto, ma era così buono che ne ho mangiati due piatti e non sono riuscito a mangiare molto del piatto principale.

이탈리아에서 '카르초피 알라 로마나'라는 음식을 먹어봤습니다. 물, 올리브유, 화이트와인에 익혀진 아티초크의 향이 독특하면서도 매우 향기로웠습니다. 한국에서 잘 먹지 않는 재료이기 때문에 처음에는 생김새를 보고 당황했지만 식당 직원분께서 안내해 주셔서 잘 먹었습니다. 전채요리로 나왔는데 너무 맛있어서 두 접시나 먹고 본 요리를 많이 못 먹었습니다.

---

* essere 동사의 반과거(비완료 과거) 형태인 era   `148p. 참고`

직설법 근과거는 과거 특정 시점에서 완료된 사건, 반과거는 과거 회상, 과거 진행과 같이 과거에 일정 기간을 갖고 일어난 사건을 서술할 때 사용합니다. Il profumo dei carciofi cotti con acqua, olio d'oliva e vino bianco **era** unico e molto aromatico. 이 문장에서 음식이 과거 정해진 시점에만 독특하고 향기로웠던 것이 아니므로 essere의 반과거 era로 표현해야만 합니다.

	직설법 현재	반과거/비완료 과거	직설법 근과거
io	sono	ero	sono stato/a
tu	sei	eri	sei stato/a
lui/lei/Lei	è	era	è stato/a
noi	siamo	eravamo	siamo stati/e
voi	siete	eravate	siete stati/e
loro	sono	erano	sono stati/e

새단어

- provare ~을 시도하다
- chiamato *a.* 불리는
- profumo 향, 향수
- cotto *a.* 요리한
- olio d'oliva 올리브오일
- unico *a.* 유일한
- aromatico *a.* 향기로운
- ingrediente *s.m.* 성분, 재료
- cosumare ~을 소비하다
- rimanere (주어)가 남다
- sorpreso *a.* 놀란
- aspetto 외관, 얼굴
- spiegazione *s.f.* 설명
- personale *a.* 개인적인, *n.p.* 직원
- gustare ~을 맛보다
- antipasto 전채요리
- principale *a.* 주요한

만들어 보세요! 나에게 맞는 스토리로 만들어 외워 보세요.

In Italia ho provato un piatto chiamato 〔먹어 본 음식〕. Il profumo dei 〔재료/음식의 향〕 cotti con ① 〔음식 재료〕 era unico e molto aromatico. Essendo un ingrediente che in Corea non si consuma spesso, inizialmente sono rimasto sorpreso dall'aspetto, ma grazie alle spiegazioni del personale del ristorante sono riuscito a gustarlo bene. È stato servito come ② 〔요리 코스〕, ma era così buono che ne ho mangiati due piatti e non sono riuscito a mangiare molto del piatto principale.

이탈리아에서 '　　　'라는 음식을 먹어봤습니다. ①　　　에 익혀진 　　의 향이 독특하면서도 매우 향기로웠습니다. 한국에서 잘 먹지 않는 재료이기 때문에 처음에는 생김새를 보고 당황했지만 식당 직원분께서 안내해 주셔서 잘 먹었습니다. ②　　　로 나왔는데 너무 맛있어서 두 접시나 먹고 본 요리를 많이 못 먹었습니다.

패턴별 다른 표현들 — 나에게 맞는 표현을 찾아 위의 문장에 대입시켜 보세요.

① 음식 재료		소금	*s.m.* sale
		후추	*s.m.* pepe
		설탕	*s.m.* zucchero
		치즈	*s.m.* formaggio
		소스	*s.f.* salsa
		식초	*s.m.* aceto
			(*cf.* aceto balsamico 발사믹 식초)
		흰쌀	*s.m.* riso bianco
		밀가루	*s.f.* farina
		고기	*s.f.* carne
		생선	*s.m.* pesce
		콩	(*s.m.* 복수형) legumi / *s.m.* fagiolo / *s.f.* soia
			(*cf. s.f.* salsa di soia 간장)
② 요리 코스		첫 번째 코스요리	primo piatto
		두 번째 코스요리	secondo piatto
		디저트	*s.m.* dolce / *s.m.* dessert

* 〈부록〉 기초 어휘를 활용해 다양한 표현을 만들어 보세요.

꼬리물기 | 이탈리아 음식 🎧 07-4

1. Ha mai cucinato un piatto italiano a casa? 집에서 이탈리아 요리를 만들어본 적이 있나요?

① 네, 카르보나라를 만들어봤어요.
   Sì, ho cucinato la pasta alla carbonara.

② 아니요, 하지만 언젠가 마르게리타 피자를 만들어 보고 싶어요.
   No, ma mi piacerebbe provare a fare la pizza margherita un giorno.

2. Cosa pensa del gelato italiano rispetto a quello di altri paesi?
이탈리아 젤라토와 다른 나라 아이스크림을 비교했을 때 어떻게 생각하시나요?

① 이탈리아 젤라토가 더 부드럽다 생각합니다.
   Secondo me, il gelato italiano è più cremoso.

② 이탈리아 젤라토는 다른 곳에서 본 적 없는 독특한 맛이 있습니다.
   Il gelato italiano ha un sapore unico che non ho mai trovato altrove.

3. Conosce qualche ricetta regionale italiana particolare?
특별한 이탈리아 지역 요리를 알고 계시나요?

① 네, 리구리아 지역 특산 요리인 제노바식 페스토를 알고 있습니다.
   Sì, conosco il pesto alla genovese, tipico della Liguria.

② 밀라노식 오소부코에 대해 들어본 적은 있지만 먹어보진 못했습니다.
   Ho sentito parlare dell'ossobuco alla milanese, ma non l'ho mai provato.

4. Ha mai assaggiato un piatto di mare italiano? 이탈리아 해산물 요리를 먹어본 적이 있나요?

① 네, 봉골레 스파게티를 먹어봤는데 정말 맛있었습니다.
   Sì, ho provato gli spaghetti alle vongole ed erano deliziosi.

② 아니요, 하지만 다음번에는 해산물 튀김 요리를 먹어보고 싶습니다.
   No, ma vorrei assaggiare il fritto misto di pesce la prossima volta.

꼬리물기는 자주 출제되는 질문에 대한 모범답변을 제시해 주는 코너입니다. 녹음을 통해 질문이 익숙해질 수 있도록 반복적으로 들으며, 나에게 맞는 스토리를 만들어 보세요. ※ 녹음은 성우 성별에 따라 성, 수가 다를 수 있습니다. 자신의 성별에 맞게 바꿔서 연습해 보세요.

5. Qual è il piatto italiano che le è rimasto più impresso?
기억에 남는 이탈리아 음식은 무엇인가요?

① 칸놀로입니다. 겉은 바삭하고 안에 들어있는 크림은 부드럽고 달콤했습니다.
  Il cannolo. L'esterno era croccante e la crema all'interno era morbida e dolce.

② 티본스테이크입니다. 지방이 없어 담백했습니다.
  La bistecca alla fiorentina. Non c'era grasso ed era saporita.

6. Quali differenze ci sono tra i piatti italiani e quelli coreani?
이탈리아 요리와 한국 요리 사이에는 어떤 차이가 있나요?

① 이탈리아는 코스요리로 먹는 반면, 한국에서는 여러 가지 반찬을 함께 먹습니다.
  In Italia si mangiano piatti in sequenza, mentre in Corea si consumano vari contorni tutti insieme.

② 이탈리아에서는 조리된 음식을 식탁에 올려놓는 반면, 한국에서는 식탁에서 조리해 먹기도 합니다. 대표적으로 코리안 바비큐가 있습니다.
  In Italia, i cibi sono portati in tavola già cucinati, mentre in Corea si cucina spesso direttamente a tavola. Un esempio rappresentativo è il barbecue coreano.

7. Qual è il cibo più memorabile che ha mangiato in Italia?
이탈리아에서 가장 기억에 남는 음식은 무엇인가요?

① 후식으로 먹는 티라미수입니다.
  È un dolce, il tiramisù.

② 신선한 재료로 만든 파스타와 피자입니다.
  La pasta e la pizza cucinate con ingredienti freschi.

8. C'è un ristorante italiano che consiglierebbe? 추천하고 싶은 이탈리아 레스토랑이 있나요?

① 네, 로마에 있는 'Trattoria Da Enzo'을 추천합니다. 맛있는 전통요리들을 제공합니다.
  Sì, consiglio un ristorante a Roma chiamato "Trattoria Da Enzo". Offrono piatti tipici e deliziosi.

② 밀라노에 있는 'Osteria del Gallo'를 추천하고 싶습니다. 밀라노식 리조또가 정말 훌륭합니다.
  Consiglierei "Osteria del Gallo" a Milano. Hanno un risotto alla milanese incredibile.

음식 | 한국 음식

> 녹음은 성우 성별에 따라 성, 수가 다를 수 있습니다.
> 자신의 성별에 맞게 바꿔서 연습해 보세요.
> 🎧 07-5

Le vorrei presentare la "bindaetteok", una specie di frittata coreana. La bindaetteok è uno dei piatti tradizionali coreani. Gli ingredienti sono molto semplici, quindi piace a tutti e si può mangiare ovunque. Anche il modo di preparazione è molto facile. Prima, prepari le verdure e la farina. Poi, metta tutti gli ingredienti in una ciotola, aggiunga l'acqua e mescoli tutto. Un mio amico italiano l'ha provata una volta e ha detto che ha una forma simile a una frittata, ma il sapore è molto diverso e molto buono.

저는 한국식 프리타타의 일종인 '빈대떡'을 소개해 드리고 싶습니다. 빈대떡은 한국 전통 음식 중 하나입니다. 음식 재료가 매우 간단하기 때문에 누구나 좋아하고 어디서든 먹을 수 있습니다. 만드는 방법 또한 매우 간단합니다. 먼저, 채소들과 밀가루를 준비하세요. 그다음, 재료들을 준비하고 물을 그릇에 넣고 모두 섞어 주세요. 제 이탈리아 친구가 한번 먹어보더니 프리타타와 비슷한 모양을 갖고 있지만 맛은 매우 다르고 맛있다고 했습니다.

* 존칭 명령

Prima, **prepari** le verdure e la farina. Poi, **metta** tutti gli ingredienti in una ciotola, **aggiunga** l'acqua e **mescoli** tutto.

→ 동사들은 모두 존칭 명령형입니다. '~해'의 비존칭 명령과 '~하세요'와 같은 존칭 명령이 있습니다. 시험 중에는 존칭으로 표현해야 합니다.

	prepar**are**	mett**ere**	aggiung**ere**	dorm**ire**	fin**ire**
io	-	-	-	-	-
tu (비존칭)	prepar**a**	mett**i**	aggiung**i**	dorm**i**	fin**isci**
Lei (존칭)	prepar**i**	mett**a**	aggiung**a**	dorm**a**	fin**isca**
noi	prepariamo	mettiamo	aggiungiamo	dormiamo	finiamo
voi	preparate	mettete	aggiungete	dormite	finite
loro	preparino	mettano	aggiungano	dormano	finiscano

새단어

- specie *s.f.* 종류, 유형
- frittata 프리타타 (이탈리아식 오믈렛)
- modo 방법
- preparazione *s.f.* 준비
- ciotola 그릇, 사발
- aggiungere ~을 더하다
- mescolare ~을 섞다
- forma 형태

만들어 보세요! 나에게 맞는 스토리로 만들어 외워 보세요.

Le vorrei presentare ___소개할 음식___ , una specie di ___소개 음식의 비유 표현___ . ___소개할 음식___ è uno dei piatti tradizionali coreani. Gli ingredienti sono molto semplici, quindi piace a tutti e si può mangiare ovunque. Anche il modo di preparazione è molto facile. Prima, prepari ___음식 재료___ . Poi, metta tutti gli ingredienti in una ciotola, ① ___조리 방법___ . Un mio amico italiano l'ha provata una volta e ha detto che ha una forma simile a ___비유 표현___ , ma il sapore è molto diverso e molto buono.

저는 ___ 의 일종인 '___'을 소개해 드리고 싶습니다. ___은 한국 전통 음식 중 하나입니다. 음식 재료가 매우 간단하기 때문에 누구나 좋아하고 어디서든 먹을 수 있습니다. 만드는 방법 또한 매우 간단합니다. 먼저, ___를 준비하세요. 그다음, 재료들을 준비하고 ① ___. 제 이탈리아 친구가 한번 먹어보더니 ___와 비슷한 모양을 갖고 있지만 맛은 매우 다르고 맛있다고 했습니다.

패턴별 다른 표현들 나에게 맞는 표현을 찾아 위의 문장에 대입시켜 보세요.

①	조리 방법	재료들을 씻으세요	lavi gli ingredienti.
		끓이세요	faccia bollire.
		물에 찌세요	cuocia al vapore.*
		칼로 썰어주세요	tagli con il coltello.*
		믹서기에 갈아주세요	macini con un frullatore.*
		소금과 후추를 넣으세요	aggiunga sale e pepe.
		프라이팬에서 익히세요	cuocia in padella.
		기름에 튀기세요	frigga nell'olio.*

* 패턴별 다른 표현들 단어
- cuocere ~을 요리하다
- vapore s.m. 수증기
- tagliare ~을 자르다
- macinare ~을 갈다
- frullatore s.m. 믹서기
- friggere ~을 튀기다

* 〈부록〉 기초 어휘를 활용해 다양한 표현을 만들어 보세요.

꼬리물기 | 한국 음식 | 🎧 07-6

1. Qual è il Suo cibo coreano preferito? Potrebbe descriverlo?
가장 좋아하는 한국 음식은 무엇인가요? 그 음식에 대해 설명해 주시겠어요?

① 김치를 가장 좋아합니다. 이것은 배추와 무를 발효시켜 만든 한국 음식으로, 향신료와 향료로 맛을 낸 매콤하고 신맛이 나는 요리입니다.

Il kimchi è il mio cibo preferito. È un piatto coreano a base di cavolo cinese e daikon fermentato, condito con spezie e aromi, noto per il suo sapore piccante e aspro.

② 불고기입니다. 달콤하고 짭짤한 맛이 나는 양념에 재운 소고기를 구운 한국 요리입니다.

È il bulgogi. È un piatto coreano di carne di manzo marinata e grigliata, caratterizzato da un sapore dolce-salato.

2. Che tipi di ristoranti ci sono in Corea? 한국에는 어떤 유형의 식당들이 있나요?

① 한국에는 한국식 바비큐, 전통 찌개, 길거리 음식 등 다양한 종류의 식당들이 있습니다.

In Corea del Sud, si possono trovare una vasta gamma di ristoranti, tra cui quelli di barbecue coreano, stufati tradizionali e cibo di strada.

② 다양한 식당이 있지만, 가장 잘 알려진 한국 식당은 Korea BBQ입니다. 이 식당들은 테이블에 설치된 그릴에서 고객들이 직접 고기와 채소를 구울 수 있는 것으로 유명합니다.

Ci sono diversi tipi di ristoranti, ma il più famoso tra i ristoranti coreani è il Korea BBQ. Questi ristoranti sono famosi per la griglia al tavolo dove i clienti possono cucinare carne e verdure direttamente.

3. Cosa mangiano i coreani durante le feste? 한국인들은 명절에 무엇을 먹나요?

① 구정 때 나이를 먹는다는 의미로 '떡국'을 먹습니다. 국물에 떡을 넣은 음식입니다.

Durante il Capodanno Lunare, si mangia "tteokguk" per simboleggiare l'invecchiamento. È una zuppa che contiene gnocchi di riso.

② 추석 때 '송편'을 먹습니다. 찹쌀 반죽 안에 설탕이나 팥을 넣고 쪄서 만든 디저트입니다.

Durante il Chuseok, si mangia "songpyeon". È un dolce fatto con una pasta di riso glutinoso ripiena di zucchero o pasta di fagioli rossi e cotto al vapore.

4. C'è un ristorante coreano nella Sua città che conosce o consiglia?
거주하시는 도시에서 아시는 한국 레스토랑이나 추천하실 곳이 있나요?

① 네, '사원 가든'을 알아요. 정말 맛있어요!
   Sì, conosco 'Sawon Garden'. È molto buono!

② 아마 '진미집'이요. (다들) 좋다고 했어요.
   Forse 'Jinmi House'. Me ne hanno parlato bene.

5. Quali sono le differenze tra la cucina italiana e quella coreana?
이탈리아 음식과 한국 음식을 비교했을 때 어떤 점이 다른가요?

① 한국에서 밥과 함께 국물이 있는 음식을 자주 먹습니다.
   In Corea, si mangiano spesso piatti con brodo insieme al riso.

② 거의 모든 한국 음식에는 고춧가루가 들어가서 맵지만, 이탈리아 음식은 그렇게 맵지 않습니다.
   Quasi tutti i piatti coreani contengono peperoncino in polvere e sono piccanti, mentre la cucina italiana non è tanto piccante.

6. Cosa devo mangiare quando vado in Corea? 한국에 가면 무엇을 꼭 먹어야 할까요?

① 이탈리아에는 없는 생선회나 육회같이 익히지 않은 음식을 먹어보세요.
   Provi i cibi crudi come il sashimi o la tartare di manzo che non si trovano in Italia.

② 한국에만 있는 다양한 '나물(야생 채소)'을 먹어보세요.
   Assaggi le varie "Namul" coreane, che sono verdure selvatiche tipiche della Corea.

7. Com'è il cibo coreano? 한국 음식은 어때요?

① 정말 좋아요! 정말 맛있어요.
   Mi piace molto! È davvero saporito.

② 재미있어요, 하지만 저에게는 좀 매워요.
   È interessante, ma un po' piccante per me.

 **학습 더하기⁺**

● **수동태** (Forma Passiva)

언어에서 '태'는 주어가 동작(동사)에게 영향을 받는 방식을 의미합니다. 능동태는 그 문장의 동사가 의미하는 행위를 주체적으로 이행하는 경우에 사용하지만, 반대로 수동태는 그 행위를 당하는 경우에 사용하는 서술 방식입니다. 직설법 근과거는 대부분의 동사 앞에 avere가 오지만, 예외적으로 essere가 쓰이는 경우라면 수동태일 가능성을 의심해 볼 수 있습니다. 또한 주어가 유정성(명사의 생명이나 의식이 있는 경우, 사람)이 있다면 능동태, 유정성이 없다면(사물) 주로 수동태를 사용한다는 특징이 있습니다.

수동태를 공부하기에 앞서 (1)단순 시제와 (2)복합 시제에 대한 개념을 익히는 것이 좋습니다. 단순 시제에서는 avere/essere와 같은 조동사 없이 동사가 주어에 맞춰 직접 인칭 변화를 합니다. 반면, 복합 시제에서는 「avere/essere + 과거분사」 형태를 가집니다.

단순 시제 예 : 직설법 현재 – (Io) Mangio la pizza.
복합 시제 예 : 직설법 근과거 – (Io) Ho mangiato la pizza.

(1) **단순 시제**

	주어	(타)동사	목적어	
능동태	Maria	apre	la porta.	
수동태	La porta	è aperta	–	da Maria.
	능동태의 목적어	essere/venire + 과거분사	da + 행위자 (능동태의 주어)	

① 능동태의 목적어는 수동태의 주어가 됩니다.
② 능동태의 주어(행위자)는 수동태에서 「da + 행위자」로 나타납니다. 화자와 청자가 서로 알거나 일반적인 사람들이 행위자인 경우 생략하기도 합니다.
③ 동사는 「essere 또는 venire + (능동태 동사의)과거분사」 형태로 나타납니다.
　(③-1) 수동태 주어의 인칭에 맞춰 essere/venire 동사 변형을 시켜줍니다.
　(③-2) 수동태 주어에 맞춰 과거분사를 성, 수 일치시켜줍니다.
　(③-3) 능동태 동사의 시제에 맞춰 essere/venire 시제를 일치시켜줍니다.
　　예 직설법 현재 apre → è aperto
　　　 반과거 apriva → era aperto 등

능동태 : (Io) Cucino il cibo italiano. 저는 이탈리아 음식을 요리합니다.
수동태 : Il cibo italiano è cucinato da me. (저에 의해) 이탈리아 음식이 요리됩니다.

능동태 : Mio padre ripara il computer. 저의 아버지는 컴퓨터를 고치십니다.

수동태 : Il computer è riparato da mio padre. (저의 아버지에 의해) 컴퓨터가 고쳐집니다.

능동태 : Il dottore studia la malattia. 의사는 질병을 연구합니다.

수동태 : La malattia è studiata dal dottore. (의사에 의해) 질병은 연구됩니다.

(2) **복합 시제**

	주어	(타)동사	목적어	
능동태	Maria	ha aperto	la porta.	
수동태	La porta	è stata aperta	–	da Maria.
	능동태의 목적어	essere+stato/i/a/e + 과거분사	da+행위자 (능동태의 주어)	

① 능동태의 목적어는 수동태의 주어가 됩니다.

② 능동태의 주어(행위자)는 수동태에서 「da+행위자」로 나타납니다. 화자와 청자가 서로 알거나 일반적인 사람들이 행위자인 경우 생략하기도 합니다.

③ 동사는 「essere+stato(essere 동사의 과거분사)+(능동태 동사의)과거분사」 형태로 나타납니다.

 (③-1) 수동태 주어의 인칭에 맞춰 essere 동사 변형을 시켜줍니다.

 (③-2) 수동태 주어에 맞춰 stato와 과거분사 모두 성, 수 일치시켜줍니다.

 (③-3) avere 동사의 시제에 맞춰 essere 시제를 일치시켜줍니다.

   ㉠ 직설법 근과거 ha aperto → è stato aperto,

    대과거 aveva aperto → era stato aperto 등

능동태 : (Io) Ho cucinato il cibo italiano. 저는 이탈리아 음식을 요리했습니다.

수동태 : Il cibo italiano è stato cucinato da me. (저에 의해) 이탈리아 음식이 요리되었습니다.

능동태 : Mio padre ha riparato il computer. 제 아버지가 컴퓨터를 수리하셨습니다.

수동태 : Il computer è stato riparato da mio padre. (제 아버지에 의해) 컴퓨터는 수리되었습니다.

능동태 : Il dottore ha studiato la malattia. 의사가 질병을 연구했습니다.

수동태 : La malattia è stata studiata dal dottore. 질병은 의사에 의해 연구되었습니다.

IM
: Intermediate Mid

익숙한 화제에 대해 짧지만 비교적 자연스럽고 구체적인 설명이 가능한 단계로,
1:1 응대가 가능하고 회의에서 전체적인 맥락을 파악할 수 있습니다.

Unità

8

Qual è la Sua specializzazione?
당신의 전공은 무엇인가요?

현재의 업무나 일과 관련하여 과거에 무엇을 공부했는지, 어떤 것에 관심을 가졌는지에 대한 질문이 자연스럽게 이어지므로, 직설법 근과거 시제를 자유롭게 활용할 수 있는지를 점검해야 합니다. 과거 사건 발생의 시간적 양상에 따라 직설법 근과거와 반과거를 구분하여 사용하는 방법도 익혀두세요.

핵심 패턴

- Mi sono laureato/a in+전공
  : 저는 ~을 전공으로 졸업했습니다
- Mi aiuta a+동사원형
  : (3인칭 단수의 주어)는 제가 (동사원형) 하는 것을 도와줍니다

다양한 **질문 유형** 파악하기

"전공 및 공부"의 **다양한** 질문 유형입니다.　🎧 08-1

- **Cosa ha studiato all'università?** 당신은 대학교 때 무엇을 공부했나요?
- **Mi presenti il Suo corso di laurea.** 당신의 전공에 대해 소개해 주세요.
- **Le piace il Suo corso di laurea?** 당신의 전공을 좋아하나요?
- **È soddisfatto/a della Sua facoltà?** 당신의 전공에 만족하나요?

"전공 및 공부"에 관한 **다른 표현**의 질문들입니다.　🎧 08-2

① **Quando si è laureato/a?** 당신은 언제 졸업했나요?

- Sto ancora frequentando l'università. 아직 대학교를 다니고 있습니다.
- Mi sono laureato/a circa 10 anni fa. 약 10년 전에 졸업했습니다.
- Non ho frequentato l'università. 저는 대학교를 다니지 않았습니다.

② **Il Suo lavoro è in linea con la Sua specializzazione?** 당신의 전공과 업무가 잘 맞나요?

- Sì, mi sembra di sì. 네, 잘 맞는 것 같습니다.
- No, sto facendo un lavoro completamente diverso dalla mia specializzazione. 아니요, 전공과 전혀 관련 없는 업무를 하고 있습니다.

③ **Che cosa sta studiando ultimamente?** 요즘은 무엇을 공부하나요?

- Sto studiando solo l'italiano. 이탈리아어 공부만 하고 있습니다.
- Sto studiando l'italiano e anche economia. 이탈리아어와 경제를 공부하고 있습니다.

핵심 패턴 익히기

➡ essere 선행

① 이동동사	andare(가다), venire(오다), arrivare(도착하다), entrare(들어오다)
② 상태동사	essere(~이다), nascere(태어나다), rimanere(머무르다), diventare(~가 되다)
③ 재귀동사*	lavarsi(씻다), innamorarsi(사랑에 빠지다), svegliarsi(깨어나다)
④ piacere 동사류	piacere(좋아하다), servire(필요로 하다), mancare(부족하다)

laurearsi(졸업하다) 직설법 근과거 인칭별 형태

	재귀대명사	essere	*과거분사 (성, 수 일치)
io	mi	sono	laureato/a
tu	ti	sei	laureato/a
lui/lei/Lei	si	è	laureato/a
noi	ci	siamo	laureati/e
voi	vi	siete	laureati/e
loro	si	sono	laureati/e

* 반드시 주어의 성과 수에 따라 성, 수 일치를 해야 합니다.

● **Mi sono laureato/a in+전공** : 저는 ~을 전공으로 졸업했습니다

Mi sono laureato/a in economia. 저는 경제학을 전공했습니다.

Mi sono laureato/a in psicologia all'Università di Hankuk.
저는 한국대학교에서 심리학을 전공했습니다.

● **Mi aiuta a+동사원형** : (3인칭 단수의 주어는) 제가 (동사원형) 하는 것을 도와줍니다

문장 안에서 동사가 연속으로 나올 수 있는 경우는 조동사(dovere, potere, volere)와 사역동사(fare, lasciare)밖에 없습니다. 이 외의 경우에는 동사와 동사 사이에 반드시 전치사를 넣어야 합니다. 동사마다 요구하는 전치사는 다르지만 가장 자주 쓰이는 것은 di, 그다음 a, 그 외에 su를 사용합니다.

➡ 전치사 a를 사용하는 경우

이동 : andare(~에 가다), venire(~에 오다), arrivare(~하러 도착하다), mandare(~하러 보내다), uscire(~하러 나가다)
지속 : continuare(~하는 것을 계속하다), riuscire(~하는 것을 할 수 있다 = potere)
시작 : iniziare/cominciare(~하는 것을 시작하다), imparare(~하는 것을 배우다), provare(~하는 것을 시도하다)

Inizio a lavorare alle 8. 저는 8시에 일을 하기 시작합니다.
   Riesco* a finirlo entro oggi. 저는 그것을 오늘 안에 끝낼 수 있습니다.
    * riuscire 직설법 현재 불규칙 변형 : riesco-riesci-riesce-riusciamo-riuscite-riescono

Mi aiuta a studiare l'italiano. (그것은) 제가 이탈리아어를 공부하는 것을 도와줍니다.

* 여기서 mi는 '나를'로 해석되는 직접목적격대명사입니다.

전공 및 공부 — 경제/경영학일 경우

녹음은 성우 성별에 따라 성, 수가 다를 수 있습니다.
자신의 성별에 맞게 바꿔서 연습해 보세요.

 08-3

Mi sono laureato in economia e gestione aziendale all'Università di Hankuk sette anni fa. Ho scelto questa specializzazione perché ero molto interessato all'economia. Avevo tanto da studiare, quindi è stato difficile laurearsi. Ora, questa facoltà mi aiuta molto a comprendere l'economia nazionale, ma quando affronto clienti reali, gli studi universitari non sono particolarmente utili. Tuttavia, l'esperienza di aver studiato tanto durante il periodo universitario è diventata una preziosa risorsa per tutta la mia vita.

저는 한국대학교에서 경제 및 경영학과를 7년 전에 졸업했습니다. 경제에 관심이 많아서 이 전공을 선택했습니다. 공부할 것이 많아 졸업하기 어려웠습니다. 지금은 이 전공이 국가 경제를 이해하는데 큰 도움을 주기도 하지만 실제 고객을 상대할 때는 학교 공부가 크게 도움 되지는 않습니다. 그래도 학교 다니는 동안 열심히 공부한 경험이 제 평생의 귀한 자산이 되었습니다.

---

* avere 동사의 반과거(비완료 과거) 형태인 avevo (148p. 참고)
- ①**Avevo** tanto da studiare, quindi ②**è stato** difficile laurearsi.
  ①공부할 것이 많았던 것은 과거 대학을 다니던 시기에 지속된 기간 동안 일어난 행위이기에 반과거로, ②졸업은 과거의 특정 시점에 발생하여 완료된 행위이기 때문에 직설법 근과거로 표현했습니다.

새단어

- economia 경제
- gestione s.f. 경영
- aziendale a. 사업체의
- scegliere ~을 고르다 (과거분사 scelto)
- specializzazione s.f. 전문화, 전공
- essere interessato/a a ~ ~에 관심을 가지다
- facoltà 전공
- aiutare ~을 도와주다
- comprendere ~을 이해하다
- nazionale a. 국가의
- affrontare ~을 대면하다
- cliente n.p. 고객
- reale a. 실제의, 국왕의
- studio 공부
- universitario a. 대학의
- particolarmente 특별하게
- utile a. 유용한
- tuttavia 그럼에도
- esperienza 경험
- durante ~동안
- periodo 기간
- prezioso a. 귀한
- risorsa 자원

만들어 보세요! 나에게 맞는 스토리로 만들어 외워 보세요.

Mi sono laureato in 전공과목   졸업한 학교   졸업 시기 fa. Ho scelto questa specializzazione perché ero molto interessato all' 관심사 . Avevo tanto da studiare, quindi è stato difficile laurearsi. Ora, questa facoltà ① 전공 장점   , ma ② 전공 단점   . Tuttavia, l'esperienza di aver studiato tanto durante il periodo universitario è diventata una preziosa risorsa per tutta la mia vita.

저는   대학교에서   를   전에 졸업했습니다.   에 관심이 많아서 이 전공을 선택했습니다. 공부할 것이 많아 졸업하기 어려웠습니다. 지금은 이 전공이 ①   하지만 ②   . 그래도 학교 다니는 동안 열심히 공부한 경험이 제 평생의 귀한 자산이 되었습니다.

패턴별 다른 표현들 | 나에게 맞는 표현을 찾아 위의 문장에 대입시켜 보세요.

①	전공 장점	전공 관련 기사를 이해하는 데 도움을 줍니다	mi aiuta a comprendere gli articoli relativi al mio campo di studio
		업무를 이해하는 데 도움을 줍니다	mi aiuta a comprendere il lavoro
		일자리가 다양합니다	ci sono varie offerte di lavoro
		승진에 도움이 됩니다	aiuta nella promozione
②	전공 단점	전공 관련한 일자리 찾기가 힘듭니다	è difficile trovare un lavoro nel mio campo di studio
		전공과 관련 없는 일을 하는 경우가 많습니다	faccio spesso lavori diversi dal mio campo di studio
		(제 전공은) 잘 알려지지 않았습니다	(la mia specializzazione) non è molto conosciuta
		공부할 것이 너무 많습니다	ci sono troppe cose da studiare

* 〈부록〉 238p. 기초 어휘: 전공을 활용해 다양한 표현을 만들어 보세요.

꼬리물기 | 경제/경영학일 경우

1. È una laurea con buone prospettive di lavoro? 취업이 잘 되는 전공인가요?

① 제 동기들은 모두 취업을 잘 했습니다.

> I miei compagni hanno trovato tutti lavoro.

② 제 생각에는 경제학과 학생이 너무 많기 때문에 취업이 쉽지 않을 것 같습니다.

> Secondo me, poiché ci sono troppi studenti di economia, non sarà* facile trovare lavoro.

* essere 동사 미래 시제 인칭별 형태

io	sarò	noi	saremo
tu	sarai	voi	sarete
lui/lei/Lei	sarà	loro	saranno

2. Cosa fanno i laureati nel Suo campo dopo la laurea? 전공자들은 졸업 후 무슨 일을 하나요?

① 연구실에 들어가서 연구원이 됩니다.

> Entrano in un laboratorio e diventano ricercatori.

② 다른 전공들과 비슷하게 회사 사무직원이 됩니다.

> Come gli studenti di altre facoltà, diventano impiegati in un'azienda.

3. Quali materie ha studiato in questa facoltà? 이 전공에서는 어떤 과목을 공부했나요?

① 회계, 재무, 마케팅 등을 공부했습니다.

> Ho studiato contabilità, finanza, marketing, ecc.

② 매우 많았는데, 그중 '비즈니스 영어' 과목이 가장 기억에 남습니다.

> Ce n'erano molti, ma tra questi il corso di "Business English" è quello che ricordo di più.

4. Per quanti anni si frequenta l'università in Corea? 한국의 대학교는 몇 년 동안 다녀야 하나요?

① 2, 3년제 전문대학과 4년제 대학교가 있습니다.

> Ci sono istituti tecnici di 2 o 3 anni e università di 4 anni.

② 학부는 4년, 대학원 석사 및 박사 과정은 5년 정도 생각합니다.

> Per la laurea ci vogliono 4 anni, mentre per la magistrale e il dottorato ci vogliono circa 5 anni.

5. Perché ha scelto questa facoltà? 당신은 왜 이 전공을 선택했나요?

① 전공과 관련하여 어렸을 때부터 관심이 많았기 때문입니다.

Perché da piccolo/a ho sempre avuto un grande interesse per questa materia.

② 별로 생각하지 않고 수능 성적에 맞춰 선택했습니다.

Non ci ho pensato molto e ho scelto in base al punteggio del Suneung/ dell'esame d'ingresso all'università.

6. È adatto/a a questa facoltà? 당신은 이 전공과 잘 맞나요?

① 네, 재미있게 공부해서 장학금도 탔습니다.

Sì, ho studiato con piacere e ho anche ottenuto una borsa di studio.

② 아뇨, 1학년 때 성적이 매우 낮아서 겨우 졸업했습니다.

No, i miei voti al primo anno erano molto bassi, quindi ho faticato a laurearmi.

7. Quali sono stati i corsi più difficili durante gli studi?
공부하는 동안 무슨 과목이 가장 어려웠나요?

① 마케팅이요. 이해할 수 있는 것이 하나도 없었습니다.

Marketing. Non capivo proprio niente.

② 비즈니스 영어요. 영어를 잘 하는 학생이 너무 많아서 높은 점수를 받기 어려웠습니다.

Business English. C'erano troppi studenti bravi in inglese, quindi era difficile ottenere voti alti.

8. Com'erano i professori? 교수님들은 어떠셨나요?

① 여러 프로젝트에 참여하고 있어 항상 바쁘십니다.

Partecipano a diversi progetti, quindi sono sempre molto impegnati.

② 제 교수님은 친절하고 따뜻한 분입니다.

Il mio professore è una persona gentile e buona.

전공 및 공부 | 이탈리아어일 경우

> 녹음은 성우 성별에 따라 성, 수가 다를 수 있습니다.
> 자신의 성별에 맞게 바꿔서 연습해 보세요.
> 🎧 08-5

Mi sono laureato in linguistica e letteratura italiana all'Università delle Lingue Straniere di Hankuk. Dopo aver viaggiato in Italia con i miei genitori da bambino, ho cominciato ad interessarmi all'italiano. All'inizio, mi divertivo a studiare la pronuncia dell'italiano, ma ho capito piano piano che è una lingua difficile e diversa dal coreano. Attualmente lavoro in una società di commercio dove utilizzo l'italiano, quindi la mia laurea mi aiuta molto a comunicare con gli italiani. Sto ancora studiando l'italiano per migliorare e diventare fluente come un madrelingua italiano.

저는 한국외국어대학교의 이탈리아 언어 및 문학을 전공했습니다. 어릴 때 부모님과 함께 이탈리아를 여행한 후, 이탈리아어에 관심을 갖기 시작했습니다. 처음에는 이탈리아어 발음을 공부하는 것이 재미있었지만, 점점 이 언어가 한국어와는 다르고 어렵다는 것을 깨달았습니다. 현재 저는 이탈리아어를 사용하는 무역 회사에서 일하고 있어 제 학위가 이탈리아 사람들과 소통하는 데 많은 도움이 됩니다. 여전히 이탈리아어를 공부하여 모국어 수준으로 유창하게 말할 수 있도록 노력하고 있습니다.

✽ 전치사와 시제 일치 및 재귀동사

Dopo aver viaggiato in Italia con i miei genitori da bambino, ho cominciato ad **interessarmi** all'italiano.

① 여행을 먼저 하고 나서 이탈리아어에 관심을 갖기 시작했기 때문에 viaggiare 동사는 cominciare보다 시제가 앞선다는 것을 표시해야 합니다. 두 동사의 행위자가 모두 '나'인 경우, 시제가 앞선 동사가 dopo와 같은 전치사를 동반할 때는 「전치사+avere+과거분사」 또는 「전치사+essere+과거분사」와 같이 표현합니다. 단, 「essere+과거분사」인 경우, 행위자의 성과 수에 맞춰 성, 수 일치를 해야 합니다.

② 전치사 뒤에 재귀동사가 올 때에는 재귀대명사(mi, ti, si, ci, vi, si)를 동사원형 바로 뒤에 붙여야 합니다. 이때 행위자 인칭에 맞춰 적절한 재귀대명사를 선택해야 합니다. 위 문장에서는 행위자가 주어 io와 일치하기 때문에 mi를 사용했습니다.

새단어

- linguistica 언어학
- letteratura 문학
- interessarsi a ~ (주어)가 ~에 관심을 갖다
- divertirsi a ~ (주어)가 ~에 흥미를 갖다
- pronuncia 발음
- piano piano 천천히
- diverso da ~ a. ~와 다른
- attualmente 현재에
- utilizzare ~을 활용하다
- comunicare con ~ ~와 의사소통하다
- migliorare ~을 개선하다
- fluente a. 유창한
- madrelingua n.p. 원어민

만들어 보세요! 나에게 맞는 스토리로 만들어 외워 보세요.

Mi sono laureato in _____전공과목_____ all'Università
_____졸업한 학교_____. _____전공과목으로 선택하게 된 계기_____
_____, ho cominciato ad interessarmi all'italiano. All'inizio, mi divertivo a studiare ① _____이탈리아어의 쉬운 점_____, ma ho capito piano piano che è una lingua difficile e ② _____이탈리아어의 어려운 점_____. Attualmente lavoro in _____근무 중인 회사_____ dove utilizzo l'italiano, quindi la mia laurea mi aiuta molto a _____학위가 도움되는 것_____. Sto ancora studiando l'italiano per migliorare e diventare fluente come un madrelingua italiano.

저는 _____ 대학교의 _____을 전공했습니다. _____, 이탈리아어에 관심을 갖기 시작했습니다. 처음에는 ① _____을 공부하는 것이 재미있었지만, 점점 ② _____ 어렵다는 것을 깨달았습니다. 현재 저는 이탈리아어를 사용하는 _____에서 일하고 있어 제 학위가 _____데 많은 도움이 됩니다. 여전히 이탈리아어를 공부하여 모국어 수준으로 유창하게 말할 수 있도록 노력하고 있습니다.

패턴별 다른 표현들 | 나에게 맞는 표현을 찾아 위의 문장에 대입시켜 보세요.

①	이탈리아어의 쉬운 점	영어와 비슷한 단어들 익숙한 음식 단어들	parole simili all'inglese parole familiari di cibo
②	이탈리아어의 어려운 점	한국어와 완전히 다른 문장 구조를 갖고 있습니다 ha una struttura della frase completamente diversa dal coreano r 발음이 어렵습니다 la pronuncia della 'r' è difficile 한국에서 이탈리아어를 배울 수 있는 기회가 매우 적습니다 ci sono pochissime opportunità di imparare l'italiano in Corea

* 〈부록〉 기초 어휘를 활용해 다양한 표현을 만들어 보세요.

꼬리물기 | 이탈리아어일 경우

1. Perché studia l'italiano? 당신은 왜 이탈리아어를 공부하나요?

① 저는 외국어 공부를 좋아하기 때문입니다.
   Perché mi piace studiare le lingue straniere.

② 이탈리아인들과 일을 하기 때문입니다.
   Perché lavoro con gli italiani.

2. Dove e con chi ha studiato l'italiano? 이탈리아어를 어디서 누구와 공부했나요?

① 한국에 있는 학원에서 한국인 선생님에게 기초 이탈리아어를 배웠습니다.
   Ho imparato le basi dell'italiano in un istituto in Corea con un insegnante coreano.

② 한국에서 원어민 선생님에게 온라인 과외를 받았습니다.
   Ho preso lezioni private online con un insegnante madrelingua italiano in Corea.

3. Qual è stata la cosa più difficile nello studio dell'italiano?
이탈리아어를 공부할 때 무엇이 가장 어려웠나요?

① 명사의 성, 수를 알아내기가 어렵습니다.
   È difficile riconoscere il genere e il numero dei nomi.

② 이탈리아 사람들이 말을 너무 빠르게 합니다.
   Gli italiani parlano troppo velocemente.

4. Da quanto tempo studia l'italiano? 이탈리아어를 공부한 지 얼마나 되었나요?
Per quanto tempo ha studiato l'italiano? 이탈리아어를 얼마나 공부했나요?

① 세 달 정도 되었습니다.
   Da circa tre mesi.

② 1년 넘게 했습니다.
   Ho studiato per più di un anno.

꼬리물기는 자주 출제되는 질문에 대한 모범답변을 제시해 주는 코너입니다. 녹음을 통해 질문이 익숙해질 수 있도록 반복적으로 들으며, 나에게 맞는 스토리를 만들어 보세요. ※ 녹음은 성우 성별에 따라 성, 수가 다를 수 있습니다. 자신의 성별에 맞게 바꿔서 연습해 보세요.

5. Ha studiato con un insegnante madrelingua italiano?
이탈리아 원어민 선생님과 공부했나요?

① 네, 베네치아 출신의 여자/남자 선생님과 공부했습니다.

Sì, ho studiato con un'insegnante/un insegnante di Venezia.

② 기초 문법은 한국인 선생님과, 회화는 원어민 선생님과 공부했습니다.

Ho studiato la grammatica di base con un insegnante coreano e la conversazione con un insegnante madrelingua.

6. Ha mai parlato con italiani? 이탈리아인들과 대화해 본 적 있나요?

① 아니요, 아직 이탈리아인과 이탈리아어로 이야기해 본 적 없습니다.

No, non ho ancora parlato in italiano con persone italiane.

② 몇 번 해봤지만, 쉽지 않았습니다.

Ci ho provato diverse volte, ma non è stato facile.

7. Quanti studenti studiano l'italiano nelle università in Corea?
한국의 대학교에서 이탈리아어를 공부하는 학생이 얼마나 있나요?

① 많지 않습니다. 성악과 학생들이 주로 공부합니다.

Non sono molti. Principalmente gli studenti di canto lirico studiano italiano.

② 잘 모르겠습니다. 아마 거의 없을 겁니다.

Non ne sono sicuro/a. Probabilmente quasi nessuno.

8. È facile trovare lavoro in Corea se si è laureati in italiano?
이탈리아어를 전공하면 한국에서 취업이 잘 되나요?

① 어떤 전공이어도 취업은 쉽지 않습니다. 하지만 이탈리아어과 학생들이 재능이 많아 취업을 잘 하는 편입니다.

Non è facile trovare lavoro con qualsiasi specializzazione. Tuttavia, gli studenti di italiano sono molto talentuosi e trovano lavoro più facilmente.

② 네, 주로 유럽 무역회사에서 일합니다.

Sì, di solito, lavorano in aziende commerciali europee.

학습 더하기⁺

● **반과거/비완료 과거 (Imperfetto)**

반과거는 과거의 일정 기간 동안 일어난 행위를 나타냅니다. 주로 과거의 지속적이고 반복적인 행위나 상태를 표현할 때 사용하는 시제입니다.

(1) 규칙 변형

	studiare	leggere	dormire	capire	svegliarsi
io	studiavo	leggevo	dormivo	capivo	mi svegliavo
tu	studiavi	leggevi	dormivi	capivi	ti svegliavi
lui/lei/Lei	studiava	leggeva	dormiva	capiva	si svegliava
noi	studiavamo	leggevamo	dormivamo	capivamo	ci svegliavamo
voi	studiavate	leggevate	dormivate	capivate	vi svegliavate
loro	studiavano	leggevano	dormivano	capivano	si svegliavano

(2) 불규칙 변형

	essere	fare	dire	introdurre
io	ero	facevo	dicevo	introducevo
tu	eri	facevi	dicevi	introducevi
lui/lei/Lei	era	faceva	diceva	introduceva
noi	eravamo	facevamo	dicevamo	introducevamo
voi	eravate	facevate	dicevate	introducevate
loro	erano	facevano	dicevano	introducevano

• ~하는 동안 : mentre

반과거는 과거 진행의 성격을 갖고 있습니다. '~하는 동안'과 같이 과거 진행을 암시하는 접속사가 오는 경우, 과거 행위를 반과거로 표현해야 합니다.

Mentre io facevo la doccia, mio figlio leggeva un libro.
제가 샤워를 하는 동안 제 아들은 책을 읽고 있었습니다.   [샤워 – 과거 진행, 읽기 – 과거 진행]

Mi sono svegliato, mentre mia moglie cucinava.
제 아내가 요리를 하는 동안 저는 일어났습니다.   [요리 – 과거 진행, 일어남 – 과거 완료]

• 과거 기간을 나타내는 각종 부사 혹은 부사구

Quando ero bambino/a andavo dai miei nonni.
저는 어렸을 적에 조부모님 댁에 가곤 했습니다.

Da piccolo/a studiavo fino a tardi. 저는 어렸을 적에 늦게까지 공부하곤 했습니다.

Guardavo sempre la TV, ma adesso no. 저는 항상 TV를 보곤 했으나 현재는 아닙니다.

- 과거 회상 및 상태

특별한 부사/부사구나 전치사구가 없더라도 정황상 과거에 기간을 갖고 일어난 행위들은 반과거로 표현할 수 있습니다. 시험에서는 주로 여행을 다녀온 후 여행지에 대한 회상, 어렸을 적 기억 그리고 특정 시점에 완료될 수 없는 신체 상태(배고픔, 아픔 등)를 묘사할 때 반과거를 사용합니다.

〈여행지 회상〉

Mentre viaggiavo in Italia, faceva molto caldo ed era pieno di turisti.
제가 이탈리아를 여행하는 동안 무척 덥고 관광객들로 가득했습니다.
[여행 한 것-과거 진행, 더위-과거 상태, 관광객들로 가득 참-과거 상태]

〈신체 상태〉

Quando sono arrivato al ristorante, avevo molta fame.
제가 식당에 도착했을 때, 배가 무척 고팠습니다. [도착-과거 완료, 배고픔-과거 상태]

● 직설법 근과거 vs. 반과거

	직설법 근과거	반과거
사건 발생	과거 특정 시점에 사건 완료	과거 기간을 갖고 사건 진행 혹은 완료 여부 불분명
함께 사용되는 부사 및 접속사	ieri(어제), l'anno scorso(작년에) 외의 완료 시점을 나타내는 시간 부사	mentre(~하는 동안), quando ero piccolo/a(어릴 적에), sempre(항상), di solito(주로) 외의 과거 반복이나 기간을 나타내는 부사
해석	~했다	~하고 있었다, ~하곤 했다, ~한 상태였다
형태	avere/essere+과거분사	-avo, -evo, -ivo ...

IM
: Intermediate Mid

익숙한 화제에 대해 짧지만 비교적 자연스럽고 구체적인 설명이 가능한 단계로,
1:1 응대가 가능하고 회의에서 전체적인 맥락을 파악할 수 있습니다.

Unità

9

Quali sono le somiglianze e le differenze tra Corea e Italia?

한국과 이탈리아의 공통점과 차이점이 무엇인가요?

한국과 이탈리아의 문화 차이에 대해 주로 언어, 음식, 스포츠와 관련된 질문이 자주 나옵니다. 이탈리아의 유명한 문화 요소들과 그와 관련한 경험 및 한국과의 비교 서술을 익혀 보세요.

핵심 패턴

- 비인칭 si : 일반적으로 사람들은
- sia (A) che (B)
  : A뿐 아니라 B도 (= non solo (A) ma anche (B))

다양한 질문 유형 파악하기

"한국과 이탈리아 문화"의 다양한 질문 유형입니다. 🎧 09-1

- **Confronti la Corea del Sud e l'Italia.** 한국과 이탈리아를 비교해 보세요.
- **Presenti il Suo paese.** 당신의 나라를 소개해 주세요.
- **Conosce bene l'Italia?** 당신은 이탈리아에 대해 잘 알고 있나요?

"한국과 이탈리아 문화"에 관한 다른 표현의 질문들입니다. 🎧 09-2

① **Che cosa Le viene in mente quando pensa all'Italia?**
이탈리아 하면 생각나는 것이 무엇인가요?

➡ (Mi viene in mente) Il cibo delizioso. 맛있는 음식입니다.
➡ La lunga storia. 오랜 역사입니다.
➡ Le numerose attrazioni turistiche. 수많은 관광지입니다.
➡ Gli uomini belli/le donne belle. 잘생긴 남성/아름다운 여성들입니다.
➡ Gli italiani gentili. 친절한 이탈리아인들입니다.

② **Qual è il rapporto tra Corea del Sud e Italia?** 한국과 이탈리아의 관계는 어떤가요?

➡ Anche se c'è interesse reciproco, non ci sono molti scambi.
서로 관심은 있지만 교류는 많지 않습니다.
➡ Di recente, hanno iniziato a mostrare molto interesse reciproco.
최근 들어 서로 많은 관심을 갖기 시작했습니다.

③ **Che cosa piace di più ai coreani dell'Italia?**
한국인들은 이탈리아의 무엇을 가장 좋아하나요?

➡ Amano i marchi di lusso italiani. 이탈리아의 명품 브랜드를 좋아합니다.
➡ Gli piacciono le auto sportive come la Ferrari. 페라리 같은 슈퍼카를 좋아합니다.

핵심 패턴 익히기

● **비인칭 si** : 일반적으로 사람들은

특정한 누군가가 아닌 '일반적으로'라는 의미로 비인칭 si를 사용할 때, 동사는 주로 3인칭 단수 형태로 쓰이며, 문맥에 따라 3인칭 복수 형태로도 나타날 수 있습니다.

> si+(3인칭 단수 or 3인칭 복수 인칭 동사)

(Lui) Fa colazione alle 8. (그는) 8시에 아침 식사를 합니다.

→ Si fa colazione alle 8. (일반적으로) 8시에 아침 식사를 합니다.

(Lui) Inizia a frequentare la scuola all'età di otto anni.
(그는) 8살에 학교를 다니기 시작합니다.

→ Si inizia a frequentare la scuola all'età di otto anni.
　　(일반적으로) 8살에 학교를 다니기 시작합니다.

주의 재귀동사 si와 비인칭 si를 잘 구별해야 합니다. 문맥상의 해석과 동사 형태를 통해 구분하는 방법밖에 없으므로, 재귀동사를 잘 암기해야 합니다.
〈재귀동사의 비인칭 표현 방법〉
(Lui) Si sveglia alle 9 di mattina. (그는) 아침 9시에 일어납니다.
→ Ci si sveglia alle 9 di mattina. (일반적으로) 아침 9시에 일어납니다.

● **sia (A) che (B)** : A뿐 아니라 B도 (= non solo (A) ma anche (B))

'sia A che B' 또는 'sia A sia B' 형태로도 사용합니다.

> sia (명사, 부사, 형용사) che (명사, 부사, 형용사)

Parlo sia inglese che italiano. 저는 영어뿐 아니라 이탈리아어도 구사합니다.

Mi interessa sia imparare nuove lingue che conoscere diverse culture.
저는 새로운 언어를 배우는 것뿐 아니라 다른 문화를 배우는 것에 관심이 있습니다.

Lavoro sia in ufficio che da remoto. 저는 사무실에서뿐 아니라 원격으로도 일합니다.

문화 | 한국과 이탈리아의 공통점

> 녹음은 성우 성별에 따라 성, 수가 다를 수 있습니다.
> 자신의 성별에 맞게 바꿔서 연습해 보세요.

🎧 09-3

La Corea è lontana migliaia di chilometri dall'Italia, diversa per cultura e religione, ma ha numerosi elementi in comune con il vostro Paese. Cominciamo dal clima simile, dalle stagioni, gli stili di vita e soprattutto il profondo senso di famiglia fondata su legami intensi. E poi il gusto delizioso del cibo: l'arte culinaria è una tradizione importante, e la cura nella preparazione dei piatti è meticolosa, così come da voi.

한국은 이탈리아에서 수천 킬로미터 떨어져 있으며, 문화와 종교가 다르지만, 당신들의 나라와 많은 공통점을 가지고 있습니다. 비슷한 기후, 계절부터 시작해서 생활 방식, 특히 강한 유대감에 기반한 깊은 가족애를 갖고 있습니다. 그리고 좋은 음식의 맛, 요리 분야는 (이는 한국과 이탈리아 모두에게 있어) 중요한 전통이며, 세심하게 요리를 준비하는 것 역시 여러분들과 비슷합니다.

* **migliaio** 수천 → 복수형 **migliaia**

1,000(천)은 **mille**입니다. 2,000부터는 **duemila, tremila** …와 같이 **mila**로 바뀝니다. **migliaio**는 '수천'과 같이 '무수히 많음'을 의미할 때 사용되기도 하며 본문과 같이 매우 많음을 강조하고자 복수형 **migliaia**를 쓰기도 합니다.

* -a로 끝나지만 남성 명사, -o로 끝나지만 여성 명사   54p. 표 참고

단수		성	복수	
il problema	문제	남성	i problemi	문제들
il panorama	풍경	남성	i panorami	풍경들
il programma	프로그램	남성	i programmi	프로그램들
il sistema	시스템, 체계	남성	i sistemi	시스템들
il clima	날씨	남성	i climi	날씨들

새단어

- lontano 먼
- migliaio 무수히 많음, 수천, (숫자) 1,000 (복수형 migliaia)
- chilometro 킬로미터, km
  (cf. 1m: un metro, 1cm: un centimetro)
- diverso 다른
- cultura 문화
- religione s.f. 종교
- numeroso 수많은
- elemento 요소
- paese s.m. 국가
- cominciare ~을 시작하다
- simile 비슷한
- stagione s.f. 계절
- stile s.m. 형식, 스타일
- vita 인생
- profondo a. 깊은, s.m. 내부
- senso 감정
- famiglia 가족
- fondato su ~ a. ~에 기반한
- legame s.m. 연결
- intenso a. 강한
- gusto 맛
- delizioso a. 맛있는
- arte s.f. 예술, 분야
- culinario a. 요리의
- tradizione s.f. 전통
- preparazione s.f. 준비
- piatto 접시, 요리
- meticoloso a. 세심한

만들어 보세요! 나에게 맞는 스토리로 만들어 외워 보세요.

La Corea è lontana migliaia di chilometri dall'Italia, diversa per ① 차이점 , ma ha numerosi elementi in comune con il vostro Paese. ② 공통점 E poi il gusto delizioso del cibo: l'arte culinaria è una tradizione importante, e la cura nella preparazione dei piatti è meticolosa, così come da voi.

한국은 이탈리아에서 수천 킬로미터 떨어져 있으며, ①   가 다르지만, 당신들의 나라와 많은 공통점을 가지고 있습니다. ②   그리고 좋은 음식의 맛, 요리 분야는 (이는 한국과 이탈리아 모두에게 있어) 중요한 전통이며, 세심하게 요리를 준비하는 것 역시 여러분들과 비슷합니다.

패턴별 다른 표현들 나에게 맞는 표현을 찾아 위의 문장에 대입시켜 보세요.

①	차이점	언어 인구 국가 크기 외모	lingua popolazione dimensione del Paese aspetto
②	공통점	오랜 역사부터 시작해서, 특히 깊은 애국심까지 공통점으로 꼽을 수 있습니다. Cominciamo dalla lunga storia e soprattutto il patriottismo profondo. 교육에 대한 열정부터 시작해서, 특히 낮은 출산율까지 비슷한 점이 있습니다. Cominciamo dalla passione per l'educazione e soprattutto il tasso di natalità basso. 명랑한 성격부터 시작해서, 특히 평균 소득 수준까지 비슷한 면이 있습니다. Cominciamo dal carattere allegro e soprattutto il reddito medio.	

* 〈부록〉 기초 어휘를 활용해 다양한 표현을 만들어 보세요.

꼬리물기 | 한국과 이탈리아의 공통점

1. Cosa è più famoso dell'Italia in Corea? 한국에서는 이탈리아의 무엇이 가장 유명한가요?

① 명품 의류 브랜드가 유명합니다. 한국인들은 이탈리아에 가면 항상 아웃렛을 방문합니다.
È famosa per i marchi di abbigliamento di lusso. I coreani visitano sempre gli outlet quando vanno in Italia.

② 슈퍼카 같은 비싼 자동차가 유명합니다. 한국에서 보기 어렵습니다.
È famosa per le auto costose come le supercar. È difficile vederle in Corea.

2. Anche in Corea la moda è considerata importante come in Italia?
한국에서도 이탈리아처럼 패션을 중요하게 생각하나요?

① 네, 패션은 특히 젊은 사람들 사이에서 매우 중요합니다.
Sì, la moda è molto importante, soprattutto tra i giovani.

② 글쎄요, 중요하지만 이탈리아만큼 중요하게 생각하지 않는 것 같습니다.
Non so, è importante, ma forse non tanto come in Italia.

3. Il modo di abitare in Italia e in Corea è simile?
이탈리아와 한국 사이의 주거 방식이 비슷한가요?

① 아니요, 한국에서는 전통적인 주택보다 아파트가 더 흔합니다.
No, in Corea gli appartamenti sono più comuni rispetto alle case tradizionali.

② 다릅니다. 한국은 대단지 아파트가 있습니다.
Sono diversi. In Corea ci sono grandi complessi di appartamenti.

4. Quali sport sono popolari in Corea? 한국에서는 어떤 스포츠를 즐겨 보나요?
Quali sport si praticano in Corea? 한국에서는 어떤 스포츠를 즐겨 하나요?

① 축구, 야구, 농구, 배구 등 다양한 스포츠를 봅니다.
I coreani guardano vari sport come calcio, baseball, basket e pallavolo.

② 한국인들은 골프를 많이 칩니다.
Molti coreani giocano a golf.

꼬리물기는 자주 출제되는 질문에 대한 모범답변을 제시해 주는 코너입니다. 녹음을 통해 질문이 익숙해질 수 있도록 반복적으로 들으며, 나에게 맞는 스토리를 만들어 보세요. ※ 녹음은 성우 성별에 따라 성, 수가 다를 수 있습니다. 자신의 성별에 맞게 바꿔서 연습해 보세요.

5. (Quello sport) Si pratica in quale mese? (그 스포츠를) 몇 월에 하나요?

① 날씨가 좋은 4, 5월이나 9, 10월에 합니다.

Si pratica nei mesi di aprile e maggio o di settembre e ottobre, quando il tempo è bello.

② 계절 스포츠이기 때문에 7, 8월에 합니다.

Perché è uno sport stagionale, si pratica nei mesi di luglio e agosto.

6. Ha mai ascoltato una canzone italiana? 당신은 이탈리아 노래를 들어본 적 있나요?

① 네, '오 솔레미오' 가곡을 고등학교 음악 수업 때 들어봤습니다.

Sì, ho ascoltato la canzone lirica "O Sole Mio" durante la lezione di musica al liceo.

② 네, 유튜브에서 Laura Pausini의 노래들을 들어봤습니다.

Sì, ho ascoltato le canzoni di Laura Pausini su YouTube.

7. Cosa pensano i coreani degli italiani? 한국인들은 이탈리아 사람들을 어떻게 생각하나요?

① 패션에 관심이 많으며, 특히 이탈리아 남성들은 매우 잘 생겼다 생각합니다.

Pensano che siano molto interessati alla moda e che gli uomini italiani siano molto belli.

② 매우 친절하고 정이 많다 생각합니다.

Pensano che gli italiani siano molto gentili e affettuosi.

* 「pensare che+접속법」 문형입니다. pensare(생각하다)와 같이 주어의 주관적인 의견을 말할 때 접속사 che 뒤의 문장에서는 반드시 접속법을 사용해야 합니다. ▶ 194p. 접속법 참고

8. Quali sono le industrie sviluppate in Corea? 한국은 무슨 산업이 발달했나요?

① 최근 IT 관련 사업이 많아졌습니다.

Recentemente sono aumentate le attività legate all'IT.

② 제조업이 발달했습니다.

L'industria manifatturiera è ben sviluppata.

문화 | 한국과 이탈리아의 차이점

녹음은 성우 성별에 따라 성, 수가 다를 수 있습니다. 자신의 성별에 맞게 바꿔서 연습해 보세요. 🎧 09-5

Innanzitutto, la lingua italiana e quella coreana sono molto diverse, quindi all'inizio è difficile impararla. Ci sono differenze sia nella lingua che nel modo di comunicare. In coreano, quando si saluta per la prima volta, indipendentemente dall'età, è necessario usare il 'Lei' e fare un inchino. Anche quando si parla non si va direttamente al nocciolo della conversazione, prima è buona educazione scambiarsi convenevoli, perdere tempo, arrivare all'argomento che interessa per gradi.

일단, 이탈리아어와 한국어가 매우 달라 처음 배울 때 어렵습니다. 언어뿐 아니라 커뮤니케이션 방식에도 차이가 있습니다. 처음 인사를 할 때 나이에 상관없이 기본적으로 존칭을 사용해야 하며 허리를 숙여 인사를 해야 합니다. 말을 할 때도 바로 대화의 핵심으로 들어가지 않고, 먼저 예의상 인사를 나누고, 시간을 보내며, 점차 관심 있는 주제로 다가가는 것이 좋은 예의입니다.

---

* 지시대명사 quello

La lingua italiana e quella coreana sono molto diverse.

→ quella는 la lingua를 의미하며, la lingua가 반복되는 것을 방지합니다. 이 지시대명사는 대체하는 명사의 성, 수에 맞추어 일치해야 합니다.

* 원형 부정사(동사원형)의 명사적 용법

'~하는 것'으로 해석하며, 주어로 나타나는 경우 동사는 3인칭 단수 형태로 사용해야 합니다. 영어의 to 부정사나 동명사와 달리 이탈리아어에서는 동사를 명사화할 때 동사원형 그대로 사용합니다.

① è difficile impararla. [주어 : 그것을(이탈리아어를) 배우는 것]
→ la와 같이 직접/간접목적격대명사가 필요한 경우 동사원형 뒤에 붙여주면 됩니다.

② è necessario usare il 'Lei' e fare un inchino. [주어 : 존칭을 사용하는 것, 인사하는 것]

③ è buona educazione scambiarsi convenevoli, perdere tempo, arrivare all'argomento che interessa per gradi. [주어 : 예의상 인사를 나누는 것, 시간을 보내는 것, 점차 관심 있는 주제로 다가가는 것]
→ ① 문장처럼 재귀대명사(mi, ti, si, ci, vi, si) 역시 마찬가지로 동사원형 뒤에 붙여줍니다.

새단어

- innanzitutto 무엇보다도
- salutare ~에게 인사하다 ('~에게'지만 직접목적어)
- per la prima volta 처음으로
- indipendentemente da ~ ~에 상관없이
- necessario 필요한
- usare ~을 사용하다
- fare un inchino 고개 숙이다
- direttamente 곧바로
- nocciolo 핵심
- conversazione s.f. 대화
- educazione s.f. 교육
- scambiarsi 교환하다
- convenevole s.m. 예의
- perdere ~을 잃다
- argomento 주제
- interessare 흥미를 갖다
- per gradi 점진적으로

만들어 보세요! 나에게 맞는 스토리로 만들어 외워 보세요.

Innanzitutto, la lingua italiana e quella coreana sono molto diverse, quindi all'inizio è difficile impararla. Ci sono differenze sia nella lingua che ① _____공통점 및 차이점_____ . ② _____공통점 및 차이점의 이유_____

일단, 이탈리아어와 한국어가 매우 달라 처음 배울 때 어렵습니다. 언어뿐 아니라 ① 차이가 있습니다. ②

패턴별 다른 표현들 — 나에게 맞는 표현을 찾아 위의 문장에 대입시켜 보세요.

① 공통점 및 차이점	인구 국가 크기 사람들의 외모	nella popolazione nella dimensione del Paese nell'aspetto delle persone
② 공통점 및 차이점의 이유		한국어는 어순이 주어-목적어-동사이지만, 이탈리아어는 어순이 주어-동사-목적어입니다. L'ordine delle parole in coreano è soggetto-oggetto-verbo, mentre in italiano è soggetto-verbo-oggetto. 한국 인구는 약 5,100만, 이탈리아의 인구는 5,800만 명으로 매우 비슷합니다. La popolazione della Corea è di circa 51 milioni, mentre quella dell'Italia è di 58 milioni, quindi molto simile. 이탈리아는 대한민국 국토 면적의 약 3배입니다. L'Italia ha una superficie circa tre volte quella della Corea del Sud. 이탈리아인들은 일반적으로 각진 얼굴형과 눈이 깊고 코가 높으며, 한국인들은 부드러운 얼굴형과 눈이 평평하고 코가 낮습니다. Gli italiani hanno generalmente un viso più spigoloso con occhi profondi e un naso alto, mentre i coreani hanno un viso più morbido con occhi più piatti e un naso basso.

* 〈부록〉 기초 어휘를 활용해 다양한 표현을 만들어 보세요.

꼬리물기 — 한국과 이탈리아의 차이점 🎧 09-6

1. Anche a Seul ci sono molti siti storici?
서울에도 유적이 많나요?

① 네, 특히 조선시대 건축물들을 쉽게 볼 수 있습니다. 그중에서 소개해 드리고 싶은 유적은 서울 성곽의 8대 문 중 하나인 남대문입니다.

Sì, in particolare è facile vedere le strutture architettoniche dell'epoca Joseon. Tra questi, vorrei presentarLe Namdaemun: La Grande Porta del Sud, una delle otto porte delle mura di Seul.

② 매우 많습니다. 지금 바로 생각나는 유적은 종묘입니다. 종묘는 조선 왕조의 선조들에게 바쳐진 서울의 신성한 장소입니다.

Sì, ce ne sono molti.* Il sito storico che mi viene in mente ora è il Santuario di Jongmyo. È un sito sacro a Seul, dedicato agli antenati della dinastia Joseon.

* 'Ce ne sono molti.(유적들이 많다.)'에서 ne는 부분을 나타냅니다. 많이(molti)와 같은 수량이나 부분을 표현하는 말이 있을 때는 반드시 ne를 함께 써야 합니다. 'esserci(~이 있다)' 동사의 3인칭 복수형 ci sono에 ne를 삽입하여 'ce ne sono ~' 형태가 되었습니다.

2. Spieghi in dettaglio quel sito archeologico, per favore.
그 유적에 대해 구체적으로 설명해 주세요.

① 석조 기단에 인상적인 목조 정자를 갖춘 한국 전통 건축물입니다.

È una struttura architettonica tradizionale coreana, caratterizzata da un imponente padiglione in legno su una base in pietra.

② 1395년에 지어졌으며, 세계에서 가장 오래되고 잘 보존된 유교 사당 중 하나로 1995년부터 유네스코 세계유산에 등재되었습니다.

Costruito nel 1395, è uno dei più antichi e meglio conservati santuari confuciani esistenti al mondo e fa parte del Patrimonio dell'Umanità dell'UNESCO dal 1995.

3. Quali sono i siti storici più memorabili in Italia?
이탈리아에서 기억에 남는 유적지는 어디인가요?

① 밀라노 대성당입니다. 6세기 동안 지어진 이 성당은 유럽에서 가장 큰 성당 중 하나이며, 테라스에서 멋진 전경을 볼 수 있습니다.

Il Duomo di Milano. Costruita nel corso di sei secoli, è una delle chiese più grandi d'Europa e offre una vista panoramica spettacolare dalla sua terrazza.

② 베네치아의 유적지들이 기억에 남습니다. 예를 들어 마르코 광장과 산 마르코 대성당, 그리고 두칼레 궁전이 있습니다.

I siti storici di Venezia sono rimasti nella mia memoria, per esempio Piazza San Marco con la Basilica di San Marco e il Palazzo Ducale.

4. Potrebbe descriverlo?
그곳을 묘사해 주실 수 있나요?

① 이곳은 고딕 양식의 대성당으로, 웅장한 외관과 복잡한 모양을 가진 첨탑으로 유명합니다.

È una cattedrale gotica, famosa per la sua imponente facciata e le intricate guglie.

② 산 마르코 대성당의 외관은 황금빛 모자이크와 비잔틴 양식의 돔으로 화려합니다.

L'esterno della Basilica di San Marco, con mosaici dorati e cupole bizantine, è splendido.

밀라노 대성당

산 마르코 대성당

베네치아 산 마르코 광장

꼬리물기 | 한국과 이탈리아의 차이점

5. Qual è la festa più importante in Corea?
한국의 가장 중요한 명절은 무엇인가요?

① 한국에는 신정과 구정이 있습니다. 구정 때 친척들과 모여 맛있는 음식들을 먹고 한국 전통 놀이 '윷놀이'를 합니다.

In Corea, ci sono il Capodanno Solare e il Capodanno Lunare. Durante il Capodanno Lunare, i familiari possono mangiare cibi deliziosi e giocare a "Yutnori", un tradizionale gioco coreano.

② 추수 감사절과 같은 '추석'이 있습니다. 풍년을 기원하는 날로, 보름달을 맞이하는 한민족의 명절입니다. 날짜는 매년 음력 8월 15일로 3일간 휴일입니다.

C'è anche il "Chuseok", simile al Giorno del Ringraziamento. È una festa coreana per celebrare il raccolto abbondante e si celebra il 15 agosto del calendario lunare. La festività dura tre giorni.

6. In Corea non c'è una religione di Stato, vero?
한국에는 국교가 없죠?

① 맞습니다, 한국에는 공식적인 종교가 없습니다.

Esatto, la Corea non ha una religione ufficiale.

② 네, 없습니다. 한국인의 절반 이상이 무교입니다.

No, non c'è. Più della metà dei coreani non segue alcuna religione.

새단어

- esistente *a.* 현존하는
- patrimonio 유산
  (*cf.* Patrimonio dell'Umanità 문화유산)
- cattedrale *a.* 대성당의, *s.f.* 대성당
- gotico *a.* 고딕 양식의
- facciata 정면
- intricato *a.* 복잡한
- guglia 첨탑
- capodanno 새해
- solare *a.* 태양의
- lunare *a.* 달의, 음력의
- ringraziamento 감사
- raccolto *a.* 수확된
  (raccogliere ~을 수확하다)
- abbondante *a.* 풍부한
- celebrare ~을 칭찬하다/기념하다
- religione *s.f.* 종교

꼬리물기는 자주 출제되는 질문에 대한 모범답변을 제시해 주는 코너입니다. 녹음을 통해 질문이 익숙해질 수 있도록 반복적으로 들으며, 나에게 맞는 스토리를 만들어 보세요. ※ 녹음은 성우 성별에 따라 성, 수가 다를 수 있습니다. 자신의 성별에 맞게 바꿔서 연습해 보세요.

7. Ha mai visto una partita di calcio italiana?
당신은 이탈리아 축구 경기를 본 적이 있나요?

① 네, 세리에 A를 항상 봅니다. 제가 이탈리아를 좋아하는 이유 중 하나입니다.

Sì, guardo sempre la Serie A. È uno dei motivi per cui mi piace l'Italia.

② 아뇨, 축구를 잘 안 봅니다.

No, non guardo molto il calcio.

* È uno dei motivi per cui mi piace l'Italia. 아래의 두 문장이 결합 된 것입니다.

È uno dei motivi + Mi piace l'Italia per questo motivo (uno dei motivi)
→ È uno dei motivi per cui questo motivo mi piace l'Italia.
중복 되는 부분 앞으로 이동 후, cui로 변형   199-201p. 중급 문법 참고

8. Com'è il calcio coreano?
한국 축구는 어떤가요?

① K리그는 세계적으로 많이 알려지지 않았지만, 유명한 축구선수는 많습니다. 대표적으로 손흥민, 이강인 등이 있습니다.

La K-League non è molto conosciuta nel mondo, ma ha molti calciatori famosi. Tra questi ci sono Son Heung-min e Lee Kang-in.

② 한국에서 저는 주로 야구를 봐서, 한국 축구에 대해서는 잘 모르겠습니다.

In Corea, guardo principalmente il baseball, quindi non conosco molto bene il calcio coreano.

새단어

- sito 장소
- storico a. 역사적인
- particolare a. 특별한
- struttura 구조
- architettonico a. 건축의
- epoca 시대
- venire in mente (주어)가 생각나다
- santuario 신전, 성지
- sacro a. 신성한
- antenato 조상
- dinastia 왕조
- archeologico a. 고고학의
- caratterizzato a. 특징적인
- imponente a. 장대한
- padiglione s.m. 천막, 누각
- legno 나무
- pietra 돌
- costruito a. 지어진 (costruire ~을 짓다)
- conservato a. 보존된
- confuciano a. 유교의

 **학습 더하기⁺**

- **비교급**

(1) **동등 비교** : come 혹은 quanto (~만큼)

Sono intelligente quanto/come Einstein. 저는 아인슈타인만큼 똑똑합니다.
La mia azienda è famosa quanto/come la FIAT. 저희 회사는 FIAT 만큼 유명합니다.

(2) **우등 및 열등 비교**

più/meno	형용사/명사	di	비교 대상 (명사)

Gli italiani guardano più calcio dei coreani. 이탈리아인들은 한국인들보다 축구를 더 많이 봅니다.
Mia moglie è più bella delle altre donne. 우리 아내는 다른 여자들보다 아름답습니다.
L'inverno in Corea è più freddo dell'inverno in Italia.
한국의 겨울이 이탈리아의 겨울보다 춥습니다.

I ristoranti coreani sono meno costosi dei ristoranti italiani.
한국 식당은 이탈리아 식당보다 가격이 저렴합니다(덜 비쌉니다).

più/meno	형용사/명사	che	비교 대상 (명사 외 품사)

Studiare l'italiano è molto più divertente che studiare l'inglese.
영어를 공부하는 것보다 이탈리아어를 공부하는 것이 훨씬 더 즐겁습니다.

Essere in Corea è più bello che essere all'estero.
외국에 있는 것보다 한국에 있는 것이 더 좋습니다.

Stare a casa è meglio* che uscire. 바깥에 나가는 것보다 집에서 쉬는 것이 더 낫습니다.

* più bene는 존재하지 않으며, '더 좋은'이라는 의미로 비교급 불규칙 meglio를 사용합니다. `165p. 불규칙 표 참고`

- **최상급**

(1) **상대 최상급**

정관사	명사 (생략 가능)	più	형용사	di, in, su ...	비교 그룹

Il gelato italiano è il più delizioso del mondo. 이탈리아 아이스크림은 세상에서 가장 맛있습니다.
Roma è la città più bella in Italia. 이탈리아에서 로마는 가장 아름다운 도시입니다.
Il vino toscano è il migliore* che abbia mai assaggiato*.
토스카나 와인은 제가 마셔본 것 중 최고입니다.

* il migliore는 il più buono의 불규칙 형태입니다. 두 표현은 거의 동일한 의미와 쓰임새를 갖고 있습니다.
* assaggiare의 접속법 과거 형태입니다.
  ① 직설법 근과거 : avere/essere 직설법 현재+과거분사   예) ho assaggiato
  ② 접속법 과거 : avere/essere 접속법 현재+과거분사   예) abbia assaggiato
     (abbia-abbia-abbia-abbiamo-abbiate-abbiano)

(2) 절대 최상급

형용사/부사 – 마지막 모음 제거	+ issimo	= molto+형용사/부사
bene+issimo buono+issimo	benissimo buonissimo	= molto bene = molto buono

* molto와 절대 최상급을 함께 사용할 수 없습니다. 예를 들어, molto buonissimo는 잘못된 표현이며, buonissimo 또는 molto buono로 사용해야 합니다.

La vista dal Colosseo è bellissima. 콜로세움의 전망은 매우 아름답습니다.

Pompei è una città antichissima. 폼페이는 아주 오래된 도시입니다.

Quel ristorante è costosissimo ma ne vale la pena.
그 음식점은 매우 비싸지만 그럴 가치가 있습니다.

〈비교급 및 최상급 불규칙〉

원형	비교급	상대 최상급	절대 최상급
bene	X	X	benissimo
	meglio	il meglio	ottimamente
male	X	X	malissimo
	peggio	il peggio	pessimamente
buono	più buono	il più buono	buonissimo
	migliore	il migliore	ottimo
cattivo	più cattivo	il più cattivo	cattivissimo
	peggiore	il peggiore	pessimo
grande	più grande	il più grande	grandissimo
	maggiore	il maggiore	massimo
piccolo	più piccolo	il più piccolo	piccolissimo
	minore	il minore	minimo
alto	più alto	il più alto	altissimo
	superiore	il superiore	supremo, sommo
basso	più basso	il più basso	bassissimo
	inferiore	l'inferiore	infimo, imo

IM : Intermediate Mid

익숙한 화제에 대해 짧지만 비교적 자연스럽고 구체적인 설명이 가능한 단계로,
1:1 응대가 가능하고 회의에서 전체적인 맥락을 파악할 수 있습니다.

Unità

10

Che cosa farà in futuro?
당신은 미래에 무엇을 할 것인가요?

이탈리아어를 공부하는 이유와 관련해 미래 계획을 묻는 질문이 나올 수 있습니다. 일상 회화에서는 현재시제로 간단히 표현하기도 하지만, 공식적인 상황에서는 미래시제를 사용하는 것이 좋습니다. 동사의 미래형을 이해하고 향후 계획에 대해 주제별 답변을 준비해 보세요.

핵심 패턴

- tra/fra+기간 : (기간) 후에
- per+기간 : (기간) 동안
- mentre+단어/구/절 : ~하는 반면에

다양한 질문 유형 파악하기

"미래 및 목표"의 다양한 질문 유형입니다. 🎧 10-1

- **Mi parli dei Suoi piani futuri.** 향후 계획에 대해 말씀해 주세요.
- **Ha un futuro che ha sempre sognato?** 당신이 꿈꿔온 미래가 있나요?

"미래 및 목표"에 관한 다른 표현의 질문들입니다. 🎧 10-2

① **Qual è il Suo sogno?** 당신의 꿈은 무엇인가요?

→ È diventare miliardario. 100억 부자가 되는 것입니다.
→ È parlare perfettamente la lingua italiana. 완벽히 이탈리아어를 구사하는 것입니다.
→ È guidare una Ferrari a tutta velocità sull'autostrada.
  페라리를 타고 고속도로를 질주하는 것입니다.
→ È fare il giro del mondo. 세계 일주를 하는 것입니다.

② **Qual è il Suo obiettivo nella vita?** 인생의 목표는 무엇인가요?

→ È divertirmi con gli amici. 친구들과 재미있게 사는 것입니다.
→ È vivere in armonia e in salute con la mia famiglia.
  가족들과 화목하고 건강하게 사는 것입니다.

③ **Cosa farà questo fine settimana?** 이번 주말엔 무엇을 할 예정인가요?

→ Andrò a fare un picnic con la mia famiglia. 가족들과 소풍을 갈 예정입니다.
→ Studierò per ottenere una certificazione. 자격증 공부를 할 예정입니다.
→ Andrò al cinema con gli amici. 친구들과 영화관에 갈 예정입니다.
→ Resterò a casa a riposare. 집에서 쉴 예정입니다.

 **핵심 패턴 익히기**

> 180p. 단순 미래 참고

● **tra/fra+기간** : (기간) 후에

'~후에'라는 뜻의 부사/전치사인 dopo도 있지만, '(기간) 후에'를 표현할 때는 주로 전치사 tra/fra를 사용합니다.

> **tra/fra+기간**

Anna arriverà **tra** un'ora. 안나는 한 시간 후에 도착할 것입니다.
L'esame inizierà **tra** poco. 시험이 잠시 후에 시작할 것입니다.
Lei riceverà il risultato **tra** un mese. 당신은 한 달 후에 결과를 받을 것입니다.

● **per+기간** : (기간) 동안

> **per+기간**

Ho dormito **per** otto ore*. 저는 8시간 동안 잤습니다.
Non ci siamo visti **per** una settimana. 저희는 일주일 동안 보지 않았습니다.
Starò in vacanza **per** tre giorni. 저는 3일 동안 휴가를 보낼 것입니다.

* 과거 문장에서 「per+기간」이 나온다면 반과거가 아닌 반드시 직설법 근과거(avere/essere+과거분사)로 표현해야 합니다.

Lavoro qui **da** cinque anni. 저는 이곳에서 5년째 일하고 있습니다.
→ 과거부터 현재까지 행위가 이어진다면 '(기간) 째'를 의미하는 전치사 da를 사용해야 합니다.

● **mentre+단어/구/절** : ~하는 반면에

mentre는 '~ 동안에' 의미 외에도 '반면에'라는 의미로도 사용됩니다. 이때, 앞의 내용을 완전히 반대로 뒤집지 않고 다소 다른 방향으로 전개될 때 주로 쓰입니다.

> 148p. 참고

> **mentre+단어/구/절**

Io cucino **mentre** mia moglie guarda la TV. 저는 요리를 하는 반면, 아내는 TV를 봅니다.
Ho comprato dei libri **mentre** lei solo delle scarpe.
저는 몇 권의 책들을, 반면에 그녀는 신발을 샀습니다.

미래 및 목표 | 이탈리아 체류 계획 : 가족과 함께

녹음은 경우 성별에 따라 성, 수가 다를 수 있습니다. 자신의 성별에 맞게 바꿔서 연습해 보세요. 🎧 10-3

Tra tre mesi andrò in Italia. Da dicembre, io e la mia famiglia vivremo a Roma per quattro anni. Mia moglie ed io frequenteremo un corso di lingua italiana gestito dal Comune per imparare l'italiano, mentre nostro figlio frequenterà una scuola internazionale in cui si parla inglese. Durante il lavoro e lo studio, vorremmo viaggiare per l'Italia alla ricerca di ristoranti speciali. Essendo un posto completamente nuovo per noi, siamo un po' preoccupati, ma non vediamo l'ora di fare nuove esperienze e trascorrere momenti felici insieme alla famiglia.

3달 후에 이탈리아에 가려 합니다. 12월부터 가족들과 함께 로마에서 4년 동안 머무를 예정입니다. 저와 아내는 시에서 운영하는 이탈리아 어학 코스를 다니며 이탈리아어를 공부할 것이고 아들은 영어를 사용하는 국제 학교를 다닐 것입니다. 일과 공부를 하면서 이탈리아 곳곳을 여행하며 특별한 음식점을 찾아다니고 싶습니다. 완전히 새로운 곳에 정착해서 지내는 것이기 때문에 걱정스럽지만 그곳에서 새로운 경험을 하며 가족들과 행복한 시간을 보낼 것입니다.

* **다양한 의미를 내포하는 제룬디오**

Poiché è (→ Essendo) un posto completamente nuovo per noi, siamo un po' preoccupati.
Essendo는 'Poiché(~이기 때문에)'라는 의미를 내포하고 있으므로 대체하여 사용 가능합니다.

* **형용사에서 부사로 만들기**

형용사 원형		부사
-o형 형용사	마지막 모음 -a+mente	completo : complet**a**+**mente** → completa**mente** 완전하게
-e형 형용사	원형+mente	veloce : veloc**e**+**mente** → veloce**mente** 빠르게
-re/-le형 형용사	마지막 모음 제거+mente	facile : facil+**mente** → facil**mente** 쉽게

새단어

- frequentare ~을 다니다 (다니는 목적지를 직접목적어로)
- gestito *a.* 관리하는
- imparare ~을 배우다
- internazionale *a.* 국제의
- alla ricerca di ~ ~을 찾아서
- completamente *avv.* 완전히
- nuovo *a.* 새로운
- un po'* *avv.* 약간
- preoccupato *a.* 걱정하는
- non vedere l'ora di+동사원형 ~할 것이 매우 기다려지다
- esperienza 경험
- trascorrere (주로 시간)을 보내다
- momento 순간
- felice *a.* 행복한
- insieme a ~ *avv.* ~와 함께

* **un po'** : '약간의(명사)'라는 의미로 사용하려면, un po' di (명사)와 같이 전치사 di를 반드시 넣어야 합니다.

만들어 보세요! 나에게 맞는 스토리로 만들어 외워 보세요.

Tra 출발일 andrò in Italia. Da 체류 시작일 , io e la mia famiglia vivremo a 여행지 per 체류 기간 . ① 이탈리아에서 하고 싶은 것

Durante il lavoro e lo studio, vorremmo viaggiare per l'Italia alla ricerca di ② 이탈리아에서 찾아가고 싶은 곳 . Essendo un posto completamente nuovo per noi, siamo un po' preoccupati, ma non vediamo l'ora di fare nuove esperienze e trascorrere momenti felici insieme alla famiglia.

후에 이탈리아에 가려 합니다.   부터 가족들과 함께   에서   동안 머무를 예정입니다. ①

일과 공부를 하면서 이탈리아 곳곳을 여행하며 ②   을 찾아다니고 싶습니다. 완전히 새로운 곳에 정착해서 지내는 것이기 때문에 걱정스럽지만 그곳에서 새로운 경험을 하며 가족들과 행복한 시간을 보낼 것입니다.

패턴별 다른 표현들 | 나에게 맞는 표현을 찾아 위의 문장에 대입시켜 보세요.

①	이탈리아에서 하고 싶은 것 (동사/문장)	저희는 이탈리아 정치학 마스터 코스를 다닐 것입니다. Frequenteremo un corso di laurea magistrale in Scienze Politiche in Italia. 저희는 많은 이탈리아 친구들을 사귈 것입니다. Faremo molti amici italiani. 저희는 이탈리아의 명품 브랜드의 옷들을 살 것입니다. Compreremo abiti di marchi di lusso italiani.	
②	이탈리아에서 찾아가고 싶은 곳 (명사/단어, 구)	와이너리(양조장) 오래된 유적지들 유명한 예술 박물관들	cantine vinicole antichi siti archeologici famosi musei d'arte

*〈부록〉 기초 어휘를 활용해 다양한 표현을 만들어 보세요.

꼬리물기 | 이탈리아 체류 계획 : 가족과 함께

1. Quali sono i Suoi piani futuri? 앞으로 당신의 계획이 어떻게 되나요?

① 이탈리아에서 4년간 일을 한 후에, 한국 지사에서 계속 일을 할 계획입니다.

Dopo aver lavorato* in Italia per quattro anni, ho intenzione di continuare a lavorare alla filiale coreana.

② 현재 회사에서 2년간 더 일을 한 후에, 이탈리아 무역 회사로 이직할 계획입니다.

Dopo aver lavorato* per altri due anni nella mia attuale azienda, ho in programma di trasferirmi in una società commerciale italiana.

* dopo 전치사 뒤에 나오는 'lavorare in Italia' 행위와 'continuare a lavorare'인 행위 모두 미래에 일어날 사건이지만, 미래 안에서도 시간 차이가 있음을 알 수 있습니다. '이탈리아에서 일한 후 → 한국 지사에서 일'하는 순서이므로 먼저 발생할 lavorare in Italia를「dopo aver/esser+과거분사」: 'dopo aver lavorato in Italia'와 같은 형태로 시간 순서를 나타내야 합니다. 4-②번, 8번 동일 내용

2. Che cosa ha intenzione di fare in Italia? 당신은 이탈리아에서 어떤 일을 할 예정인가요?

① 이탈리아에서 해외 근무할 예정입니다.

Ho intenzione di lavorare come dipendente distaccato in Italia.

② 아직 모르겠습니다. 이탈리아에서 사는 동안 결정할 예정입니다.

Non lo so ancora. Deciderò mentre vivrò in Italia.

3. Andrà in Italia con la Sua famiglia o da solo/a?
당신은 이탈리아에 가족들과 함께 갈 것인가요 혼자 갈 것인가요?

① 갈 때는 혼자 갑니다. 제가 이탈리아에 정착한 후에 가족들이 이탈리아에 올 예정입니다.

Partirò da solo/a. La mia famiglia verrà in Italia dopo che mi sarò stabilito/a lì.

② 모두 함께 이탈리아로 갑니다. 그래서 저는 언어 공부, 비자 신청 문제로 정신이 없습니다.

Andremo tutti insieme in Italia. Per questo motivo, sono impegnato/a con lo studio della lingua e la richiesta del visto.

4. Continuerà a studiare l'italiano in futuro? 당신은 이탈리아어를 앞으로도 계속 공부할 것인가요?

① 당연하죠, 원어민처럼 구사할 때까지 공부할 것입니다.

Certamente, studierò fino a parlare come un madrelingua.

② 네, 이 시험이 끝나도 취미로 공부할 것입니다.

Sì, continuerò a studiare come hobby anche dopo aver finito* questo esame.

꼬리물기는 자주 출제되는 질문에 대한 모범답변을 제시해 주는 코너입니다. 녹음을 통해 질문이 익숙해질 수 있도록 반복적으로 들으며, 나에게 맞는 스토리를 만들어 보세요. ※ 녹음은 경우 성별에 따라 성, 수가 다를 수 있습니다. 자신의 성별에 맞게 바꿔서 연습해 보세요.

5. Continuerà a lavorare in questa azienda? 당신은 이 회사에서 계속 일할 것인가요?

① 계속 일할 수 있다면 좋지만, 확실하지 않습니다.

Sarebbe* bello continuare a lavorare, ma non è sicuro.

② 아뇨, 곧 이직을 할 예정입니다. 저희 회사의 미래가 불투명하기 때문입니다.

No, cambierò lavoro presto perché il futuro della mia azienda è incerto.

* essere 동사의 조건법 현재형입니다. 매우 불확실한 사실에 대해 말할 때 조건법을 사용하기도 합니다.

191-193p. 중급 문법 참고

6. Quali sono i Suoi obiettivi futuri? 당신의 미래 목표는 무엇인가요?

① 4개국어를 구사하는 것입니다. 현재 한국어, 영어, 이탈리아어가 가능하며 추후 스페인어도 공부할 예정입니다.

È parlare quattro lingue. Adesso parlo coreano, inglese e italiano, e in futuro studierò anche lo spagnolo.

② 유럽의 모든 국가를 여행하는 것입니다.

È viaggiare in tutti i paesi europei.

7. Cosa starà facendo* tra dieci anni? 당신은 10년 뒤에 무엇을 하고 있을까요?

① 아마 지금처럼 회사에서 일을 하고 있을 것 같습니다.

Probabilmente starò lavorando nell'azienda come adesso.

② 아마 퇴직을 하여 가족들과 함께 자유롭게 여행을 다니고 있을 것 같습니다.

Probabilmente sarò in pensione e viaggerò liberamente con la mia famiglia.

* 「stare+제룬디오」(-ando/-endo) 진행형 : stare의 시제에 따라 현재/과거/미래 진행이 될 수 있습니다.

8. Cosa farà dopo aver finito l'esame oggi? 당신은 오늘 시험이 끝나고 나서 무엇을 할 것인가요?

① 근무시간 중 나와서 시험을 보고 있습니다. 회사로 돌아가야 합니다.

Sto facendo l'esame durante l'orario di lavoro, devo tornare in ufficio.

② 집에 가서 쉴 것입니다.

Andrò a casa a riposarmi.

미래 및 목표 | 이탈리아 체류 계획 : 혼자

녹음은 경우 성별에 따라 성, 수가 다를 수 있습니다. 자신의 성별에 맞게 바꿔서 연습해 보세요.  10-5

L'anno prossimo partirò per un viaggio in Italia. Viaggerò per un mese da solo in libertà. Gusterò tante deliziose paste e pizze vendute localmente in Italia. Inoltre, intendo approfondire lo studio del caffè e frequentare un corso per diventare barista. Essendo un viaggio che ho sognato per molto tempo, sono molto entusiasta.

저는 내년에 이탈리아로 여행을 떠날 것입니다. 한 달 동안 혼자 자유롭게 여행을 할 것입니다. 이탈리아 현지에서 파는 맛있는 파스타, 피자를 마음껏 먹을 것입니다. 더 나아가 커피에 대한 공부까지 하여 바리스타 교육 과정까지 들으려고 합니다. 오랜 기간 꿈꿔왔던 여행이기 때문에 매우 기대됩니다.

---

* 시간을 나타내는 부사

L'anno prossimo partirò per un viaggio in Italia.
→ 'L'anno prossimo(내년에)'는 '~에'로 해석되지만, 전치사 a를 사용하지 않습니다. 시점을 나타내는 단어는 별도 전치사를 사용하지 않는 경우가 많습니다.
  Incontro mio figlio la sera. 저는 제 아들을 밤에 만납니다.
  Lei viene il 3 agosto. 그녀는 8월 3일에 옵니다.

* Essendo un viaggio che ho sognato per molto tempo [...]
① 관계대명사 : Poiché è un viaggio+ho sognato un viaggio per molto tempo
              Poiché è un viaggio che ho sognato per molto tempo
② 제룬디오 : Poiché è (→ Essendo) un viaggio che ho sognato per molto tempo

---

새단어

- libertà 자유
  (in libertà 자유 안에서 → 자유롭게)
- gustare ~을 맛보다
- venduto 팔린 (cf. vendere ~을 팔다)
- locale a. 장소의
  (local+mente → localmente 현지에서)
- inoltre avv. 더 나아가
- intendere ~을 의도하다
- approfondire ~을 심화하다/깊게 하다 (-isc)
- entusiasta a. 열정적인
  (형용사 수 일치하지 않음, 복수형은 entusiaste)

만들어 보세요! 나에게 맞는 스토리로 만들어 외워 보세요.

① 출발일 partirò per un viaggio in Italia. Viaggerò per ② 체류 기간 여행 방식 . Gusterò tante deliziose ② 음식 vendute localmente in Italia. Inoltre, intendo ③ 이탈리아에서 하고 싶은 것 . Essendo un viaggio che ho sognato per molto tempo, sono molto entusiasta.

저는 ① 이탈리아로 여행을 떠날 것입니다. 동안 ① 여행을 할 것입니다. 이탈리아 현지에서 파는 ② 마음껏 먹을 것입니다. 더 나아가 ③ . 오랜 기간 꿈꿔왔던 여행이기 때문에 매우 기대됩니다.

패턴별 다른 표현들 — 나에게 맞는 표현을 찾아 위의 문장에 대입시켜 보세요.

① 여행 방식	패키지여행으로 남자친구/여자친구와 함께	con il mio fidanzato/la mia fidanzata con un pacchetto viaggio
	배낭여행으로 친구들과 함께	zaino in spalla con i miei amici
	한 도시에서만 오래 머무르며	restando a lungo in una sola città
② 음식	와인, 맥주, 증류주 같은 술	bevande alcoliche come vino, birra e liquori
	칸놀로, 스폴리아텔라 같은 남부 이탈리아 디저트	dolci del sud Italia come cannoli e sfogliatella
	살라미, 프로슈토 같은 고기	carni come salame e prosciutto (di Parma)
③ 이탈리아에서 하고 싶은 것	다양한 유적지들을 방문하다	visitare diversi siti storici
	아름다운 바다에서 편안하게 쉬다	rilassarmi sulle splendide spiagge
	요리 공부를 위해 단기 코스를 다니다	frequentare un corso breve per studiare cucina

cannollo

sfogliatella

salame

prosciutto

* 〈부록〉 기초 어휘를 활용해 다양한 표현을 만들어 보세요.

꼬리물기 | 이탈리아 체류 계획 : 혼자

1. Quando inizia e finisce la Sua vacanza estiva? 당신의 여름휴가는 언제부터 언제까지인가요?

① 제 여름휴가는 8월 1일부터 일주일입니다.

Le mie vacanze estive sono dal 1° agosto per una settimana.

② 아직 정하지 않았습니다. 대부분 8월에 여름휴가를 쓰지만 저는 그 달에 업무가 많아서 한가한 겨울에 휴가를 보낼 것입니다.

Non ho ancora deciso. La maggior parte delle persone prende le vacanze ad agosto, ma siccome ho molto lavoro in quel mese, farò le vacanze in inverno, quando ho meno impegni.

2. Quando sono le vacanze estive in Corea? 한국의 여름휴가는 언제인가요?

① 8월입니다. 하지만 이탈리아처럼 한 달이나 쉬지는 못합니다.

È agosto, ma non possiamo prenderci un mese intero come in Italia.

② 7~8월 사이에 많이 쉬는 것 같습니다. 대부분 휴가를 자신의 일정에 맞춰 결정합니다.

Sembra che molte persone si prendano una pausa tra luglio e agosto. La maggior parte decide le proprie vacanze in base ai propri impegni.

3. Dove andrà durante queste vacanze estive? 당신은 이번 여름휴가 때 어디를 갈 것인가요?

① 한국의 서해 바다에 놀러 가려고 합니다. 서울에서 가까우면서도 놀 거리가 많습니다.

Vorrei andare al mare giallo della Corea. È vicino a Seul e ci sono molte cose da fare.

② 베트남에 가려고 합니다. 하노이에서 맛있는 음식을 먹고 해안 도시 냐짱에서 아름다운 바다를 보고 올 것입니다.

Andrò in Vietnam. Mangerò del buon cibo ad Hanoi e poi andrò a Nha Trang, una città costiera, per ammirare il bellissimo mare.

꼬리물기는 자주 출제되는 질문에 대한 모범답변을 제시해 주는 코너입니다. 녹음을 통해 질문이 익숙해질 수 있도록 반복적으로 들으며, 나에게 맞는 스토리를 만들어 보세요. ※ 녹음은 성우 성별에 따라 성, 수가 다를 수 있습니다. 자신의 성별에 맞게 바꿔서 연습해 보세요.

4. Cosa farà questo Natale? 당신은 이번 크리스마스 때 무엇을 할 것인가요?

① 가족들과 멋진 식당에서 저녁 식사를 할 것입니다.

Cenerò con la mia famiglia in un bel ristorante.

② 아마도 여자친구/남자친구와 데이트를 하며 시간을 보낼 것 같습니다.

Forse trascorrerò del tempo uscendo con la mia ragazza/il mio ragazzo.

5. Quando è il Suo compleanno? (Se non è ancora passato) Cosa ha intenzione di fare? 당신의 생일이 언제인가요? (생일이 지나지 않았다면) 무엇을 할 예정인가요?

① 제 생일은 5월 15일입니다. 생일에 친구들과 호텔에서 파티를 열고 싶습니다.

Il mio compleanno è il 15 maggio. Organizzerò una festa in hotel con i miei amici.

② 제 생일은 12월 29일입니다. 아직 6달 남았습니다. 가족들과 케이크를 먹으며 축하할 것입니다.

Il mio compleanno è il 29 dicembre. Mancano ancora sei mesi. Festeggerò con la mia famiglia mangiando una torta.

6. Cosa vorrebbe fare per prima cosa se andasse in Italia?*

당신은 이탈리아에 간다면 무엇을 가장 먼저 해보고 싶나요?

① 스페인 광장에서 오드리 헵번처럼 아이스크림을 먹어보고 싶습니다.

Vorrei mangiare un gelato in Piazza di Spagna, come Audrey Hepburn.

② '냉정과 열정 사이' 영화에 나온 피렌체 두오모 정상에 올라가 보고 싶습니다.

Vorrei salire in cima al Duomo di Firenze, come nel film "Calmi cuori appassionati".

* **이탈리아어 가정법** (se : 만약 ~라면)

① 실현 확률 ↑	se + 현재, 현재/미래	Se piove fuori, prendi un ombrello. 만약 밖에 비가 온다면, 우산을 들고 가거라.
② 실현 확률 ↓	se + 접속법 반과거, 조건법 현재	Se piovesse fuori, prenderesti un ombrello. 만약 밖에 비가 온다면, 너는 우산을 들고 갈 텐데.
③ 실현 확률 0	se + 접속법 대과거, 조건법 과거	Se avesse piovuto fuori, avresti preso un ombrello. 만약 밖에 비가 왔었다면, 너는 우산을 들고 갔었을 텐데.

② '내가 만약 너라면, 내가 만약 새라면'과 같이 실현 확률이 매우 낮은 상황에 대해 서술할 때 사용합니다.
③ 이미 과거에 완료된 사건을 반대로 가정하는 것이므로 타임머신을 타고 가지 않는 한 실현될 수 없는 가정입니다.

191-201p. 중급 문법: 조건법 현재, 접속법 반과거 참고

꼬리물기 | 이탈리아 체류 계획 : 혼자

② 실현 확률 ↓ : se+접속법 반과거, 조건법 현재

〈접속법 반과거와 조건법 현재 형태 : 규칙 동사〉

	접속법 반과거 Congiuntivo Imperfetto			조건법 현재 Condizionale Presente		
	studiare	prendere	dormire	studiare	prendere	dormire
io	studiassi	prendessi	dormissi	studierei	prenderei	dormirei
tu	studiassi	prendessi	dormissi	studieresti	prenderesti	dormiresti
lui/lei/Lei	studiasse	prendesse	dormisse	studierebbe	prenderebbe	dormirebbe
noi	studiassimo	prendessimo	dormissimo	studieremmo	prenderemmo	dormiremmo
voi	studiaste	prendeste	dormiste	studiereste	prendereste	dormireste
loro	studiassero	prendessero	dormissero	studierebbero	prenderebbero	dormirebbero

Se (io) avessi più tempo, leggerei più libri. (avere, leggere)
내게 시간이 더 있다면, 책을 더 많이 읽을 텐데.   → 내가 책을 읽을 확률 낮음

Se (io) parlassi italiano meglio, viaggerei da sola. (parlare, viaggiare)
내가 이탈리아어를 더 잘한다면, 혼자 여행할 텐데.   → 내가 여행할 확률 낮음

Se (tu) mi chiedessi aiuto, ti aiuterei volentieri. (chiedere, aiutare)
네가 나에게 도움을 요청한다면, 기꺼이 도울 텐데.   → 네가 도움을 받을 확률 낮음

③ 실현 확률 0 : se+접속법 대과거, 조건법 과거

접속법 대과거	essere/avere 접속법 반과거	과거분사
조건법 과거	essere/avere 조건법 현재	

〈접속법 반과거와 조건법 현재 형태 : essere와 avere〉

	접속법 반과거		조건법 현재	
	essere	avere	essere	avere
io	fossi	avessi	sarei	avrei
tu	fossi	avessi	saresti	avresti
lui/lei/Lei	fosse	avesse	sarebbe	avrebbe
noi	fossimo	avessimo	saremmo	avremmo
voi	foste	aveste	sareste	avreste
loro	fossero	avessero	sarebbero	avrebbero

Se (io) avessi avuto più tempo, avrei letto più libri. (avere, leggere)
내게 시간이 더 있었다면, 책을 더 많이 읽었을 텐데.   → 책을 읽지 않았음

Se (io) avessi parlato italiano meglio, avrei viaggiato da sola. (parlare, viaggiare)
내가 이탈리아어를 더 잘했다면, 혼자 여행했을 텐데.   → 여행하지 않았음

Se (tu) mi avessi chiesto aiuto, ti avrei aiutato volentieri. (chiedere, aiutare)
네가 나에게 도움을 요청했다면, 기꺼이 도왔을 텐데.   → 도움을 받지 않았음

꼬리물기는 자주 출제되는 질문에 대한 모범답변을 제시해 주는 코너입니다. 녹음을 통해 질문이 익숙해질 수 있도록 반복적으로 들으며, 나에게 맞는 스토리를 만들어 보세요. ※ 녹음은 성우 성별에 따라 성, 수가 다를 수 있습니다. 자신의 성별에 맞게 바꿔서 연습해 보세요.

7. Quando andrà in Italia e per quanto tempo resterà?
당신은 이탈리아에는 언제 가서 얼마나 있을 예정인가요?

① 이탈리아는 내년에 갈 것입니다. 이번에 가면 5년 이상 장기간 머물 예정입니다.

Andrò in Italia il prossimo anno. Questa volta prevedo di restare per un periodo lungo, più di cinque anni.

② 이탈리아는 올해 안에 갈 것입니다. 이탈리아는 2주만 있고 스위스, 프랑스에도 방문하여 3주 후에 한국에 올 예정입니다.

Andrò in Italia entro quest'anno. Sarò in Italia solo per due settimane e poi visiterò anche la Svizzera e la Francia. Prevedo di tornare in Corea dopo tre settimane.

8. (Se è già stato in Italia) Pensa di tornare in Italia in futuro?
(이미 다녀왔다면) 당신은 앞으로 또 이탈리아에 갈 것인가요?

① 또 가고 싶지만, 현재로선 앞으로 갈 계획이 없습니다.

Mi piacerebbe andare di nuovo, ma al momento non ho piani futuri.

② 네, 아마 일 때문에 자주 갈 것 같습니다.

Sì, forse ci andrò spesso per motivi di lavoro.

 **학습 더하기**

● 단순 미래

미래에 일어날 사건에 대해 말할 때 사용합니다. 물론 현재가 미래를 대신하여 일상 회화에서는 가까운 미래사건은 현재 시제로 이야기하기도 합니다. 하지만 시험, 비즈니스 상황과 같은 공식 석상에서는 미래형을 쓰는 것이 더 좋습니다. 또한 '~할 거야'와 같은 강한 의지를 나타낼 때에도 미래형을 사용합니다.

(1) 규칙 동사

	frequentare	prendere	partire	finire
io	frequenterò	prenderò	partirò	finirò
tu	frequenterai	prenderai	partirai	finirai
lui/lei/Lei	frequenterà	prenderà	partirà	finirà
noi	frequenteremo	prenderemo	partiremo	finiremo
voi	frequenterete	prenderete	partirete	finirete
loro	frequenteranno	prenderanno	partiranno	finiranno

Prenderò una pausa dopo l'esame per rilassarmi. 저는 시험 후 쉬기 위해 휴식을 취할 것입니다.

Partirò per l'Italia tra 3 mesi. 저는 3개월 후에 이탈리아로 떠날 것입니다.

Finirò di lavorare alle sei. 저는 6시에 일을 끝낼 것입니다.

Cercherò di imparare l'italiano meglio. 저는 이탈리아어를 잘 배우려고 노력할 것입니다.

(2) 불규칙 동사

	essere	avere	fare	andare	venire	vivere
io	sarò	avrò	farò	andrò	verrò	vivrò
tu	sarai	avrai	farai	andrai	verrai	vivrai
lui/lei/Lei	sarà	avrà	farà	andrà	verrà	vivrà
noi	saremo	avremo	faremo	andremo	verremo	vivremo
voi	sarete	avrete	farete	andrete	verrete	vivrete
loro	saranno	avranno	faranno	andranno	verranno	vivranno

Farò del mio meglio. 저는 최선을 다하겠습니다.

Avrò una riunione al pomeriggio. 저는 오후에 회의가 있을 것입니다.

Andrà tutto bene. 모두 잘 될 것입니다.

Vivrò in Italia per un anno. 저는 이탈리아에서 1년 동안 살 것입니다.

(3) 조동사

	potere	dovere	volere
io	potrò	dovrò	vorrò
tu	potrai	dovrai	vorrai
lui/lei/Lei	potrà	dovrà	vorrà
noi	potremo	dovremo	vorremo
voi	potrete	dovrete	vorrete
loro	potranno	dovranno	vorranno

Potrò finalmente riposarmi dopo l'esame. 저는 시험 후에 드디어 쉴 수 있을 것입니다.

Dovrò studiare molto per l'esame. 저는 시험을 위해 열심히 공부해야 할 것입니다.

Mio figlio **vorrà** andare in vacanza al mare. 제 아들은 바다로 휴가를 가고 싶어 할 것입니다.

● 다양한 시제

현재 presente	단순 시제*	직설법 현재	Io studio	현재 상태
	복합 시제	직설법 근과거	Io ho studiato.	과거 완료
비완료 과거 imperfetto	단순 시제	비완료 과거	Io studiavo.	과거 상태, 과거 진행
	복합 시제	대과거	Io avevo studiato.	과거 속 과거
미래 futuro	단순 시제	단순 미래	Io studierò.	미래, 강한 의지
	복합 시제	선립 미래	Io avrò studiato.	미래 속 과거
조건법 condizionale	단순 시제	조건법 현재	Io studierei	불확실, 겸손
	복합 시제	조건법 과거	Io avrei studiato	과거 속 미래
접속법 congiuntivo	단순 시제	접속법 현재	Penso che tu studi.	현재 주관 문장의 현재 복문
	복합 시제	접속법 과거	Penso che tu abbia studiato.	현재 주관 문장의 과거 복문
접속법 반과거 cogiuntivo imperfetto	단순 시제	접속법 반과거	Pensavo che tu studiassi.	과거 주관 문장의 과거 복문
	복합 시제	접속법 대과거	Pensavo che tu avessi studiato.	과거 주관 문장의 대과거 복문
원과거 passato remoto	단순 시제	원과거	Io studiai.	역사, 소설의 과거
	복합 시제	선립 과거	Io ebbi studiato.	역사, 소설의 과거

* avere/essere가 선행하지 않는 다면 단순 시제, 「avere/essere+과거분사」 형태를 취하면 복합 시제로 구분할 수 있습니다.

IM-IH

일정 수준 이상의 대화가 가능하다고 판단되면, 약 15~20분 후에 사회 문제가 주어진다는 고지 후 돌발 질문을 합니다. 출제 빈도 높은 질문으로는 사회 문제 관련 질문과 최근 많은 관심을 받은 세계적 이슈들이므로, 갑작스러운 질문에 당황하지 않도록 출제 빈도 높은 사회적 주제들로 미리 준비해 보세요.

돌발 질문
예상 문답 7

회화
----
(1) 경제 문제
(2) 환경 및 자원 문제
(3) 저출산 문제
(4) 국제 문제
(5) 교육 문제
(6) SNS 문제
(7) 캥거루족 문제

중급 문법
----
(1) 서법 (Modo)
(2) 조건법 (Condizionale)
(3) 접속법 (Congiuntivo)
(4) 접속사 (Congiunzione)

(1) 경제 문제

녹음은 성우 성별에 따라 성, 수가 다를 수 있습니다.
자신의 성별에 맞게 바꿔서 연습해 보세요.

질문

🎤 Con l'aumento del numero di pensionati, il peso delle pensioni sta crescendo. Come ci si prepara alla vecchiaia in Corea?

퇴직자 수가 증가함에 따라 연금의 부담이 커지고 있습니다. 한국에서는 노후를 어떻게 준비하나요?

답변

In Corea, si versa circa il 4,5% del reddito come contributo per la pensione. Pertanto, l'importo della pensione è molto basso rispetto all'Europa, il che rende grave il problema della povertà tra gli anziani in Corea. Per prepararsi a un futuro così incerto, tanti coreani sono molto interessati a immobili, azioni, bitcoin e simili. Anche se la pensione garantisce stabilità nella vecchiaia, molti sono contrari all'aumento dei contributi a causa del basso rendimento.

한국에서는 소득에서 약 4.5%를 연금 보험료로 납입합니다. 따라서 유럽에 비해 연금 지급액이 매우 낮아 한국은 노인 빈곤 문제가 심각합니다. 이와 같은 불안정한 미래를 대비하기 위해 대다수 한국인들은 부동산, 주식, 비트코인 등에 큰 관심을 갖는 편입니다. 연금은 노후 안정성이 보장되지만 수익률이 낮아 증액에 반대하는 사람들이 많습니다.

---

* 비인칭 si 153p. 참고

Come ci si prepara alla vecchiaia in Corea? *(일반적으로)* 한국에서는 노후 대비를 어떻게 하나요?

「si+3인칭 단수 or 3인칭 복수 인칭 동사」: 재귀동사에 비인칭 si를 적용하면, 재귀대명사 si와 비인칭 si가 중복되어 'si si prepara' 처럼 si가 2번 반복됩니다. 이를 피하기 위해 앞의 si를 ci로 바꾸어 'ci si prepara'로 사용합니다.

새단어

- aumento 증가
- pensionato *n.p.* 연금 수령인
- peso 무거움
- crescere (주어)가 증가하다
- versarsi di ~ ~을 붓다
- circa *avv.* 대략
- reddito 소득
- contributo 공헌, 세금
- pensione *s.f.* 연금
- pertanto 그러므로
- importo 금액

- basso *a.* 낮은, *s.m.* 낮음
- rispetto a ~ ~에 비하여
- Europa 유럽
- rendere+형용사 ~하게 만들다
- grave *a.* 심각한
- povertà 가난함
- anziano 노인
- vecchiaia 노년
- prepararsi a ~ ~을 대비하다
- futuro 미래
- incerto *a.* 불확실한

- essere interessato a ~ ~에 관심을 갖다
- immobile *s.m.* 부동산, *a.* 부동산의
- azione *s.f.* 주식, 행동
- simile *a.* 비슷한
- anche se+문장 비록 ~일지라도
- garantire (-isc) ~을 보장하다
- stabilità 안정성
- essere contrario a ~ ~에 반대하다
- a causa di ~ ~로 인해
- rendimento 수익

(2) 환경 및 자원 문제

녹음은 성우 성별에 따라 성, 수가 다를 수 있습니다.
자신의 성별에 맞게 바꿔서 연습해 보세요. 🎧 11-2

질문

Il problema del cambiamento climatico è grave a livello globale. Come dovremmo rispondere a questo?

전 세계적으로 기후 변화에 대한 문제가 심각합니다. 이에 어떻게 대응해야 할까요?

답변

In Corea, anche noi registriamo temperature record ogni estate. Considerando questo, penso che sia assolutamente necessario prepararsi al cambiamento climatico. Lo Stato deve continuare a investire nella ricerca sulle energie rinnovabili, e i cittadini devono ridurre i consumi inutili. Personalmente, mi impegno a separare correttamente la plastica e la carta riciclabile.

한국 역시 여름마다 최고 기온을 기록합니다. 이를 보며 반드시 기후 변화에 대비를 해야 할 필요가 있다는 생각이 듭니다. 국가에서는 재생 에너지 관련 연구를 계속해야 하고, 시민들은 불필요한 소비를 줄여 나가야 합니다. 제 개인적으로는 재활용할 수 있는 플라스틱과 종이를 잘 분리수거하여 버리고 있습니다.

* -urre로 끝나는 동사, -ngo로 변형되는 불규칙 동사

	ridurre (~을 줄이다)	produrre (~을 생산하다)	porre (~을 두다)	proporre (~을 제안하다)	rimanere (~에 남다)	salire (~에 오르다)
io	riduco	produco	pongo	propongo	rimango	salgo
tu	riduci	produci	poni	proponi	rimani	sali
lui/lei/Lei	riduce	produce	pone	propone	rimane	sale
noi	riduciamo	produciamo	poniamo	proponiamo	rimaniamo	saliamo
voi	riducete	producete	ponete	proponete	rimanete	salite
loro	riducono	producono	pongono	propongono	rimangono	salgono

새단어

- cambiamento 변화
- climatico 기후의
- a livello globale 전 세계적으로
- rispondere a ~ ~에게 대답하다
- registrare ~을 기록하다
- temperatura 온도
- record *s.m.* 신기록
- estate *s.f.* 여름
- considerare ~을 고려하다
- pensare ~을 생각하다

- assolutamente *avv.* 절대적으로
- necessario 필요한
- Stato 국가, 상태
- continuare a ~ ~하는 것을 계속하다
- investire in ~ ~에 투자하다
- ricerca su ~ ~에 대한 연구
- energia 에너지
- rinnovabile *a.* 다시 사용할 수 있는
- cittadino 시민
- ridurre ~을 줄이다

- consumo 소비
- inutile *a.* 불필요한
- personalmente *avv.* 개인적으로
- impegnarsi a ~ ~하는 데 힘쓰다
- separare ~을 나누다
- correttamente *avv.* 정확하게
- plastica 플라스틱
- carta 종이
- riciclabile *a.* 재활용할 수 있는

(3) 저출산 문제

녹음은 성우 성별에 따라 성, 수가 다를 수 있습니다.
자신의 성별에 맞게 바꿔서 연습해 보세요.

질문

Parliamo del problema della bassa natalità? Il tasso di natalità nei paesi dell'OCSE continua a diminuire. Quali potrebbero essere le cause di questo fenomeno?

저출산 문제에 대해 이야기해 볼까요? OECD 국가들의 출산율이 계속해서 낮아지고 있습니다. 이에 대한 원인이 무엇일까요?

답변

Anche la Corea ha registrato il tasso più basso tra i paesi dell'OCSE nel 2023, con 0,78 nascite per donna. Si prevede che i coreani nati dopo il 2010 dovranno affrontare gravi problemi di sostegno agli anziani. Le cause sono varie, ma guardando ai casi intorno a me, sembra che il costo per crescere un figlio sia troppo alto. Oltre ai costi di beni di prima necessità come cibo e vestiti, penso che i motivi siano le elevate spese per le lezioni private, le tasse universitarie e, ancora di più, il prezzo elevato delle case.

한국 역시 2023년에 0.78명으로 OECD 국가 중 최저치를 기록했습니다. 2010년생 이후의 한국인은 심각한 노인 부양 문제에 직면할 것이란 전망이 있습니다. 원인은 매우 다양하겠지만 제 주변 사례를 보면 일단 아이를 키우는데 비용이 너무 많이 들어간다고 합니다. 밥, 옷과 같은 생필품 비용 외에도 높은 학원비와 대학교 학비 더 나아가 높은 집값이 원인이라고 생각합니다.

새단어

- natalità 출산율
- tasso 비율
- paese *s.m.* 국가
- OCSE 경제협력개발기구, OECD
  (Organizzazione per la Cooperazione e lo Sviluppo Economico의 약자)
- continuare a ~ ~하는 것을 계속하다
- diminuire ~을 감소시키다
- fenomeno 현상
- nascita 탄생
- donna 여성
- prevedere ~을 예상하다
- nato 태어난
- sostegno 지지대, 지원
- intorno a ~ ~ 주위에
- sembrare ~인 것 같다
- costo 비용
- troppo *avv.* 지나치게
- alto 높은
- oltre a ~ ~을 넘어
- beni di prima necessità 생필품
- cibo 음식
- vestito 옷
- elevato 높은
- spesa 비용
- tassa 요금
- universitario 대학교의
- ancora di più 더 나아가

(4) 국제 문제

녹음은 성우 성별에 따라 성, 수가 다를 수 있습니다.
자신의 성별에 맞게 바꿔서 연습해 보세요.

 11-4

질문

 Quali sono le cause e le soluzioni per il recente conflitto in Israele?

최근 이스라엘 전쟁의 원인과 해결 방안은 무엇이라고 생각하나요?

답변

Il conflitto tra Israele e Palestina è complesso a causa di differenze storiche, territoriali, politiche e religiose. Per risolverlo, è necessario il sostegno economico e lo sviluppo della regione palestinese. Anche il ruolo imparziale della comunità internazionale è importante. Potremmo mitigare il conflitto attraverso rispetto e cooperazione reciproci.

이스라엘-팔레스타인 갈등은 역사적, 영토적, 정치적, 종교적 차이로 인해 복잡하게 얽혀 있습니다. 해결 방안으로는 팔레스타인 지역의 경제적 지원과 개발이 필요합니다. 국제 사회의 공정한 중재와 지원도 중요한 역할을 합니다. 상호 존중과 협력을 통해 갈등을 완화할 수 있을 것입니다.

새단어

- causa 원인
- soluzione *s.f.* 해결책
- recente *a.* 최근의
- conflitto 싸움
- Israele *s.m.* 이스라엘
- Palestina 팔레스타인
- complesso 복잡한
- a causa di ~ ~때문에
- differenza 차이
- storico *a.* 역사의, *s.m.* 역사가
- territoriale *a.* 영토의
- politico *a.* 정치의, *s.m.* 정치가
- religioso *a.* 종교의, *s.m.* 종교인
- risolvere ~을 해결하다
- essere necessario (주어를) 필요로 하다
- sostegno 지원
- regione *s.f.* 지역
- palestinese *a.* 팔레스타인의, *n.p.* 팔레스타인 사람
- ruolo 역할
- imparziale *a.* 공정한
- comunità 공동체
- internazionale *a.* 국제의
- mitigare ~을 완화시키다
- attraverso *prep.* ~을 통해
- rispetto 존중
- cooperazione *s.f.* 협력
- reciproco 상호의

(5) 교육 문제

녹음은 경우 성별에 따라 성, 수가 다를 수 있습니다.
자신의 성별에 맞게 바꿔서 연습해 보세요.

질문

 Potrebbe parlarmi del sistema educativo in Corea?

한국의 교육 시스템에 대해 이야기해 주시겠어요?

답변

La cultura educativa in Corea è altamente competitiva e il mercato delle lezioni private è molto attivo. Gli studenti passano molte ore a studiare e subiscono forti pressioni in un sistema educativo concentrato sull'esame di ammissione all'università che si chiama 'Suneung'. I genitori tendono a spendere molto denaro per l'istruzione. Tuttavia, questo ambiente competitivo può causare ansia emotiva negli studenti, quindi recentemente si è introdotto un curriculum che valorizza la creatività e la felicità.

한국의 교육 문화는 매우 경쟁적이며 사교육 시장이 활발합니다. 학생들은 공부하며 긴 시간을 보내고, '수능'이라 불리는 입시 중심의 교육 시스템에서 큰 스트레스를 받습니다. 부모들은 교육에 돈을 많이 쓰는 편입니다. 그러나 이러한 경쟁적 환경은 학생들의 정서적 불안감을 초래할 수 있어, 최근에는 창의성과 행복에 가치를 두는 교육과정 도입을 시도하고 있습니다.

새단어

- sistema educativo 교육 시스템 (cf. educativo 교육의)
- altamente avv. 높게
- competitivo 경쟁의
- mercato 시장
- lezione privata 개인 교습
- attivo 활발한
- passare ~을 보내다
- ora 시간
- subire ~을 받다, 인내하다
- forte a. 강한
- pressione s.f. 압력
- concentrato su ~ ~에 집중한
- esame s.m. 시험
- ammissione s.f. 입학, 허가
- chiamarsi (주어를) ~라 부르다
- tendere ~을 펼치다 (cf. tendere a+동사원형 : ~하는 경향이 있다)
- spendere ~을 소비하다
- denaro 돈
- ambiente s.m. 환경
- causare (직접목적어의) 원인이 되다
- ansia 불안, 걱정
- emotivo 감정의, 감동적인
- recentemente avv. 최근에
- introdurre ~을 소개하다
- curriculum s.m. 이력서
- valorizzare ~에 가치를 매기다
- creatività 창의력
- felicità 행복

(6) SNS 문제

녹음은 성우 성별에 따라 성, 수가 다를 수 있습니다.
자신의 성별에 맞게 바꿔서 연습해 보세요.

 11-6

질문

 Usa spesso i social network? In generale, ha un'opinione positiva sui social network?

당신은 SNS를 자주 사용하나요? 평소 SNS에 대해 긍정적으로 생각하나요?

답변

Sì, uso spesso i social network, in particolare Instagram. Sono utili perché posso ottenere facilmente notizie aggiornate e informazioni per studiare la storia e la lingua italiana. Tuttavia, se si condivide troppo spesso la propria vita privata, può sorgere il problema della violazione della privacy. Inoltre, a volte si può finire per sprecare tempo a guardare i social network durante il tempo libero. Penso che un uso limitato e ben controllato dei social network possa essere utile.

네, 저는 SNS 중 인스타그램을 특히 사용하는 편입니다. SNS에서 최신 뉴스나 이탈리아어 역사 및 언어 공부 정보를 쉽게 얻을 수 있어서 유용합니다. 그러나 개인 생활을 지나치게 자주 공개한다면 사생활 침해 문제가 발생할 수 있습니다. 또한 여유 시간 내내 SNS를 보며 시간을 낭비하기도 합니다. 정해진 시간에 적당한 SNS 활동은 도움이 될 수 있다고 생각합니다.

새단어

- usare ~을 사용하다
- spesso *avv.* 자주
- in particolare 특히
- utile *a.* 유용한
- ottenere ~을 얻다
  (불규칙 변형 : ottengo-ottieni-ottiene-otteniamo-ottenete-ottengono)
- facilmente *avv.* 쉽게
- notizia 소식
- aggiornato 업데이트된
- condividere ~을 공유하다
- proprio *a.* 자신의, *s.m.* 자신의 소유
- privato 사적인
- sorgere (주어)가 솟아오르다
- violazione della privacy 사생활 침해
- a volte 가끔씩
- sprecare ~을 낭비하다
- uso 사용
- limitato 제한된
- ben 잘 (= bene)
- controllato 검사된

(7) 캥거루족 문제

녹음은 성우 성별에 따라 성, 수가 다를 수 있습니다.
자신의 성별에 맞게 바꿔서 연습해 보세요.

 11-7

질문

In Italia, sempre più persone non si distaccano dai genitori nemmeno da adulti. Ho sentito dire che la situazione è simile anche in Corea.

이탈리아에서는 성인이 되어서도 부모로부터 독립하지 않는 사람들이 많아지고 있습니다. 한국도 비슷하다고 들었습니다.

답변

È vero. Se si vive da soli, l'aumento del costo della vita rende le spese molto elevate e gli affitti delle case in città sono molto costosi. Per risparmiare, molte persone scelgono di vivere con i genitori. Inoltre, trovare lavoro è diventato molto difficile, e i tempi per trovare un'occupazione dopo la laurea si sono allungati. Vivere con i genitori da adulti non è un problema, ma penso che sia uno dei fenomeni sociali causati dal peggioramento delle condizioni economiche.

맞습니다. 혼자 살게 된다면 물가가 올라 생활비가 많이 올라가며 도심의 집 임대료는 매우 비쌉니다. 이를 아끼기 위해 부모님과 함께 생활하는 경우가 많습니다. 또한 취업이 매우 어려워져 대학 졸업 후 취업 준비 기간이 길어졌습니다. 성인이 된 자녀가 부모님과 함께 사는 것은 문제가 아니지만, 경제 악화로 인해 발생한 사회 현상 중 하나라고 생각합니다.

Se si vive da soli,

여기서 si는 '일반적인 사람들'을 의미하는 비인칭 si입니다. 'da solo'는 '혼자서'라는 의미를 가지며, 주체의 성과 수에 따라 'da solo/a/i/e'로 변형될 수 있습니다. 'si vive'에서 동사 vive는 3인칭 단수 형태를 취하고 있어 da solo/a가 될 것 같으나, 비인칭 si가 있는 경우 기본적으로 남성 복수로 취급해야 합니다. 이 표현은 '사람들이 혼자 살 때'라는 의미로 해석되며, 'da soli'는 일반적인 사람들을 가리키기 때문에 복수형으로 사용된 것입니다.

새단어

- distaccarsi da ~ ~로부터 분리하다
- adulto *n.p.* 성인
- sentire ~을 듣다
- dire ~을 말하다
- affitto 임대료, 임대
- costoso 비싼
- risparmiare ~을 절약하다
- persona 사람
- scegliere ~을 고르다
  (불규칙 변형 : scelgo-scegli-sceglie-scegliamo-scegliete-scelgono)
- vivere (주어)가 살다
- trovare ~을 찾다
- diventare ~가 되다
- difficile *a.* 어려운
- tempo 시간
- occupazione *s.f.* 점유, 고용
- laurea 학위
- allungarsi (주어)가 길어지다
- fenomeno 현상
- sociale *a.* 사회의
- causare (주어)의 원인이 되다
- peggioramento 악화
- condizione *s.f.* 상태
- economico 경제의, 저렴한

중급 문법

① 서법 (Modo)

서법은 화자의 생각이나 태도를 표현하는 문법적 방식입니다. 화자가 어떤 상황을 현실로 인식할 때는 '직설법'을 사용하고, 비현실적으로 인식할 때는 '접속법'을 사용합니다. 이탈리아어 문법에서 자주 접하는 '직설법 현재'와 '직설법 근과거'는 현실에서 이미 발생했거나(과거) 현재진행 중인 상황을 나타냅니다. 따라서 서법은 크게 '직설법'과 '접속법' 2가지로 구분할 수 있습니다.

현실	직설법
비현실	접속법

이탈리아어에는 '조건법'도 있습니다. 조건법은 특정 조건이 충족되어야 현실화될 수 있는 사건을 말할 때 사용합니다. 예를 들어, '내가 새라면, 날아갈 것이다.'라는 문장은 내가 새가 된다는 조건을 충족해야만 날아갈 수 있다는 의미를 내포하고 있습니다. 이처럼 조건이 충족되어야 실현 가능한 행위를 이탈리아어에서는 '조건법'으로 표현합니다. 이때 조건이 충족될 확률은 매우 낮은 경우가 많습니다. 현실성을 기준으로 볼 때 '조건법'은 직설법과 접속법 그 사이 어딘가에 위치한다고 볼 수 있습니다.

현실	직설법
조건이 충족되어야 현실화	조건법
비현실	접속법

② 조건법 (Condizionale)

(1) 조건 충족

① 규칙 동사

	lavorare	prendere	dormire	finire
io	lavorerei	prenderei	dormirei	finirei
tu	lavoreresti	prenderesti	dormiresti	finiresti
lui/lei/Lei	lavorerebbe	prenderebbe	dormirebbe	finirebbe
noi	lavoreremmo	prenderemmo	dormiremmo	finiremmo
voi	lavorereste	prendereste	dormireste	finireste
loro	lavorerebbero	prenderebbero	dormirebbero	finirebbero

Mangerei questa pizza, ma ho già cenato. 저는 이 피자를 먹고 싶지만, 이미 저녁을 먹었습니다.

* 이미 저녁을 먹지 않았다는 조건이 충족된다면, 피자를 먹을 것이다. → 먹을 확률 희박

Lavorerei nel Suo ufficio, ma sono occupato.
저는 당신의 사무실에서 일하고 싶지만, 저는 바쁩니다(취업했습니다).

* 바쁘지 않다는 조건이 충족된다면, 당신의 사무실에서 일 할 것이다. → 일할 확률 희박

Finirei questi lavori, ma devo andare a casa.
저는 이 일을 끝내고 싶지만, 집에 가야만 합니다.

* 집에 가지 않아도 된다는 조건이 충족된다면, 이 일을 끝낼 것이다. → 일을 끝낼 확률 희박

② 불규칙 동사

	avere	essere	fare	dare	dire	rimanere
io	avrei	sarei	farei	darei	direi	rimarrei
tu	avresti	saresti	faresti	daresti	diresti	rimarresti
lui/lei/Lei	avrebbe	sarebbe	farebbe	darebbe	direbbe	rimarrebbe
noi	avremmo	saremmo	faremmo	daremmo	diremmo	rimarremmo
voi	avreste	sareste	fareste	dareste	direste	rimarreste
loro	avrebbero	sarebbero	farebbero	darebbero	direbbero	rimarrebbero

Nel tuo caso, sarebbe difficile prendere una decisione.
내가 너라면, 결정을 내리는 것이 어려울 거야.

* 내가 네가 된다면, 결정을 내리는 것이 어려울 것이다.

③ 조동사

	dovere	potere	volere
io	dovrei	potrei	vorrei
tu	dovresti	potresti	vorresti
lui/lei/Lei	dovrebbe	potrebbe	vorrebbe
noi	dovremmo	potremmo	vorremmo
voi	dovreste	potreste	vorreste
loro	dovrebbero	potrebbero	vorrebbero

(2) 공손함 및 불확실

조건법은 특정 조건이 충족돼야 현실화될 수 있다는 의미 외에도 공손함과 불확실함을 표현하는 데 사용됩니다. 조동사를 직설법 현재시제로 사용할 경우, 듣는 이에 따라 표현이 다소 직선적이고 강하게 느껴질 수 있습니다. 반면, 조동사를 조건법으로 표현하면 상대방에게 더 부드럽고 공손한 느낌을 줄 수 있기 때문에 조건법은 대화에서 유연함과 예의를 더하는 데 효과적입니다.

Mi potrebbe aiutare? 저를 도와주실 수 있나요?

Vorrei un caffè normale. 에스프레소 한 잔 주세요. (직역 : 저는 보통 커피 한 잔을 원합니다.)

Dovresti studiare l'italiano di più. 너는 이탈리아어 공부를 좀 더 할 필요가 있어.

'forse, probabilmente'와 같이 '아마도'의 의미를 가진 불확실함을 나타내는 부사 및 부사구와 함께 조건법이 사용되기도 합니다.

Forse ci sarebbe un modo migliore per risolvere il problema.
아마도 문제를 해결할 더 좋은 방법이 있을 것입니다.　　　　→ 매우 불확실

Probabilmente avrebbe fame dopo un lungo viaggio.
긴 여행 후에는 아마 배가 고플 것입니다.　　　　→ 매우 불확실

❸ 접속법 (Congiuntivo)

이탈리아어에서 비현실을 나타내는 접속법은 특정 접속사 뒤에 나타납니다. 주의할 점은, 주절에서 주관을 나타내는 동사를 사용할 경우 접속사 che 이하의 종속절에서 접속법을 사용해야 한다는 것입니다. che 이하의 절이라고 해서 무조건 접속법을 사용하는 것은 아니므로, 주절의 본동사를 반드시 확인해야 합니다.

● 주절과 종속절

Penso che lei sia bella. 제가 생각하기에 그녀는 아름답습니다.

① (Io) Penso → 주절
② lei sia bella → 종속절 ▶ 이곳에서 접속법을 사용합니다.

● 주관을 나타내는 동사

여기서 주관을 나타낸다는 것은 현실이 아니며 주어가 100% 확신할 수 없는 경우입니다.

pensare	생각하다	sembrare	~일 것 같다
parere	생각하다, ~라 여기다	piacere	좋아하다
sperare	기대하다	essere necessario	~할 필요가 있다
credere	믿다	essere possibile	~할 가능성이 있다
volere	원하다	essere contento	~할 것에 만족하다

Penso che lei sia bella.
→ '제가 생각하기에 그녀는 아름답습니다.'와 같이 주절에 주관을 나타내는 동사(pensare)를 사용함과 동시에 접속사 che가 있다면 che 이하에 접속법을 사용해야 합니다.

• 주절의 본동사가 주관을 나타내야 한다. (주관을 나타내는 동사 위의 표)
• 접속사(che) 이하, 종속절에서 접속법을 사용한다.

(1) **접속법 현재** (Congiuntivo Presente)

① 규칙 동사

	aiutare	scrivere	coprire	pulire
io	aiuti	scriva	copra	pulisca
tu	aiuti	scriva	copra	pulisca
lui/lei/Lei	aiuti	scriva	copra	pulisca
noi	aiutiamo	scriviamo	copriamo	puliamo
voi	aiutiate	scriviate	copriate	puliate
loro	aiutino	scrivano	coprano	puliscano

② 불규칙 동사

	avere	essere	fare	dare	dire	rimanere
io	abbia	sia	faccia	dia	dica	rimanga
tu	abbia	sia	faccia	dia	dica	rimanga
lui/lei/Lei	abbia	sia	faccia	dia	dica	rimanga
noi	abbiamo	siamo	facciamo	diamo	diciamo	rimaniamo
voi	abbiate	siate	facciate	diate	diciate	rimaniate
loro	abbiano	siano	facciano	diano	dicano	rimangano

③ 조동사

	dovere	potere	volere
io	debba	possa	voglia
tu	debba	possa	voglia
lui/lei/Lei	debba	possa	voglia
noi	dobbiamo	possiamo	vogliamo
voi	dobbiate	possiate	vogliate
loro	debbano	possano	vogliano

Penso che (lui) **studi** molto per ottenere buoni risultati.
저는 그가 좋은 성적을 받기 위해 열심히 공부한다고 생각합니다.　　　　　[주절의 주어 : io ≠ 종속절의 주어 : lui]

 **학습 더하기⁺**

Penso che sia importante studiare una lingua straniera.
저는 외국어를 공부하는 것이 중요하다고 생각합니다.　　　[주절의 주어 : io ≠ 종속절의 주어 : studiare una lingua straniera]

Credo che (lei) **faccia** colazione ogni mattina.
저는 그녀가 매일 아침 식사를 한다고 믿습니다.　　　[주절의 주어 : io ≠ 종속절의 주어 : lei]

* 주절과 종속절의 주어가 같다면, 접속사 che가 아닌 전치사 「di+동사원형」입니다.
　Penso **di essere** bella. 저는 제가 아름답다 생각합니다.　　　[생각하는 사람 = 아름다운 사람 : 나]

※ 특정 접속사 뒤의 접속법
꼭 주절의 동사가 주관을 나타내지 않더라도 특정 접속사 뒤에 접속법을 사용하기도 합니다.

senza che	~을 제외하고	a meno che	~하지 않는다면
prima che	~보다 앞서	sebbene	~일지라도,
nonostante		benché	비록 ~하더라도, ~했지만
malgrado	~임에도 불구하고	affinché	~하게끔, ~하기 위하여
a condizione che	만일 ~라면	purché	~이라는 조건으로, 만약 ~이라면

Ti insegno **affinché** tu **superi** l'esame. 네가 시험에 통과하도록 내가 너를 가르친다.

Nonostante sia difficile, continuerò a studiare. 비록 어렵지만, 저는 계속 공부를 할 것입니다.

Non passerai l'esame **a meno che studi** molto.
네가 열심히 공부하지 않는 한, 시험에 합격하지 못할 것이다.

(2) 접속법 과거 (Congiuntivo Passato)

　　　　　　　　　　Penso che lei **sia** bella.
　　　　　　　　주절(pensare) : 현재　|　종속절(essere) : 현재

주절과 종속절 모두 같은 현재 시점에서 일어난다면 「직설법 현재+che+접속법 현재」입니다. 그러나 종속절이 주절보다 먼저 일어났다면 접속법 과거 시제를 사용해야 합니다.

　　　　　　　essere/avere 접속법 현재+과거분사

Penso che (lui) studi molto.

저는 그가 열심히 공부한다고 생각합니다. → 주절 : 현재, 종속절 : 현재

➡ Penso che abbia studiato molto.

저는 그가 열심히 공부했다고 생각합니다. → 주절 : 현재, 종속절 : 과거

Credo che (lei) arrivi in orario.

저는 그녀가 제시간에 도착한다고 믿습니다. → 주절 : 현재, 종속절 : 현재

➡ Credo che sia arrivata in orario.

저는 그녀가 제시간에 도착했다고 믿습니다. → 주절 : 현재, 종속절 : 과거

* 접속법 과거에서 주절과 종속절의 주어가 같다면, 「전치사 di+essere/avere 원형+과거분사」입니다.
  Penso di essere arrivato/a in orario. 저는 제가 제 시간에 도착했다고 생각합니다.

(3) 접속법 반과거 (Congiuntivo Imperfetto)

'Penso che lei sia bella.(제가 생각하기에 그녀는 아름답습니다.)'처럼, pensare 본동사가 현재 시제인 경우 외에 본동사가 직설법 근과거나 반과거와 같은 과거 시제일 때는 che 뒤에 접속법 현재가 아닌 접속법 반과거 시제를 사용해야 합니다.

① 규칙 동사

	aiutare	scrivere	coprire	pulire
io	aiutassi	scrivessi	coprissi	pulissi
tu	aiutassi	scrivessi	coprissi	pulissi
lui/lei/Lei	aiutasse	scrivesse	coprisse	pulisse
noi	aiutassimo	scrivessimo	coprissimo	pulissimo
voi	aiutaste	scriveste	copriste	puliste
loro	aiutassero	scrivessero	coprissero	pulissero

 학습 더하기⁺

② 불규칙 동사

	essere	fare	dare	dire	stare
io	fossi	facessi	dessi	dicessi	stessi
tu	fossi	facessi	dessi	dicessi	stessi
lui/lei/Lei	fosse	facesse	desse	dicesse	stesse
noi	fossimo	facessimo	dessimo	dicessimo	stessimo
voi	foste	faceste	deste	diceste	steste
loro	fossero	facessero	dessero	dicessero	stessero

③ 조동사

	dovere	potere	volere
io	dovessi	potessi	volessi
tu	dovessi	potessi	volessi
lui/lei/Lei	dovesse	potesse	volesse
noi	dovessimo	potessimo	volessimo
voi	doveste	poteste	voleste
loro	dovessero	potessero	volessero

접속법 현재 : Penso che lei sia bella. 저는 그녀가 아름답다고 생각합니다.

접속법 반과거 : Pensavo che lei fosse bella. 저는 그녀가 아름답다고 생각했습니다.

접속법 현재 : Penso che (lui) studi molto. 저는 그가 열심히 공부한다고 생각합니다.

접속법 반과거 : Ho pensato che studiasse molto. 저는 그가 열심히 공부한다고 생각했습니다.

* 접속법 반과거에서도 역시 주절과 종속절의 주어가 같다면, 접속사 che가 아닌 전치사 「di+동사원형」입니다.

Pensavo di essere bella. 저는 제가 아름답다고 생각했습니다.   → 생각하는 사람 = 아름다운 사람 : 나

④ 접속사 (Congiunzione)

'Penso che ~'와 같이 본문에서 여러 차례 등장했던 che는 접속사입니다. 접속사란 단어, 문장, 구, 절을 연결해 주는 품사를 말합니다. 그중, 종속접속사는 명사절과 부사절의 역할을 하는 종속절을 주절에 연결하는 데 사용됩니다. 종속접속사 중 관계절을 이끄는 관계접속사가 종속절에서 주어나 목적어와 같은 명사 역할을 하면 관계대명사로, 부사 역할을 하면 관계부사로 사용됩니다. 이러한 관계대명사와 관계부사는 문장에서 추가 정보를 제공하며, 두 절 사이의 의미 관계를 명확히 해줍니다.

● 관계접속사 (Congiunzione relativa)

(1) 주격 및 목적격 관계대명사 che

관계대명사는 두 문장의 공통되는 명사(주어 또는 목적어)를 연결하는 역할을 합니다. 관계대명사 che는 문장의 주어 또는 목적어 역할을 할 수 있습니다.

① Prendo un caffè. 저는 커피를 한 잔 마십니다.

② Anna ha fatto un caffè. 안나는 커피를 한 잔 내렸습니다.

➡ ①, ②문장에서 un caffè가 중복됩니다. un caffè를 중심으로 두 문장을 한 문장으로 연결할 때 다음과 같이 연결할 수 있습니다.
①+② = Prendo il caffè un caffè che Anna ha fatto. 저는 안나가 내린 커피를 마셨습니다.
여기서 che는 'Anna ha fatto un caffè.'에서 un caffè(목적어)를 관계대명사로 대신해서 받아주었으므로 목적격관계대명사로 볼 수 있습니다.

③ Mi piace la professoressa Song. 저는 송 교수님을 좋아합니다.

④ La professoressa Song mi insegna. 송 교수님은 저를 가르치십니다.

➡ ③+④ = Mi piace la professoressa Song che mi insegna. 저는 저를 가르치시는 송 교수님을 좋아합니다.
(la professoressa Song : 주어, 주격 관계대명사)

단, 아래와 같이 전치사가 선행하는 전치사구가 중복되는 경우에는 관계대명사 che를 쓸 수 없습니다.

⑤ Ho parlato con il professore. 저는 교수님과 이야기했습니다.

⑥ Ho chiesto un consiglio a lui. 저는 그에게 조언을 구했습니다.

➡ ⑤+⑥ = Ho parlato con il professore a che ho chiesto un consiglio.

 **학습 더하기**

관계대명사 che 앞에는 전치사가 올 수 없습니다. 이 경우 「정관사+quale」 형태의 관계사를 사용합니다.

(2) 정관사+quale

관계대명사 che와 같은 대명사의 역할을 넘어 ⑤+⑥ 문장과 같은 관계부사로도 사용될 수 있으므로 이탈리아어에서 매우 다양하게 활용되는 접속사입니다.

전치사 (필요시)	관사 (il, la/i, le)	quale/quali

관계사가 의미하고 있는 명사(선행하는 명사)의 성, 수에 맞춰 관사와 quale 혹은 quali 중에 선택해야 합니다.

①+② Prendo il caffè **che** Anna ha fatto.
　　 = Prendo il caffè **il quale** Anna ha fatto.*

➡ il quale = un caffè 남성 단수 명사이므로, 남성 단수 정관사 il+quale
　* 이 문장은 접속사 학습을 위해 만든 문장이며, 일상생활에서는 주로 che를 사용합니다.

⑤+⑥ Ho parlato con il professore ~~a che~~ ho chiesto un consiglio. (×)
　　 → Ho parlato con il professore **al quale** ho chiesto un consiglio.

➡ il quale = il professore 남성 단수 명사입니다. 「남성 단수 정관사 il+quale」와 더불어 전치사 a가 선행하므로 「a+il+quale = **al quale**」

⑦ Seul è una città molto bella. 서울은 매우 아름다운 도시입니다.
⑧ Sono nata a Seul. 저는 서울에서 태어났습니다.　　* 도시는 여성 단수 명사입니다.

➡ ⑦+⑧ = Seul, **nella quale** sono nata, è una città molto bella.

(3) 전치사+cui

cui는 지시하는 대상의 성, 수에 따라 정관사와 'quale/quali'의 성, 수 일치를 고려해야 하는 번거로움을 덜어주는 대안입니다. 단, cui 앞에는 반드시 전치사가 있어야 합니다.

⑦+⑧ Seul, **nella quale** sono nata, è una città molto bella.
　　 = Seul, **in cui** sono nata, è una città molto bella.

⑤+⑥ Ho parlato con il professore **al quale** ho chiesto un consiglio.
　　 = Ho parlato con il professore **a cui** ho chiesto un consiglio.

(4) 관계부사 dove

「전치사+접속사(che, 정관사 quale, cui)」가 '(장소)에서'와 같이 해석되는 장소를 의미할 때 간단하게 관계부사 dove를 사용하기도 합니다.

⑦+⑧ Seul, nella quale sono nata, è una città molto bella.
= Seul, in cui sono nata, è una città molto bella.
= Seul, dove sono nata, è una città molto bella.

(5) chi (= una persona che)

chi는 '(문장) 한 사람'으로 해석되는 주격관계대명사입니다. 주어 자리에 주로 등장하며, chi 이하 종속절에는 3인칭 단수 동사만 올 수 있습니다. chi는 'una persona che'와 같은 의미를 가지므로, chi 안에 이미 'una persona'라는 선행사가 내포되어 있다고 여겨집니다. 그러므로 che와는 달리 chi 앞에 선행사가 있는 경우는 드물며, 전치사가 자유롭게 올 수 있는 특징이 있습니다.

	che	chi
선행사 유/무	O	X
전치사 선행 가능성	X	O
주요 기능	주어, 목적어	주어
동사 인칭	자유로움	3인칭 단수

Mi piace chi studia tanto. 저는 공부를 많이 하는 사람을 좋아합니다.
= Mi piace una persona che studia tanto.

Parla con chi ti aiuta. 너는 너를 도와주는 사람과 이야기해.
= Parla con una persona che ti aiuta.

IM-IH

시험자가 기본적인 대화가 가능하다고 판단되면, 말미에 롤플레이가 진행됩니다. 롤플레이의 역할과 상황은 먼저 영어로 설명되며, 준비 여부를 확인한 후 시작합니다. 롤플레이는 해당 과에서 학습한 내용을 여러 번 반복하여 따라 읽고, 원어민처럼 자연스럽게 말하는 연습을 통해 IH 등급까지 도전해 보세요.

본문에서 학습한 내용을 바탕으로, 주어진 상황에 맞게 IM에서 IH까지 도전해 보세요!

ROLE PLAY
실전 연습 15

1 Prenotare un hotel : Check-In
호텔 예약하기 : 체크인

🎧 12-1

상황

당신은 가족과 호텔에 왔습니다. 정해진 날짜에 사전예약을 하고 무더운 여름에 간 상황입니다.

💊 Lei è venuto in hotel con la Sua famiglia. Ha effettuato una prenotazione anticipata per la data stabilita ed è arrivato in piena estate.

🎤 Buongiorno. Posso aiutarLa?

안녕하세요. 무엇을 도와드릴까요?

Me Ho prenotato una camera a nome di Kim Minsu, dal 1 agosto al 3 agosto.

김민수로 방 하나 예약했습니다. 8월 1일부터 8월 3일까지입니다.

🎤 Sì, un attimo, per favore. Ha prenotato una camera con un letto matrimoniale e un letto singolo per 2 notti. Posso vedere il Suo passaporto?

네, 잠시만 기다려주세요. 2박 3일 더블 침대 1개, 싱글 침대 1개 룸 예약하셨습니다. 당신의 여권을 볼 수 있을까요?

Me Sì, è giusto. Ecco qui.

네, 맞습니다. 여기 있습니다.

🎤 OK, è confermato. È la camera 1102. La colazione è disponibile al ristorante al piano terra dalle 6 alle 8 di mattina. L'orario di check-out è alle 12:00.

네, 확인되었습니다. 1102호입니다. 조식은 1층 레스토랑에서 오전 6시부터 8시까지 가능합니다. 체크아웃 시간은 12시입니다.

Me Sì, ho capito. Tuttavia, non ho prenotato la colazione. È tutto incluso nel prezzo?

네, 알겠습니다. 그런데 조식은 제가 예약하지 않았습니다. 무료인가요?

🎤 Sì, è gratuito. Prepariamo pane, marmellata e qualche bevanda.

네, 무료입니다. 기본적인 빵과 잼 그리고 음료가 제공됩니다.

> 롤플레이는 시험관이 질문하는 입장이 될 수도 있고, 내가 질문하는 입장이 될 수도 있습니다. 그러므로, 양쪽의 역할을 모두 연습하는 게 좋습니다. 친구들과 역할을 바꾸어 역할극 놀이를 해보세요.
>
> ※ 녹음은 경우 성별에 따라 성, 수가 다를 수 있습니다. 자신의 성별에 맞게 바꿔서 연습해 보세요.

Me Grazie. Qual è la password del Wi-Fi?

감사합니다. 혹시 와이파이 비밀번호는 어떻게 될까요?

🎙️ Non c'è una password. L'accesso a Internet è libero in tutte le aree.

비밀번호는 따로 없습니다. 모든 구역 인터넷의 비밀번호가 없습니다.

Me Fa troppo caldo, potrebbe rinfrescare la stanza, per favore?

날씨가 너무 더운데, 방을 시원하게 해 주실 수 있나요?

🎙️ Nella stanza c'è un condizionatore d'aria individuale, quindi può entrare e usarlo comodamente.

방 안에 개별 에어컨이 있으니, 들어가셔서 편하게 사용하시면 됩니다.

Me Ho capito. Buona giornata.

네. 좋은 하루 보내세요.

새단어

- prenotare 예약하다
- camera 방
- un attimo 잠시
- letto matrimoniale 트윈베드
- letto singolo 싱글베드
- notte s.f. 밤
- passaporto 여권
- giusto 맞는, 정확한
- confermato 확인한

- colazione s.f. 아침 식사
- disponibile 이용할 수 있는
- piano 층 (piano terra 0층)
- orario 시간
- incluso 포함된
- prezzo 가격
- gratuito 무료의
- preparare ~을 준비하다
- marmellata 잼

- bevanda 마실 것
- accesso 접근
- libero 자유로운, 비어있는
- rinfrescare ~을 시원하게 하다
- stanza 방
- condizionatore d'aria s.m. 에어컨
- individuale a. 개개인의
- comodamente avv. 편하게

Prenotare un hotel : Check-out
호텔 예약하기 : 체크아웃

🎧 12-2

상황

일정을 마치고 체크아웃을 하려 합니다. 대형 택시를 부탁해 보세요.

🎤 Ha finito il Suo programma e vuole fare il check-out. Chieda al commesso di prenotare un taxi grande.

🎤 Buongiorno. Desidera?

안녕하세요. 무엇을 도와드릴까요?

Me Vorrei fare il check-out. Potrebbe chiamare un taxi, per favore? Ho bisogno di un taxi di grandi dimensioni con capacità per 6 persone, perché devo andare in aeroporto.

체크아웃을 하겠습니다. 지금 택시를 불러주시겠어요? 공항까지 가야 해서 6인승 대형 택시가 필요합니다.

🎤 Sì, capisco. Quale metodo di pagamento desidera utilizzare?

네, 알겠습니다. 어떤 결제수단을 사용하시겠습니까?

Me Grazie. Pago con la carta di credito. Posso avere lo scontrino, per favore?

감사합니다. 카드로 결제하겠습니다. 영수증을 주시겠어요?

🎤 Ok. Il totale è di 300 euro per un soggiorno di 3 notti. Desidera pagare a rate?

알겠습니다. 총 3박 4일 해서 300유로입니다. 할부 결제 원하시나요?

Me No, va bene così. Grazie per il servizio cordiale. Fin dal check-in iniziale, mi avete accolto con gentilezza e la stanza era molto pulita e in ottime condizioni. La colazione, con il pane caldo appena sfornato, era davvero buona. Se tornerò in questa città, mi piacerebbe soggiornare di nuovo in questo hotel.

아뇨, 괜찮습니다. 친절한 서비스에 감사합니다. 처음 체크인할 때 친절하게 안내해 주시고, 방 내부 상태도 매우 깨끗하고 좋았습니다. 아침 식사는 갓 만든 따뜻한 빵이 정말 맛있었습니다. 다음에 또 이 도시를 방문하게 된다면 이 호텔에 머물고 싶습니다.

롤플레이는 시험관이 질문하는 입장이 될 수도 있고, 내가 질문하는 입장이 될 수도 있습니다. 그러므로, 양쪽의 역할을 모두 연습하는 게 좋습니다. 친구들과 역할을 바꾸어 역할극 놀이를 해보세요.

※ 녹음은 성우 성별에 따라 성, 수가 다를 수 있습니다. 자신의 성별에 맞게 바꿔서 연습해 보세요.

🎤 È grazie a Lei e alla Sua gentilezza. La ringraziamo per aver mantenuto la stanza pulita ogni giorno. Se ha piacere e un po' di tempo, ci farebbe molto piacere se potesse lasciare una recensione positiva su *Hotels.net*.

고객님께서 친절하게 해 주신 덕분이죠. 매일 깨끗하게 방을 사용해 주셔서 감사합니다. 혹시 시간이 되신다면, Hotels.net에 좋은 후기를 남겨주시면 감사하겠습니다.

Me Ho capito. Buona giornata.

네, 이해했습니다. 좋은 하루 보내세요.

새단어

- desiderare ~을 희망하다
- avere bisogno di ~ ~을 원하다
- dimensione *s.f.* 크기, 차원
- capacità 능력, 용량
- metodo 방법
- pagamento 납입
- utilizzare ~을 이용하다
- pagare ~을 지불하다
- carta di credito 신용카드
- scontrino 영수증
- totale 전체의

- soggiorno 거실, 체류
- a rate 분할로
- principale 주요한
- servizio 서비스
- cordiale *a.* 진심이 담긴, 친절한
- fin da ~ ~부터
- accogliere ~을 환대하다 (*pp.* accolto)
- gentilezza 친절
- pulito *a.* 깨끗한
- ottimo *a.* 최상의
- condizione *s.f.* 상태

- sfornato *a.* 가마로부터 빼낸
  (sfornare ~을 가마로부터 빼내다)
- soggiornare 체류하다
- di nuovo *avv.* 다시
- ringraziare ~에게 감사하다
  ('~에게'를 직접목적어로)
- mantenere ~을 지속하다
- recensione *s.f.* 평가
- positivo 긍정적인

ROLE PLAY 실전 연습 15

Prenotare presso un'agenzia di viaggi
여행사 예약하기

🎧 12-3

상황

당신은 이탈리아에 와서 가족과 함께 패키지여행을 하려 합니다. 여행사 직원에게 필요한 정보를 묻고 예약하세요.

🎤 Lei è venuto in Italia e desidera fare un pacchetto viaggio con la Sua famiglia. Chieda al personale dell'agenzia di viaggi le informazioni necessarie e faccia una prenotazione.

🎤 Salve, siamo Roma Viaggio. In cosa posso aiutarLa?

안녕하세요, Roma Viaggio입니다. 무엇을 도와드릴까요?

Me Buongiorno, vorrei fare un tour nel centro storico di Roma. Siamo quattro persone, io, i miei genitori e mio fratello. È possibile prenotare un pacchetto turistico dall'uno al sette agosto?

안녕하세요, 로마 중심지 패키지 투어를 하고 싶습니다. 저희 부모님과 남동생까지 해서 네 사람입니다. 기간은 8월 1일부터 7일까지 상품을 예약할 수 있을까요?

🎤 Sì, può prenotare per 4 persone in quelle date. Posso aiutarLa a prenotare il viaggio?

네, 해당 날짜에 4명 예약 가능합니다. 예약 도와드릴까요?

Me Prima di procedere, ho alcune domande. Vorrei sapere se è possibile modificare l'itinerario e se ci sono commissioni aggiuntive per la modifica o la cancellazione.

그전에, 몇 가지 질문이 있습니다. 일정 변경 가능 여부와 변경 및 취소 시 수수료가 발생하는지 궁금합니다.

🎤 Il pacchetto che sta cercando di prenotare è un'offerta promozionale, quindi ci sono commissioni aggiuntive per la modifica. È possibile effettuare modifiche senza costi aggiuntivi optando per un pacchetto di 1300 euro.

고객님께서 예약하시려는 패키지는 행사 상품이기 때문에 수수료가 발생합니다. 수수료 없이 변경 가능한 상품은 1,300유로를 더 지불해야 합니다.

롤플레이는 시험관이 질문하는 입장이 될 수도 있고, 내가 질문하는 입장이 될 수도 있습니다. 그러므로, 양쪽의 역할을 모두 연습하는 게 좋습니다. 친구들과 역할을 바꾸어 역할극 놀이를 해보세요.

※ 녹음은 성우 성별에 따라 성, 수가 다를 수 있습니다. 자신의 성별에 맞게 바꿔서 연습해 보세요.

Me Grazie mille. Voglio prenotare ora. Mi chiamo Kim Minsu. Il mio numero di telefono è 010-1234-5678. L'indirizzo e-mail è minsu@email.com. Come devo effettuare il pagamento?

감사합니다. 지금 바로 예약하겠습니다. 제 이름은 김민수입니다. 연락처는 010-1234-5678입니다. 이메일 주소는 minsu@email.com입니다. 결제는 어떻게 해야 하나요?

È necessario effettuare un acconto del 10% al momento della prenotazione e saldare il resto all'arrivo in Italia. Accettiamo pagamenti con carta di credito e offriamo uno sconto del 20% per i pagamenti in contanti.

예약금 10%를 선입금해 주시고 이탈리아에 도착하여 만났을 때 잔금을 주시면 됩니다. 신용카드 사용이 가능하며 현금 결제 시 20% 할인해 드립니다.

Me La prego di inviarmi di nuovo le informazioni sulla prenotazione via email.

예약 관련 정보 이메일로 다시 보내주시기 바랍니다.

Certamente. Grazie.

네, 알겠습니다. 감사합니다.

새단어

- centro storico 중심 시가지 (cf. storico 역사의)
- pacchetto turistico 패키지여행 (cf. pacchetto 패키지)
- data 날짜
- viaggio 여행
- procedere (주어)가 나아가다
- alcuni/e 몇몇의
- domanda 질문, 신청
- modificare ~을 변형하다
- itinerario s.m. 여행, a. 여행의
- commissione s.f. 비용, 위원회
- aggiuntivo 추가적인
- modifica 변형
- cancellazione s.f. 삭제
- cercare di+동사원형 (동사원형)을 하려 노력하다
- offerta promozionale 행사 상품 (cf. offerta 제공)
- effettuare ~을 실행하다
- senza ~ 없이
- costo 비용
- optare ~을 선택하다
- acconto 입금
- al momento di ~한때
- saldare ~을 지불하다/용접하다
- resto 거스름돈
- accettare ~을 받아들이다
- in contanti 현금으로
- inviare ~을 보내다
- di nuovo 다시

Iscriversi a un corso di lingua
언어 과정 등록하기

🎧 12-4

상황

당신은 이탈리아어 수업을 듣기 위해 이탈리아어 어학원에 왔습니다. 수업 종류와 시간을 묻고 수강료까지 물어보세요.

🖊 Lei è venuto in una scuola di lingua italiana per frequentare lezioni di italiano. Chieda informazioni sui tipi di corsi, sugli orari e anche sul costo delle lezioni.

Me Salve, vorrei iscrivermi al corso di italiano per stranieri.

안녕하세요, 외국인을 위한 이탈리아어 수업반에 들어가고 싶습니다.

🎤 Buongiorno, compili il modulo di domanda qui davanti, per favore. Quanto tempo ha studiato l'italiano?

안녕하세요, 앞에 신청서 작성해 주세요. 이탈리아어는 얼마나 공부하셨나요?

Me Ho studiato per circa un mese in Corea. Vorrei iscrivermi al livello principiante, è possibile?

한국에서 한 달 정도 공부했습니다. 그래서 초급반에 들어가고 싶은데, 가능할까요?

🎤 Sì, è possibile. Offriamo un corso durante la settimana e un corso nel fine settimana. Quale preferisce?

네, 가능합니다. 수업은 평일반과 주말반이 있습니다. 어떤 것으로 하시겠어요?

Me Preferirei il corso durante la settimana, cinque giorni. Quando inizia il corso?

평일 주 5일반이 좋습니다. 수업은 언제 시작하나요?

🎤 Perfetto. Il corso inizia ogni primo lunedì del mese.

좋습니다. 매월 첫째 주 월요일에 시작합니다.

Me Quali sono gli orari delle lezioni? Preferirei le lezioni del mattino.

수업 시간은 어떻게 되나요? 저는 오전 반이 있으면 좋겠어요.

🐦 롤플레이는 시험관이 질문하는 입장이 될 수도 있고, 내가 질문하는 입장이 될 수도 있습니다. 그러므로, 양쪽의 역할을 모두 연습하는 게 좋습니다. 친구들과 역할을 바꾸어 역할극 놀이를 해보세요.

※ 녹음은 성우 성별에 따라 성, 수가 다를 수 있습니다. 자신의 성별에 맞게 바꿔서 연습해 보세요.

🎤 Le lezioni del mattino sono dalle 10:00 alle 13:00, mentre quelle del pomeriggio sono dalle 14:00 alle 17:00. Ma il corso del mattino è al completo questo mese, quindi dovrebbe iscriversi al corso del pomeriggio.

오전 반은 10시부터 1시, 오후 반은 2시부터 5시까지입니다. 하지만 오전 반은 인원이 모두 차서 이번 달은 오후 반을 등록해야 합니다.

🙂 Capisco. Quanto costa la quota di iscrizione?

그렇군요. 그렇다면 수업료는 얼마인가요?

🎤 Sia il corso del mattino che del pomeriggio costano 700 euro al mese. I libri di testo devono essere acquistati separatamente.

오전 반 오후 반 모두 한 달에 700유로입니다. 교재는 따로 구매해야 합니다.

🙂 Vorrei prendermi del tempo per pensarci prima di iscrivermi. Potrebbe inviarmi informazioni sul corso via email al mio indirizzo 'Minsu@email.com'?

조금 더 고민을 하고 등록하고 싶습니다. 수업 관련 정보를 제 이메일 Minsu@email.com으로 보내주시겠어요?

🎤 Certamente.

네, 알겠습니다.

🙂 Grazie mille.

감사합니다.

새단어

- iscriversi a ~ ~에 등록하다
- corso 코스
- straniero 외국인. *a.* 외국인의
- compilare ~을 쓰다, 채우다
- modulo di domanda 신청서
  (*cf.* modulo 서식)
- principiante 초심자. *a.* 초심자의
- orario 시간표
- quota (= costo) 비용
- iscrizione *s.f.* 등록
- libri di testo 교재
- acquistare ~을 얻다, 구매하다
- separatamente *avv.* 각자

5 | Usare un taxi
택시 이용하기

🎧 12-5

상황

공항에 가기 전 기념품 상점에 들러 선물들을 사려고 합니다. 택시 기사님께 역 근처 상점 앞에 정차 후 공항으로 가달라고 요청하세요.

🖊 *Vuole fermarsi in un negozio di souvenir per comprare dei regali prima di andare in aeroporto. Chieda al tassista di fermarsi davanti a un negozio vicino alla stazione prima di portarLa in aeroporto.*

🎙 Buona sera, dove vuole andare?

안녕하세요, 어디로 가시겠어요?

Me Sera. Mi porti all'aeroporto, per favore. Ah, e vorrei fare una breve sosta in un negozio di souvenir. Ho sentito dire che il negozio di profumi di Santa Maria Novella è famoso, vicino alla stazione ferroviaria di Firenze.

안녕하세요. 공항으로 가주세요. 아, 그리고 기념품 가게를 들리고 싶어요. 피렌체 기차역에 산타 마리아 노벨라 화장품 가게가 유명하다 하더라고요.

🎙 Sembra che molti coreani lo visitino. Ma in realtà non è un negozio di profumi, è una farmacia. È a circa 10 minuti di distanza da qui, vuole fare una breve sosta prima di andare all'aeroporto?

한국인 분들이 많이 찾는 것 같아요. 하지만 그곳은 화장품 가게가 아니라 약국입니다. 여기서 10분 정도 거리인데, 들렸다 공항에 가시겠어요?

Me Sì, potrebbe consigliarmi un altro regalo oltre ai cosmetici?

네, 혹시 화장품 말고 다른 선물 추천해 주실 수 있으세요?

🎙 Firenze è famosa anche per la pelle. Ho sentito che il noto marchio di pelletteria *La Pelle* vende borse dal design unico disponibili solo nei negozi italiani. Il negozio si trova proprio accanto a quello di cosmetici, quindi potrebbe visitare entrambi con calma.

피렌체는 가죽으로도 유명합니다. 유명 가죽 브랜드 La Pelle의 이탈리아 매장에서만 판매하는 독특한 디자인의 가방이 있다고 들었습니다. 그 매장도 화장품 가게 바로 옆에 있으니 천천히 둘러보고 오셔도 좋을 것 같습니다.

롤플레이는 시험관이 질문하는 입장이 될 수도 있고, 내가 질문하는 입장이 될 수도 있습니다. 그러므로, 양쪽의 역할을 모두 연습하는 게 좋습니다. 친구들과 역할을 바꾸어 역할극 놀이를 해보세요.

※ 녹음은 경우 성별에 따라 성, 수가 다를 수 있습니다. 자신의 성별에 맞게 바꿔서 연습해 보세요.

Me Grazie per l'ottimo consiglio. Darò un'occhiata a entrambi i negozi. Può fermarsi vicino alla stazione per un momento? Tornerò tra 30 minuti.

좋은 정보 감사합니다. 두 가게 모두 구경하고 오겠습니다. 역 근처에 잠시 차를 세워주실 수 있나요? 제가 30분 뒤에 오겠습니다.

Siamo arrivati. Buono shopping!

도착했습니다. 쇼핑 잘 하고 오세요!

Me Grazie per avermi aspettato. Al negozio di borse c'erano così tante belle borse che ho avuto difficoltà a decidere. Gli accessori di moda italiani sono davvero tutti bellissimi. Ora possiamo andare in aeroporto.

기다려주셔서 감사합니다. 가방 매장에 가보니 예쁜 가방이 너무 많아서 고민을 오래 했습니다. 이탈리아의 패션 아이템들은 거의 모두 아름답네요. 이제 공항으로 가시죠.

Sono felice che Le siano piaciuti. Ora partiamo per l'aeroporto. Allacci la cintura di sicurezza, per favore.

마음에 드셨다니 기분이 좋네요. 이제 공항으로 출발하겠습니다. 안전벨트 매주세요.

새단어

- portare ~을 운반하다
- breve 짧은
- sosta 중지
- negozio 가게
- souvenir *s.m.* 기념품
- sentire ~을 듣다
- profumo 향, 향수
- vicino a ~ ~근처에
- stazione ferroviaria 기차역
  (*cf.* ferroviario 기차의)
- visitare ~을 방문하다

- in realtà 실제로
- farmacia 약국
- distanza 거리
- regalo 선물
- cosmetico *s.m.* 화장품, *a.* 화장의
- pelle *s.f.* 가죽
- noto 유명한
- marchio 브랜드, 상표
- pelletteria 가죽 가게
- vendere ~을 판매하다
- unico 유일한

- accanto a ~ *avv.* ~ 근처에
- entrambi *a.* 둘 다
  (여성 복수는 entrambe)
- calma 평온함
- difficoltà 어려움
- ora 지금
- allacciare ~을 끈으로 묶다
- cintura 벨트, 허리띠
  (*cf.* cintura di sicurezza 안전벨트)

6 Al ristorante
식당 이용하기 : 전화 예약하기

🎧 12-6

상황

당신은 오늘 저녁에 가족들과 함께 이탈리아 식당에 가서 식사를 하려고 합니다. 이탈리아 음식들을 주문하고 예약을 하세요.

🖊 *Stasera desidera andare a cena in un ristorante italiano con la Sua famiglia. Ordini i piatti italiani e faccia una prenotazione.*

🎤 Buongiorno, siamo il ristorante *Al Moro*. Posso aiutarLa?

안녕하세요. Al Moro 식당입니다. 무엇을 도와드릴까요?

Me Salve, vorrei prenotare per stasera alle 20:00 per 4 persone. È possibile?

안녕하세요. 오늘 저녁 8시에 4명 예약을 하려고 합니다. 예약 가능할까요?

🎤 Un momento. [...] Stasera siamo al completo. Possiamo offrirle solo un tavolo in fondo al corridoio, ma potrebbe essere un po' rumoroso con la gente che passa.

잠시만요. [...] 오늘 저녁 예약은 모두 찼습니다. 복도 끝 자리만 예약이 가능한데, 사람들이 돌아다니고 시끄러울 수 있습니다.

Me Va bene, prenderò quel tavolo per favore. Potrei ordinare in anticipo?

괜찮습니다. 그 자리로 예약해 주세요. 혹시 음식은 미리 주문할 수 있나요?

🎤 Certamente. Desidera ordinare ora?

가능합니다. 지금 주문하시겠어요?

Me Sì, per favore. Vorrei una Carbonara, una Margherita, una Lasagna alla Bolognese e un Calzone. Per favore, mettete poco sale nella carbonara per non renderla troppo salata. Vorrei anche una bottiglia di vino, ma lo sceglierò al ristorante.

네, 부탁합니다. 카르보나라, 마르게리타, 볼로네제 라자냐, 칼초네 해주세요. 카르보나라는 짜지 않게 소금을 조금만 넣어주세요. 와인도 한 병 마시고 싶은데 와인은 식당에서 결정하도록 하겠습니다.

롤플레이는 시험관이 질문하는 입장이 될 수도 있고, 내가 질문하는 입장이 될 수도 있습니다. 그러므로, 양쪽의 역할을 모두 연습하는 게 좋습니다. 친구들과 역할을 바꾸어 역할극 놀이를 해보세요.

※ 녹음은 성우 성별에 따라 성, 수가 다를 수 있습니다. 자신의 성별에 맞게 바꿔서 연습해 보세요.

🎤 **Va bene. Tuttavia, anche se ordina in anticipo, potrebbe dover aspettare un po'. Posso avere il suo nome e il suo numero di telefono per la prenotazione?**

알겠습니다. 하지만 미리 주문해 놓으셔도 조금 기다리실 수 있습니다. 예약자분 성함과 전화번호를 여쭤봐도 될까요?

Me **Il mio nome è Kim Minsu. Il mio numero di telefono è 010-1234-5678.**

제 이름은 김민수입니다. 전화번호는 010-1234-5678입니다.

🎤 **Perfetto, la prenotazione è confermata. Le ricordo che la cancellazione è possibile fino a un'ora prima e, in caso di mancata presentazione, potrebbe essere difficile prenotare nuovamente. La vedremo tra poco.**

네, 예약되었습니다. 예약 취소는 1시간 전까지 가능하며, 노쇼 발생 시 재예약이 힘든 점 참고 바랍니다. 잠시 후에 뵙겠습니다.

Me **Sì, grazie.**

네, 감사합니다.

새단어

- prenotazione *s.f.* 예약
- Un momento 잠깐
- completo 완성된
- in fondo a ~ ~ 깊숙이
- corridoio 복도
- rumoroso 시끄러운
- gente *s.f.* 사람들 (* 의미는 '복수'를 나타내지만 항상 단수로만 사용합니다.)
- ordinare ~을 주문하다
- sale *s.m.* 소금
- rendere ~을 주다/만들다
- salato *a.* 짠
- tuttavia 그러나
- anche se ~일 지라도
- confermare ~을 확실하게 하다
- ricordare ~을 기억하다
- in caso di ~ ~한 경우
- mancato *a.* 부족한
- presentazione *s.f.* 제시, 출석
- nuovamente *avv.* 다시

7 Al ristorante
식당 이용하기 : 음식 주문하기

🎧 12-7

상황

당신은 현재 가족들과 함께 이탈리아 식당에 왔습니다. 다양한 이탈리아 음식과 함께 와인을 시음해 보고 선택해 보세요.

🖊️ **Lei è in un ristorante italiano con la Sua famiglia. Prenda diversi piatti italiani e provi il vino per scegliere quello che preferisce.**

🎤 Buongiorno, quanti siete?

안녕하세요, 몇 분이세요?

Me Siamo in quattro. Vorremmo␣sederci al tavolo all'aperto poiché il tempo è bello.

4명입니다. 날씨가 좋아서 야외 테이블에서 먹고 싶습니다.

🎤 Certamente. Questo tavolo va bene per voi?

네, 알겠습니다. 이쪽 자리 어떠세요?

Me Perfetto. Possiamo avere il menu, per favore?

좋습니다. 메뉴판 좀 주시겠어요?

🎤 Ecco a voi.

여기 있습니다.

Me Vorremmo la bistecca alla fiorentina da 2kg, la pasta al pomodoro, gli spaghetti aglio e olio, e il risotto all'isolana. Un quartino di vino, e una bottiglia di acqua frizzante. Potrebbe suggerirci un vino rosso?

티본스테이크 2kg, 토마토 파스타, 알리오 올리오, 이소라나 리소토 주세요. 와인 1/4병, 탄산수 한 병 주세요. 혹시 레드 와인은 어떤 것이 있나요?

롤플레이는 시험관이 질문하는 입장이 될 수도 있고, 내가 질문하는 입장이 될 수도 있습니다. 그러므로, 양쪽의 역할을 모두 연습하는 게 좋습니다. 친구들과 역할을 바꾸어 역할극 놀이를 해보세요.

※ 녹음은 성우 성별에 따라 성, 수가 다를 수 있습니다. 자신의 성별에 맞게 바꿔서 연습해 보세요.

🎙 Abbiamo il vino della casa Chianti. Ce ne sono due tipi, uno è un po' più corposo.
Chianti 하우스 와인이 있습니다. 두 종류가 있는데, 하나는 상대적으로 맛이 조금 무겁습니다.

Me Possiamo assaggiarlo?
혹시 시음해 볼 수 있을까요?

🎙 Certamente. Ve lo porto subito. Aspettate un attimo, per favore.
그럼요. 바로 가져다드리겠습니다. 잠시만 기다려주세요.

[Dopo l'assaggio]
시음 후

Me Il primo vino mi sembra troppo pesante. Il secondo è più leggero e si abbina bene con la pasta. Vorrei due bicchieri di questo vino, per favore.
첫 번째 와인은 너무 무거운(떫은) 것 같아요. 두 번째 와인이 가벼워서 파스타랑 잘 어울리는 것 같습니다. 이 와인으로 두 잔 주세요.

🎙 Va bene. Le porterò anche un antipasto da gustare con il vino.
네, 알겠습니다. 와인과 함께 드실 전채요리도 함께 드리겠습니다.

Me È molto gentile, grazie.
매우 친절하시네요, 감사합니다.

새단어

- sedersi (주어)가 앉다
- all'aperto 바깥에서
- quartino 4분의 1 리터 병
- suggerire ~을 조언하다 (-isc)
- corposo 바디감 있는
- assaggiare ~을 맛보다
- assaggio 시음
- pesante a. 무거운
- abbinarsi con ~ ~와 연결시키다
- antipasto 전채요리
- gustare ~을 맛보다

8 Per strada
거리에서

🎧 12-8

상황

당신은 이탈리아 여행을 하던 중 콜로세움을 못 찾고 있습니다. 콜로세움까지 가는 여러 방법을 길거리에서 만난 모르는 사람에게 물어보세요.

🎤 Sta viaggiando in Italia e non riesce a trovare il Colosseo. Chieda a una persona sconosciuta per strada quali sono i diversi modi per arrivarci.

Me Scusi. Sto cercando di raggiungere il Colosseo. Come posso arrivarci da qui?

실례합니다. 제가 콜로세움에 가려고 합니다. 여기서 어떻게 가야 하나요?

🎤 Il Colosseo è a circa 30 minuti a piedi. È un po' lontano. Segua questa strada Cavour e poi, quando arriva alla Basilica di San Francesco, giri a sinistra su Via Annibaldi. Da lì, il Colosseo è così grande che non potrà perderlo.

콜로세움은 걸어서 30분 거리에 있습니다. 조금 멀어요. 이 Cavour 길을 따라 쭉 가다가 San Francesco 성당에서 왼쪽으로 돌면 Annibaldi 길이 있습니다. 거기서부터 콜로세움이 워낙 커서 보일 겁니다.

Me Se io volessi prendere un autobus, quale dovrei prendere?

혹시 버스를 탄다면 어떤 버스를 타야 할까요?

🎤 Dall'altra parte della strada, può prendere la maggior parte degli autobus. Controlli gli orari alla fermata dell'autobus.

저기 건너편에서 타면 대부분의 버스가 갈 것입니다. 버스는 정거장에서 확인해 보세요.

Me Capito, dove posso acquistare i biglietti dell'autobus qui vicino?

네, 이 근처에서 버스 표를 살 수 있는 곳은 어디일까요?

🎤 Di solito i biglietti dell'autobus si acquistano alle tabaccherie, ma il luogo più vicino qui è un'edicola. Se all'edicola non ci sono biglietti, usi la carta di credito. Basta avvicinare la carta al lettore all'interno dell'autobus per il pagamento automatico.

버스 표는 주로 Tabacchi에서 구매하지만, 여기서 가장 가까운 곳은 신문 가판대입니다. 신문 가판대에도 표가 없다면 신용카드를 사용하세요. 버스 안에 있는 카드 리더기에 신용카드를 대면 자동 결제가 됩니다.

롤플레이는 시험관이 질문하는 입장이 될 수도 있고, 내가 질문하는 입장이 될 수도 있습니다. 그러므로, 양쪽의 역할을 모두 연습하는 게 좋습니다. 친구들과 역할을 바꾸어 역할극 놀이를 해보세요.

※ 녹음은 경우 성별에 따라 성, 수가 다를 수 있습니다. 자신의 성별에 맞게 바꿔서 연습해 보세요.

Me Grazie per l'informazione. Oggi è tutto molto più comodo. Sa per caso dove posso prendere un taxi qui vicino? A Roma è davvero difficile trovare un taxi.

좋은 정보 감사합니다. 요즘은 많이 편리하네요. 혹시 이 근처에서 택시 탈 수 있는 곳이 어디인가요? 로마에서 택시 잡기가 참 어렵네요.

Può chiamare un Radio Taxi, oppure per le distanze più brevi può prenotare un taxi tramite l'applicazione appTaxi.

콜택시를 부르거나, 가까운 거리는 appTaxi 애플리케이션을 설치해서 택시를 예약하면 됩니다.

Me Grazie mille.

정말 감사합니다.

새단어

- raggiungere ~에 다다르다
- a piedi 걸어서
- seguire ~을 따라가다
- girare ~을 돌다
- a sinistra 왼쪽에
- perdere ~을 잃어버리다
- l'altra parte 반대편
  (cf. parte s.f. 부분)
- maggiore 더 큰
- controllare ~을 관리하다/감독하다
- di solito 주로
- tabaccheria 담배 가게
- edicola 신문 가판대
- carta di crdito 신용카드
- avvicinare ~을 가깝게 하다
- lettore s.m. 독자, 단말기(reader)
- interno s.m. 내부, a. 내부의
- pagamento 지불
- automatico a. 자동의
- chiamare ~을 부르다
- oppure 혹은
- tramite ~을 통해
- applicazione s.f. 앱

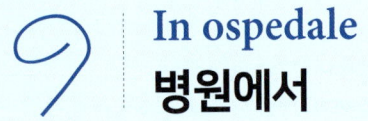

In ospedale
병원에서

🎧 12-9

상황

당신은 감기 몸살이 걸려서 병원에 왔습니다. 의사 선생님에게 진찰을 받고 약을 처방받아 보세요.

🎤 Lei è venuto in ospedale perché ha preso un raffreddore. Si faccia visitare dal medico e richieda una prescrizione di medicine.

🎤 Dove le fa male?

어디가 아프신가요?

Me Ho mal di testa da ieri sera. Questa notte ho avuto la febbre alta e non ho dormito bene.

어제저녁부터 머리가 계속 아픕니다. 새벽에 열이 많이 나서 잠을 잘 못 잤어요.

🎤 Capisco. Prima di tutto, controlliamo la temperatura. Ha ancora la febbre, 38 gradi. Non ha problemi di digestione o altri dolori?

그렇군요. 일단, 체온을 먼저 재 보겠습니다. 38도로 아직 열이 있습니다. 소화가 안되거나 하는 다른 아픈 곳은 없나요?

Me Ah, di notte i miei occhi diventano secchi, e quando mi sdraio il muco scende nella gola causando una tosse continua. Per questo motivo, non riesco a dormire bene durante la notte e mi sento ancora più stanco.

아, 밤에는 눈이 건조해지고 누웠을 때 콧물이 목으로 흘러 들어가 기침을 계속합니다. 그래서 밤새 잠을 잘 못 자서 더 피곤합니다.

🎤 Ha preso un forte raffreddore. Le prescriverò una medicina di tre giorni. Come effetto collaterale, potrebbe sentirsi assonnato dopo averle assunte.

심한 감기에 걸리셨네요. 3일 치 약을 처방해 드리겠습니다. 부작용으로 약을 먹은 후 졸릴 수 있습니다.

Me Va bene, grazie. Mi scusi, posso sapere quali medicine mi prescriverà? Ho un'allergia all'aspirina. La prego di tenerlo in considerazione nella prescrizione.

알겠습니다. 감사합니다. 실례지만, 어떤 약을 처방해 주시는지 알 수 있을까요? 제가 아스피린 알레르기가 있습니다. 이에 유의하여 처방 부탁드립니다.

롤플레이는 시험관이 질문하는 입장이 될 수도 있고, 내가 질문하는 입장이 될 수도 있습니다. 그러므로, 양쪽의 역할을 모두 연습하는 게 좋습니다. 친구들과 역할을 바꾸어 역할극 놀이를 해보세요.

※ 녹음은 성우 성별에 따라 성, 수가 다를 수 있습니다. 자신의 성별에 맞게 바꿔서 연습해 보세요.

🎙️ Terrò in considerazione questa allergia e le prescriverò antibiotici, antidolorifici e anche un digestivo per aiutarla a tollerare meglio le medicine.

해당 성분에 유의하여 항생제, 진통제 그리고 약물을 잘 소화할 수 있도록 소화제까지 처방해 드리겠습니다.

🔵 Grazie mille per la spiegazione così dettagliata.

구체적으로 설명해 주셔서 감사합니다.

🎙️ Non si preoccupi. Torni a casa con calma e, se dovesse avere un'urgenza, mi chiami in qualsiasi momento.

아닙니다. 조심히 들어가시고 급한 일이 생긴다면 언제든 전화 주세요.

🔵 Ho capito. Grazie.

알겠습니다. 감사합니다.

새단어

- fare male (주어)가 (간접 목적어를) 아프게 하다
- avere mal di ~ ~가 아프다
- testa 머리
- febbre s.f. 열
- temperatura 온도
- grado 정도
- disgestione s.f. 소화
- migliorare ~을 개선하다
- secco a. 건조한
- sdraiarsi 눕다
- muco 점액, 콧물
- scendere (주어)가 내려가다

- gola 목구멍
- causare ~의 원인이 되다
- tosse s.f. 기침
- continuo a. 연속적인
- per questo motivo 이와 같은 이유로
- sentirsi+명사/형용사 ~가 느껴지다
- effetto collaterale 부작용 (부정적인 효과)
- assonnato a. 졸린
- assumere ~을 받다, 흡수하다
  (pp. assunto)
- allergia 알레르기
- aspirina 아스피린
- tenere in considerazione ~을 유의하다

- prescrizione s.f. 처방
- prescrivere ~을 처방하다
- antibiotico 항생제
- antidolorifico 진통제
- digestivo 소화제
- tollerare ~을 견디다
- medicina 약
- dettagliato a. 상세한
- urgenza 긴급
- qualsiasi 어떤 ~든지
- momento 순간

10 All'aeroporto
공항에서

🎧 12-10

상황

당신은 가족들과 함께 처음으로 해외여행을 떠나고자 합니다. 밀라노에서 경유하여 프랑스로 가는 비행기 편을 예약했는데, 경유 방법을 잘 모릅니다. 좌석을 지정하고 경유 방법을 물어보세요.

🎤 Per la prima volta vuole viaggiare all'estero con la sua famiglia. Ha prenotato un volo per la Francia con scalo a Milano, ma non sa come gestire il transito. Chieda informazioni su come fare il transito e scelga un posto a sedere.

🎤 Buongiorno, passaporti e biglietti, per favore.

안녕하세요, 여권이랑 티켓 확인 도와드리겠습니다.

Me Buongiorno, ecco i nostri passaporti e gli E-ticket. È possibile sederci nella stessa fila?

안녕하세요, 여기 여권이랑 E-ticket입니다. 저희 일행들 모두 같은 라인의 좌석을 배정받을 수 있을까요?

🎤 Siete in quattro persone? È difficile mettervi tutti nella stessa fila. Dovrete sedervi a coppie separate. Va bene così?

총 네 분인가요? 모두 같은 라인은 어렵습니다. 두 분씩 따로 앉아야 합니다. 괜찮으세요?

Me Sì, va benissimo. Possiamo lasciare i bagagli qui?

네, 그렇게 해주세요. 수하물은 여기에 올리면 될까요?

🎤 Sì, mettete tutti i bagagli qui. Se superano gli 80 kg, ci sarà un costo aggiuntivo.

네, 여기에 네 분 수화물 모두 한꺼번에 올려주세요. 80kg이 넘으면 추가 요금이 있습니다.

Me Capito. Prenderemo Air France con uno scalo a Milano. È il nostro primo scalo, quindi come dobbiamo procedere a Milano?

알겠습니다. 죄송하지만, 저희가 이탈리아 밀라노를 경유해서 에어프랑스를 탈 예정입니다. 경유가 처음이라서 그런데, 밀라노에 내려서 어떻게 가야 하나요?

롤플레이는 시험관이 질문하는 입장이 될 수도 있고, 내가 질문하는 입장이 될 수도 있습니다. 그러므로, 양쪽의 역할을 모두 연습하는 게 좋습니다. 친구들과 역할을 바꾸어 역할극 놀이를 해보세요.

※ 녹음은 성우 성별에 따라 성, 수가 다를 수 있습니다. 자신의 성별에 맞게 바꿔서 연습해 보세요.

🎤 Avrete una sosta di 1 ora e 30 minuti a Milano. Appena scesi, mostrate i vostri biglietti all'assistente di volo. Vi aiuteranno a trovare il gate per il trasferimento.

밀라노에서 1시간 30분 머무를 예정이네요. 내려서 소지하신 탑승권을 승무원에게 보여주세요. 환승 게이트로 안내 도와드릴 겁니다.

Me Possiamo fare una merenda veloce all'aeroporto mentre aspettiamo?

그럼 기다리는 동안 공항 내에서 간단한 간식을 먹는 것이 가능할까요?

🎤 Sì, è possibile. Tuttavia, il tempo di attesa è molto breve, solo 1 ora e 30 minuti. Non ci sono voli alternativi dopo questo, quindi, se perde questo volo, dovrà aspettare 24 ore. Pertanto, la preghiamo di fare attenzione a non arrivare in ritardo per l'imbarco.

네, 가능합니다. 하지만 대기 시간이 1시간 30분으로 매우 짧습니다. 이 비행기 뒤에 대체 편이 없기 때문에 이 비행기를 놓치면 24시간을 기다리셔야 합니다. 그러므로 늦지 않게 탑승하실 수 있도록 유의하시기 바랍니다.

Me Chiaro. Grazie.

이해했습니다. 감사합니다.

새단어

- stesso 같은
- fila 줄, 열
- coppia 한 쌍
- separato 갈라진
- lasciare ~을 두다
- bagaglio 수하물
- superare ~을 초과하다
- scalo 착륙지
- mostrare ~을 보여주다
- assistente *n.p.* 조수 / *a.* 보조하는
- volo 비행
- trasferimento 환승
- merenda 간식
- tempo di attesa 대기 시간
- alternativo 교환의
- pertanto 그러므로
- pregare di ~ ~하기를 기도하다
- fare attenzione 주의하다
- chiaro 명확한

11 Alla stazione
기차역에서 : 표 구매하기

🎧 12-11

상황

오늘 저녁에 베네치아 Santa Lucia로 가는 기차표를 기차역 매표소에서 예약해 보세요. 다양한 유형의 기차들 중 한 가지를 골라서 카드로 비용을 지불한 후 환불 정책까지 물어보세요.

🎤 **Prenoti un biglietto del treno per Venezia Santa Lucia questa sera presso la biglietteria della stazione ferroviaria. Scelga uno tra i vari tipi di treni disponibili, paghi con carta e chieda informazioni sulla politica di rimborso.**

Me Buongiorno, vorrei prenotare un treno per Venezia Santa Lucia questa sera. Quali sono gli orari dei treni dopo le 18:00?

안녕하세요, 오늘 저녁에 베네치아 Santa Lucia로 가는 기차를 예약하고자 합니다. 6시 이후에 몇 시에 기차가 있을까요?

🎤 Ce ne sono molti. Prima di tutto, su quale tipo di treno preferirebbe viaggiare: Freccia Rossa, Freccia Bianca, InterCity o Regionale?

굉장히 많습니다. 일단, Freccia Rossa, Freccia Bianca, InterCity, Regionale 중 어떤 기차를 타실 건가요?

Me Vorrei prendere il Freccia Rossa. Ma penso che sarà costoso. Quanto costa?

Freccia Rossa를 타고 싶습니다. 하지만 가격이 비쌀 것 같습니다. 얼마인가요?

🎤 Il Freccia Rossa parte alle 18:45 e costa 120 euro.

Freccia Rossa는 6시 45분에 있습니다. 가격은 120유로입니다.

Me È troppo costoso. A che ora parte il Freccia Bianca e quanto costa?

너무 비싸네요. Freccia Bianca는 몇 시에 출발하고 얼마인가요?

🎤 Il Freccia Bianca parte alle 19:10 e costa 80 euro. Tuttavia, ci vogliono 30 minuti in più rispetto al Freccia Rossa, quindi ci vogliono 2 ore e 30 minuti dalla stazione alla destinazione.

Freccia Bianca는 7시 10분에 있으며 80유로입니다. 다만, 소요시간이 Freccia Rossa보다 30분 더 걸려서 여기서부터 해당 역까지 2시간 30분 걸립니다.

롤플레이는 시험관이 질문하는 입장이 될 수도 있고, 내가 질문하는 입장이 될 수도 있습니다. 그러므로, 양쪽의 역할을 모두 연습하는 게 좋습니다. 친구들과 역할을 바꾸어 역할극 놀이를 해보세요.

※ 녹음은 성우 성별에 따라 성, 수가 다를 수 있습니다. 자신의 성별에 맞게 바꿔서 연습해 보세요.

Me Va bene, prenoto quello. Vorrei un posto vicino al corridoio, per favore.

좋습니다. 그 기차로 예약하겠습니다. 1명이고 좌석은 통로 쪽으로 부탁드립니다.

🎤 Certamente. Come intende pagare?

네. 결제는 어떻게 하시나요?

Me Pagherò con la carta di credito. È possibile cambiare l'orario o ottenere un rimborso?

신용카드로 결제하겠습니다. 혹시 시간 변경이나 환불은 어려울까요?

🎤 Non è possibile perché è un treno del giorno stesso. Ecco il biglietto. Il suo posto è al vagone 3, fila 10, posto B, come indicato. Il binario verrà annunciato sul tabellone un'ora prima della partenza.

당일 기차이기 때문에 불가능합니다. 여기 표 있습니다. 좌석은 여기에 쓰여 있는 대로 3번 칸 10열 B번 좌석입니다. 플랫폼은 1시간 전에 전광판에서 알 수 있습니다.

Me Capito. Grazie.

알겠습니다. 감사합니다.

새단어

- costoso 비싼
- costare (주어)가 비용이 들다
- ci vuole/ci vogliono (주어)가 필요하다 (3인칭 단수/복수형으로만 사용)
- rispetto a ~ ~에 비하여
- destinazione *s.f.* 목적지
- intendere ~을 의도하다
- ottenere ~을 얻다
- rimborso 환불
- vagone *s.m.* 열차 객실
- indicato 지시한
- binario 플랫폼
- annunciare ~을 알리다
- tabellone *s.m.* 게시판
- partenza 출발

12 Fare shopping
쇼핑하기 : 구매

🎧 12-12

상황

당신은 옷 가게에 가서 티셔츠를 하나 구매하려고 합니다. 원하는 사이즈를 직원에게 말하고 비용을 지불한 후 환불 정책까지 물어보세요.

🖊 È venuto al negozio di abbigliamento per acquistare una maglietta. Dica alla commessa la taglia desiderata, effettui il pagamento e chieda informazioni sulla politica di rimborso.

🎙 Buongiorno, Le serve un aiuto?
안녕하세요, 도움이 필요하신가요?

🎙(Me) Dove posso trovare gli abiti in vetrina?
저기 전시되어 있는 옷은 어디에 있나요?

🎙 Sono a destra del camerino nel fondo.
안쪽 탈의실 오른쪽에 있습니다.

🎙(Me) Grazie, questi vestiti sono in saldo?
감사합니다, 저 옷은 세일 품목인가요?

🎙 No, non sono in saldo. Gli articoli in saldo hanno uno sticker sull'etichetta.
아뇨, 그 옷은 세일 품목이 아닙니다. 세일 품목은 태그에 스티커가 붙어있습니다.

🎙(Me) Capito. C'è questa maglietta, colore blu, taglia L?
알겠습니다. 혹시 이 티셔츠 파란색으로 L 사이즈 있나요?

🎙 Un momento. […] Mi dispiace, ma la taglia L è esaurita. Abbiamo solo una taglia L in nero.
잠시만요. 죄송하지만 L 사이즈는 품절입니다. 검은색만 L 사이즈 하나 있습니다.

롤플레이는 시험관이 질문하는 입장이 될 수도 있고, 내가 질문하는 입장이 될 수도 있습니다. 그러므로, 양쪽의 역할을 모두 연습하는 게 좋습니다. 친구들과 역할을 바꾸어 역할극 놀이를 해보세요.

※ 녹음은 성우 성별에 따라 성, 수가 다를 수 있습니다. 자신의 성별에 맞게 바꿔서 연습해 보세요.

Me Va bene, prenderò quella nera.
네, 그걸로 구매하도록 하겠습니다.

Venga alla cassa per il pagamento.
카운터에서 결제 도와드리겠습니다.

Me È possibile cambiarla o rimborsarla?
교환이나 환불 가능할까요?

I rimborsi sono difficili, ma è possibile scambiare la taglia entro una settimana. Tuttavia, deve tenere presente che potremmo non avere disponibile un'altra taglia in quel momento. Le serve una busta? La busta costa 50 centesimi.

환불은 어렵고, 일주일 내로 사이즈 교환은 가능합니다. 하지만 그때 다른 사이즈가 없을 수 있는 점 참고 바랍니다. 봉투 필요하신가요? 봉투는 50센트입니다.

Me No grazie, va bene così.
아뇨, 괜찮습니다.

새단어

- servire (주어)를 필요로 하다
- aiuto 도움
- abito (= vestito) 옷
- vetrina 진열장
- a destra 오른쪽에
- camerino 작은방 (주로 탈의실)
- nel fondo 안쪽에
- saldo 할인
- articolo 항목
- etichetta 상표
- maglietta 티셔츠
- colore *s.m.* 색상
- taglia 사이즈
- esaurito 다 써버린
- nero 검은색. *a.* 검정의
- cassa 상자, 계산대
- rimborsare ~을 환불해 주다
- scambiare ~을 교환하다
- entro *prep.* 안쪽으로
- tenere ~을 잡다, 유지하다
- presente 출석한, 현재의

Fare shopping
쇼핑하기 : 교환 및 환불

🎧 12-13

상황

상황 1: 당신은 구매한 티셔츠의 사이즈가 작아 더 큰 사이즈로 교환하고자 옷 가게에 다시 왔습니다.

상황 2: 당신은 구매한 티셔츠에 오물이 묻어 있어서 환불받고자 옷 가게에 다시 왔습니다.

🎤 Situazione 1: È tornato al negozio di abbigliamento perché la maglietta acquistata è troppo piccola e desidera cambiarla con una taglia più grande.

Situazione 2: È tornato al negozio di abbigliamento perché la maglietta acquistata presenta una macchia e desidera ottenere un rimborso.

[Cambio taglia]

사이즈 교환

Me Scusi, ho acquistato questa maglietta qui ieri sera, ma una volta a casa ho scoperto che è troppo piccola. Vorrei scambiarla con una taglia M.

실례합니다. 어제저녁에 여기에서 이 티셔츠를 구매했는데, 집에서 입어보니 너무 작아서요. M 사이즈로 교환을 하고 싶어요.

🎤 Vado a verificare se abbiamo quella taglia. [Dopo un momento] Mi dispiace, ma non abbiamo quella taglia disponibile, quindi il cambio con lo stesso colore è difficile. Abbiamo la taglia M solo nel colore giallo.

일단 사이즈가 있는지 확인해 보겠습니다. [잠시 후] 유감이지만, 해당 사이즈가 없어서 같은 색상으로는 교환이 어렵습니다. M 사이즈는 노란색만 있습니다.

Me Peccato. Prenderò quella per il cambio.

아쉽네요. 그것으로 교환하겠습니다.

🎤 Per effettuare il cambio, la prego di portare il prodotto non indossato con l'etichetta e lo scontrino alla cassa. Mi occuperò io del prodotto per il cambio.

교환을 하려면 태그를 제거하지 않은 상품과 영수증을 들고 계산대로 가시면 됩니다. 교환할 물건은 제가 가져다 놓도록 하겠습니다.

Me Capito. Darò un'altra occhiata ai prodotti prima.

알겠습니다. 물건을 좀 더 둘러보고 환불하러 가도록 하겠습니다.

롤플레이는 시험관이 질문하는 입장이 될 수도 있고, 내가 질문하는 입장이 될 수도 있습니다. 그러므로, 양쪽의 역할을 모두 연습하는 게 좋습니다. 친구들과 역할을 바꾸어 역할극 놀이를 해보세요.

※ 녹음은 성우 성별에 따라 성, 수가 다를 수 있습니다. 자신의 성별에 맞게 바꿔서 연습해 보세요.

[Rimborso per prodotto difettoso]
불량품 환불

Me Buongiorno, la maglietta che ho acquistato ieri sera ha una macchia. Vorrei chiedere un rimborso.

안녕하세요, 어제저녁에 구매한 티셔츠에 오물이 묻어 있습니다. 이 옷을 환불하고 싶습니다.

Un rimborso? Non preferirebbe sostituirlo con un vestito nuovo?

환불이요? 다른 새로운 옷으로 교환하지 않으시고요?

Me No, credevo che fosse un prodotto nuovo, ma ho trovato un vestito sporco all'interno. Non mi è piaciuto e preferisco un rimborso.

네, 새 상품을 주셨다고 해서 믿고 샀는데 더러운 옷이 안에 들어있더군요. 기분이 좋지 않아 환불하고 싶습니다.

Capisco. Scusi sinceramente per il disagio. Procederò con il rimborso. Potrebbe mostrarmi il prodotto e lo scontrino?

그랬군요. 불편을 드려 대단히 죄송합니다. 환불해 드리도록 하겠습니다. 제품과 영수증 보여주시겠어요?

Me Sì, eccoli qui.

네, 여기 있습니다.

새단어

- scoprire ~을 발견하다
- piccolo 작은
- verificare ~을 확인하다
- giallo 노란색, 노란
- peccato 죄
- effettuare ~을 실행하다
- indossare ~을 입다
- occuparsi di ~ ~에 종사하다
- prodotto 제품
- dare occhiata 둘러보다
- macchia 얼룩
- sostituire ~을 대신하다/교환하다
- sporco 더러운
- sinceramente *avv.* 진실하게
- disagio 불편
- procedere (주어)가 나아가다

14 Al colloquio
면접 인터뷰

🎧 12-14

상황

당신은 이탈리아 무역회사에 취업하고자 면접에 왔습니다. 전공과 업무 연관성과 함께 성격의 장점을 어필해 보세요.

🎤 È venuto per un colloquio presso un'azienda commerciale italiana. Metta in evidenza la relazione tra il suo percorso di studi e il lavoro, oltre ai punti di forza della Sua personalità.

🎤 Salve, iniziamo il colloquio. Come pensa che il suo background accademico in italiano possa contribuire al ruolo per cui ha fatto domanda?

안녕하세요, 면접을 시작하겠습니다. 당신의 전공이 본인이 지원한 분야에서 얼마나 도움이 될 것이라 생각하나요?

Me Mi sono laureato in Italianistica. Ho sentito che attualmente la vostra azienda sta preparando l'ingresso nel mercato italiano. Penso che la mia capacità di parlare italiano possa essere un grande vantaggio nel settore vendite internazionali.

제 전공은 이탈리아학입니다. 현재 당사가 이탈리아 시장 진출을 준비 중인 것으로 들었습니다. 제가 지원한 해외 영업 부서에서 이탈리아어를 할 수 있다는 것은 큰 장점이라고 생각합니다.

🎤 È ben informato sulla nostra azienda. Oltre alla lingua, quali altri punti di forza pensa di possedere?

저희 회사에 대해서 잘 아시네요. 언어 외에 본인이 갖고 있는 장점은 무엇이라고 생각하나요?

Me Ho un carattere allegro per cui mi relaziono facilmente con le persone. Penso che questo sia fondamentale nell'ambito delle vendite.

저는 밝은 성격을 갖고 있어 사람들과 쉽게 친하게 지냅니다. 영업에 있어서 기본이라 생각합니다.

🎤 Giusto, d'accordo. Ha qualche esperienza lavorativa in un campo simile?

네, 맞습니다. 관련 업무 경험이 있을까요?

> 롤플레이는 시험관이 질문하는 입장이 될 수도 있고, 내가 질문하는 입장이 될 수도 있습니다. 그러므로, 양쪽의 역할을 모두 연습하는 게 좋습니다. 친구들과 역할을 바꾸어 역할극 놀이를 해보세요.
>
> ※ 녹음은 경우 성별에 따라 성, 수가 다를 수 있습니다. 자신의 성별에 맞게 바꾸서 연습해 보세요.

Me Sì, ho lavorato per tre anni presso un'altra azienda. Tuttavia, ho lavorato in un paese che non ha nulla a che fare con l'Italia. Mi sono reso conto di non essere in grado di sfruttare appieno le mie competenze e ho deciso di lasciare. Ma qui penso di poter sfruttare al meglio il mio background accademico.

네, 저는 전 회사에서 3년 근무한 경험이 있습니다. 하지만 이탈리아와 전혀 관련이 없는 국가와 일을 했습니다. 저의 능력을 잘 살릴 수 없다는 생각이 들어 그만두게 되었습니다. 하지만 이곳에서는 제 전공을 잘 살릴 수 있을 것이라고 생각합니다.

🎤 Capito. Il colloquio è finito qui. Grazie per il suo tempo e il suo impegno. Le faremo sapere il risultato del colloquio tramite messaggio di testo e email entro una settimana.

알겠습니다. 면접은 여기까지입니다. 시간 내주셔서 감사합니다. 면접 결과는 1주일 이내에 문자 메시지와 이메일로 알려드리도록 하겠습니다.

새단어

- iniziare ~을 시작하다
- intervista 인터뷰
- accademico 학회의
- contribuire(-isc) a ~ ~에 공헌하다
- ruolo 역할
- laurearsi 졸업하다
- mercato 시장
- vantaggio 장점
- settore s.m. 분야
- vendita 판매
- internazionale 국제적인
- informare ~에게 알리다
- oltre a ~ ~을 넘어
- lingua 언어
- punto 점, 포인트
- forza 힘
- possedere ~을 소유하다
- carattere s.m. 특징
- allegro 활기가 넘치는
- relazionarsi con ~ ~와 지내다
- facilmente avv. 쉽게
- fondamentale 근본적인
- ambito 영역
- D'accordo. 동의합니다.
- esperienza 경험
- lavorativo 일의
- in un campo simile 관련 분야에서
- presso prep. ~에
- paese s.m. 국가
- nulla (= niente) s.m. 아무것도
- rendersi conto di ~ ~을 깨닫다
- essere in grado di+동사원형
   ~할 능력이 있다
- sfruttare ~을 활용하다
- appieno 충분한
- competenza 경쟁력
- impegno 노력

In ufficio
회사에서

🎧 12-15

상황

당신은 입사한 지 얼마 안 된 신입사원입니다. 직장 동료에게 새로운 프로젝트에 대한 조언을 구해보세요.

✏️ È un nuovo dipendente che lavora da poco tempo. Chieda consigli a un collega riguardo a un nuovo progetto.

Me Mentre preparavo la presentazione che aveva richiesto la volta scorsa, mi è sorta una domanda.

지난번에 요청하신 발표 자료 준비 중에 궁금한 점이 있습니다.

🎤 Dica pure.

말씀하세요.

Me Vorrei che il tema della presentazione fosse "La situazione attuale del mercato italiano". Cosa ne pensa?

이번 발표 주제를 '이탈리아 시장 현황'으로 하려고 합니다. 어떤가요?

🎤 È un argomento che potrebbe interessare. Tuttavia, dato che è ancora agli inizi, sarebbe meglio non essere troppo specifici.

윗분께서 좋아하실만한 주제입니다. 하지만 아직 시작 단계인 만큼 너무 구체적이지 않았으면 좋겠습니다.

Me Va bene. Come primo passo, vorrei indagare sulle dimensioni del mercato. Che ne pensa?

알겠습니다. 첫 번째 단계로 시장 규모를 조사하려는데 어떻게 생각하시나요?

🎤 Ottima idea. Le do un consiglio: attraverso i dati forniti da enti governativi o istituti di ricerca, è possibile analizzare facilmente le dimensioni e le tendenze del mercato.

좋은 생각입니다. 팁을 드리자면 정부나 연구기관에서 제공하는 데이터를 통해 시장 규모와 트렌드를 쉽게 분석할 수 있습니다.

롤플레이는 시험관이 질문하는 입장이 될 수도 있고, 내가 질문하는 입장이 될 수도 있습니다. 그러므로, 양쪽의 역할을 모두 연습하는 게 좋습니다. 친구들과 역할을 바꾸어 역할극 놀이를 해보세요.

※ 녹음은 성우 성별에 따라 성, 수가 다를 수 있습니다. 자신의 성별에 맞게 바꿔서 연습해 보세요.

Me Ci sono siti o materiali specifici a cui posso fare riferimento?

혹시 구체적으로 참고할 만한 사이트나 자료들이 있을까요?

🎙️ C'è un sondaggio condotto dal giornale italiano Corriere della Sera. Le invierò il link del sito via email.

이탈리아 신문사 Corriere della Sera에서 진행한 여론 조사가 있습니다. 해당 사이트 링크를 제가 메일로 보내드리도록 하겠습니다.

Me Grazie. Dopo aver completato l'indagine sul mercato, cosa dovrei fare?

감사합니다. 시장 규모 조사 후에는 무엇을 해야 할까요?

🎙️ Dipende molto dai risultati dell'indagine. Una volta terminata, penso che dovremmo organizzare una riunione per decidere i prossimi passi in base ai dati raccolti.

조사 결과에 따라 많이 달라집니다. 조사를 마치시면 결과를 토대로 함께 회의를 통해 결정해야 할 것 같습니다.

Me Grazie sempre per le informazioni utili. Posso fare altre domande se ne ho?

항상 유용한 정보를 주셔서 감사합니다. 또 궁금한 점이 있으면 여쭤봐도 될까요?

🎙️ Certamente, quando vuole.

그럼요, 얼마든지요.

새단어

- scorso 지난
- sorgere (pp. sorto) ~가 솟아오르다
- tema s.m. 주제
- attuale 현재의
- argomento 주제
- specifico 명확한
- indagare ~을 조사하다/연구하다
- dimensione s.f. 차원, 크기
- dato 데이터, 자료
- fornito a. 제시하는
- ente s.m. 회사

- governativo a. 정부의
- istituto 기관
- ricerca 연구
- analizzare ~을 분석하다
- tendenza 트렌드
- materiale a. 물질의, s.m. 재료
- specifico a. 명확한
- sondaggio 조사
- condotto a. 진행한
  (cf. condurre ~을 이끌다)
- indagine s.f. 조사

- dipende da ~ ~에 따라 다르다
- risultato 결과
- terminato a. 끝난
  (terminare ~을 끝내다)
- organizzare ~을 구성하다
- riunione s.f. 모임, 미팅
- in base a ~ ~을 기반으로 한
- raccolto a. 모은
  (cf. raccogliere ~을 모으다)
- utile 유용한

꿀팁! 부록

- 위기 상황 대처 표현
- 기초 어휘
- 동사 변형 표
- 필수 동사 : Unità 1~10

위기 상황 대처 표현

1. 다시 한번 말씀해 주시겠어요?
   Può ripetere ancora una volta, per favore?

2. 정확하게 모르겠습니다.
   Non ne sono sicuro/a.

3. 잘 기억이 나지 않습니다.
   Non riesco a ricordare bene.

4. 대답하기가 어렵습니다.
   È difficile rispondere.

5. 그거에 대해 저는 아무 경험이 없습니다.
   Non ho alcuna esperienza a riguardo.

6. 천천히 이야기해도 될까요?
   Potrei parlare più lentamente, per favore?

7. 잠시만요.
   Un attimo, per favore.

8. 압니다. / 모르겠습니다.
   Lo so. / Non lo so.

9. 아직 결정하지 않았습니다.
   Non ho ancora deciso.

10. 천천히 말씀해 주시겠어요?
    Può parlare più lentamente, per favore?

11. 생각할 시간이 필요합니다.
    Ho bisogno di un po' di tempo per pensare.

답변 중 답변하기 애매한 상황일 때 유용하게 활용해 보세요.

12. 생각할 시간을 주시겠어요?

Può darmi un po' di tempo per pensare?

13. 제가 잘 못 들었습니다. 한 번 더 말씀해 주시겠어요?

Non ho sentito bene, può ripetere per favore?

14. 질문을 이해하지 못했습니다.

Non ho capito la domanda.

15. 잘 안 들립니다.

Non riesco a sentire bene.

16. 더 크게 말씀해 주시겠어요?

Può parlare più forte, per favore?

17. 음성이 자꾸 끊깁니다. 연결이 불안정한 것 같습니다.

La voce continua a interrompersi. Sembra che la connessione sia instabile.

18. 단어가 생각이 안 납니다.

Non mi viene in mente la parola.

19. 그 문제에 대해 한 번도 생각해 본 적이 없습니다.

Non ho mai pensato a questo problema.

20. 질문을 바꿀 수 있을까요? 대답하기가 어렵습니다.

Posso cambiare la domanda? È difficile rispondere.

21. 다시 한번 답변해도 될까요?

Posso rispondere di nuovo?

22. 만나 뵙게 되어 반가웠습니다. 감사합니다.

È stato un piacere conoscerla. Grazie.

기초 어휘

■ 가족 구성원 (membri della famiglia)

나의 부모님	i miei genitori (= i miei)	조부모님 (할아버지 / 할머니)	nonni (nonno / nonna)
아버지	padre (애칭 papà)	아내 / 남편	moglie / marito
어머니	madre (애칭 mammà)	아들 / 딸	figlio / figlia
손 위/아래 여자 형제	sorella	삼촌 / 이모	zio / zia
손 위/아래 남자 형제	fratello	사촌	cugino/cugina

■ 전공 (specializzazioni)

전자공학	ingegneria elettronica	예술	arte
재료공학	ingegneria dei materiali	성악	canto lirico
경제학	economia	조리학	arti e scienze culinarie
경영학	gestione aziendale	디자인	design
인문학	discipline umanistiche	건축학	architettura

■ 기수 (numeri cardinali)

1	uno	11	undici	21	ventuno	40	quaranta
2	due	12	dodici	22	ventidue	50	cinquanta
3	tre	13	tredici	23	ventitre	60	sessanta
4	quattro	14	quattordici	24	ventiquattro	70	settanta
5	cinque	15	quindici	25	venticinque	80	ottanta
6	sei	16	sedici	26	ventisei	90	novanta
7	sette	17	diciassette	27	ventisette	100	cento
8	otto	18	diciotto	28	ventotto	1천	mille
9	nove	19	diciannove	29	ventinove	2천	duemila
10	dieci	20	venti	30	trenta	1백만	un milione

* 1의 자리가 uno 또는 otto인 경우, 모음으로 시작하므로 10의 자리의 마지막 모음을 제거하고 붙여야 합니다.

* 17부터 숫자 10을 의미하는 dicia가 앞에 옵니다.

* 1,000은 mille로 l이 둘이지만, 2천이 넘어가면 mila로 l이 하나로 줄면서 어미가 a로 바뀌는 불규칙입니다.

■ 서수 (numeri ordinali)

첫 번째	primo	다섯 번째	quinto	아홉 번째	nono
두 번째	secondo	여섯 번째	sesto	열 번째	decimo
세 번째	terzo	일곱 번째	settimo	열한 번째	undicesimo
네 번째	quarto	여덟 번째	ottavo	외 숫자	-esimo

■ 월 (dodici mesi)

1월	gennaio	5월	maggio	9월	settembre
2월	febbraio	6월	giugno	10월	ottobre
3월	marzo	7월	luglio	11월	novembre
4월	aprile	8월	agosto	12월	dicembre

■ 요일 (sette giorni, una settimana)

lunedì	martedì	mercoledì	giovedì	venerdì	sabato	domenica
월요일	화요일	수요일	목요일	금요일	토요일	일요일

■ 계절과 기온 (quattro stagioni e varie tempereture)

봄	primavera	추운	freddo
여름	estate	건조한	secco
가을	autunno	습한	umido
겨울	inverno	시원한	fresco

■ 색상 (colori)

검은색	nero	초록색	verde
흰색	bianco	주황색	arancione
빨간색	rosso	파란색	blù
노란색	giallo	보라색	viola
회색	grigio	갈색	castagno/marrone

* 색상 형용사는 반드시 명사 뒤에서 수식해야 하며, viola, blù, marrone의 경우 성, 수 일치를 하지 않습니다.

기초 어휘

■ 기간 (periodi)

그저께	l'altro ieri	저녁	sera
어제	ieri	늦은 밤	*s.f.* notte
오늘	oggi	주	settimana
내일	domani	주말	(il) fine settimana
내일모레	dopo domani	이번 주	questa settimana
하루 종일	tutto il giorno	지난주	settimana scorsa
매일	tutti i giorni / ogni giorno	다음 주	settimana prossima
오전	mattina	월	*s.m.* mese
오후	pomeriggio	연	anno

■ 재료 (ingredienti)

밀가루	farina	우유	*s.m.* latte
계란	uovo (불규칙 복수형 le uova)	생선	*s.m.* pesce
설탕	zucchero	고기	*s.f.* carne
소금	*s.m.* sale	치즈	formaggio
버터	burro	생크림	panna

■ 채소와 과일 (verdure e frutte)

토마토	pomodoro	사과	mela
양파	cipolla	배	pera
가지	melanzana	오렌지	arancia
당근	carota	레몬	*s.m.* limone
시금치	*s.m.* spinaci (주로 복수형)	딸기	fragola
감자	patata	포도	uva
마늘	aglio	복숭아	pesca
쌀	riso	체리	ciliegia

옥수수	*s.m.* mais	수박	anguria/cocomero
바질	basilico	밀감	mandarino

■ **전치사 + 장소** (posti)

집에	a casa	서점에	in libreria
학교에	a scuola	도서관에	in biblioteca
수업에	a lezione	수영장에	in piscina
극장에	a teatro	은행에	in banca
백화점에	al centro commerciale	병원에	in ospedale
영화관에	al cinema	호텔에	in albergo/hotel
마트에	al supermercato	사무실에	in ufficio
식당에	al ristorante	시골에	in campagna
화장실에	al/in bagno	공항에	in aeroporto
아이스크림 가게에	in gelateria	산에	in montagna

■ **취미 생활** (Hobby)

장 보다	fare la spesa	자기 계발을 하다	svilupparsi personalmente
쇼핑하다	fare shopping (= fare spese)	골프 치다	giocare a golf
운동하다	fare ginnastica	축구하다	giocare a calcio
외식하다	mangiare fuori	수영하다	nuotare
영화를 보다	vedere il film	조깅하다	fare jogging
음악을 듣다	ascoltare la musica	낚시하다	pescare
책을 읽다	leggere libri	테니스 치다	giocare a tennis

동사 변형 표

■ 규칙 동사

lavorare	현재 presente	반과거 imperfetto	미래 futuro	조건법 condizionale	접속법 현재 congiuntivo presente	접속법 반과거 congiuntivo imperfetto	원과거[*] passato remoto
io	lavoro	lavoravo	lavorerò	lavorerei	lavori	lavorassi	lavorai
tu	lavori	lavoravi	lavorerai	lavoreresti	lavori	lavorassi	lavorasti
lui/lei/Lei	lavora	lavorava	lavorerà	lavorerebbe	lavori	lavorasse	lavorò
noi	lavoriamo	lavoravamo	lavoreremo	lavoreremmo	lavoriamo	lavorassimo	lavorammo
voi	lavorate	lavoravate	lavorerete	lavorereste	lavoriate	lavoraste	lavoraste
loro	lavorano	lavoravano	lavoreranno	lavorerebbero	lavorino	lavorassero	lavorarono

ricevere	현재	반과거	미래	조건법	접속법 현재	접속법 반과거	원과거
io	ricevo	ricevevo	riceverò	riceverei	riceva	ricevessi	ricevei; ricevetti
tu	ricevi	ricevevi	riceverai	riceveresti	riceva	ricevessi	ricevesti
lui/lei/Lei	riceve	riceveva	riceverà	riceverebbe	riceva	ricevesse	ricevé; ricevette
noi	riceviamo	ricevevamo	riceveremo	riceveremmo	riceviamo	ricevessimo	ricevemmo
voi	ricevete	ricevevate	riceverete	ricevereste	riceviate	riceveste	riceveste
loro	ricevono	ricevevano	riceveranno	riceverebbero	ricevano	ricevessero	riceverono; ricevettero

partire	현재	반과거	미래	조건법	접속법 현재	접속법 반과거	원과거
io	parto	partivo	partirò	partirei	parta	partissi	partii
tu	parti	partivi	partirai	partiresti	parta	partissi	partisti
lui/lei/Lei	parte	partiva	partirà	partirebbe	parta	partisse	partì
noi	partiamo	partivamo	partiremo	partiremmo	partiamo	partissimo	partimmo
voi	partite	partivate	partirete	partireste	partiate	partiste	partiste
loro	partono	partivano	partiranno	partirebbero	partano	partissero	partirono

capire	현재	반과거	미래	조건법	접속법 현재	접속법 반과거	원과거
io	capisco	capivo	capirò	capirei	capisca	capissi	capii
tu	capisci	capivi	capirai	capiresti	capisca	capissi	capisti
lui/lei/Lei	capisce	capiva	capirà	capirebbe	capisca	capisse	capì
noi	capiamo	capivamo	capiremo	capiremmo	capiamo	capissimo	capimmo
voi	capite	capivate	capirete	capireste	capiate	capiste	capiste
loro	capiscono	capivano	capiranno	capirebbero	capiscano	capissero	capirono

[*] 원과거는 현실과 관련이 없는 먼 과거를 표현할 때 사용하는 시제입니다. 멀다/가깝다의 개념은 심리적인 것이기에 사람마다, 상황마다 다를 수 있습니다. 이탈리아에서는 주로 현재는 더 이상 없는 역사적 인물이나 역사적 사건을 서술할 때, 혹은 현실에 없는 이야기인 동화책 속 문장에서 원과거를 볼 수 있습니다.

불규칙 동사

essere (pp. stato)	현재	반과거	미래	조건법	접속법 현재	접속법 반과거	원과거
io	sono	ero	sarò	sarei	sia	fossi	fui
tu	sei	eri	sarai	saresti	sia	fossi	fosti
lui/lei/Lei	è	era	sarà	sarebbe	sia	fosse	fu
noi	siamo	eravamo	saremo	saremmo	siamo	fossimo	fummo
voi	siete	eravate	sarete	sareste	siate	foste	foste
loro	sono	erano	saranno	sarebbero	siano	fossero	furono

avere (pp. avuto)	현재	반과거	미래	조건법	접속법 현재	접속법 반과거	원과거
io	ho	avevo	avrò	avrei	abbia	avessi	ebbi
tu	hai	avevi	avrai	avresti	abbia	avessi	avesti
lui/lei/Lei	ha	aveva	avrà	avrebbe	abbia	avesse	ebbe
noi	abbiamo	avevamo	avremo	avremmo	abbiamo	avessimo	avemmo
voi	avete	avevate	avrete	avreste	abbiate	aveste	aveste
loro	hanno	avevano	avranno	avrebbero	abbiano	avessero	ebbero

fare	현재	반과거	미래	조건법	접속법 현재	접속법 반과거	원과거
io	faccio	facevo	farò	farei	faccia	facessi	feci
tu	fai	facevi	farai	faresti	faccia	facessi	facesti
lui/lei/Lei	fa	faceva	farà	farebbe	faccia	facesse	fece
noi	facciamo	facevamo	faremo	faremmo	facciamo	facessimo	facemmo
voi	fate	facevate	farete	fareste	facciate	faceste	faceste
loro	fanno	facevano	faranno	farebbero	facciano	facessero	fecero

dire	현재	반과거	미래	조건법	접속법 현재	접속법 반과거	원과거
io	dico	dicevo	dirò	direi	dica	dicessi	dissi
tu	dici	dicevi	dirai	diresti	dica	dicessi	dicesti
lui/lei/Lei	dice	diceva	dirà	direbbe	dica	dicesse	disse
noi	diciamo	dicevamo	diremo	diremmo	diciamo	dicessimo	dicemmo
voi	dite	dicevate	direte	direste	diciate	diceste	diceste
loro	dicono	dicevano	diranno	direbbero	dicano	dicessero	dissero

dare	현재	반과거	미래	조건법	접속법 현재	접속법 반과거	원과거
io	do	davo	darò	darei	dia	dessi	diedi; detti
tu	dai	davi	darai	daresti	dia	dessi	desti
lui/lei/Lei	dà	dava	darà	darebbe	dia	desse	diede; dette
noi	diamo	davamo	daremo	daremmo	diamo	dessimo	demmo
voi	date	davate	darete	dareste	diate	deste	deste
loro	danno	davano	daranno	darebbero	diano	dessero	diedero; dettero

동사 변형 표

andare (pp. andato)	현재	반과거	미래	조건법	접속법 현재	접속법 반과거	원과거
io	vado	andavo	andrò	andrei	vada	andassi	andai
tu	vai	andavi	andrai	andresti	vada	andassi	andasti
lui/lei/Lei	va	andava	andrà	andrebbe	vada	andasse	andò
noi	andiamo	andavamo	andremo	andremmo	andiamo	andassimo	andammo
voi	andate	andavate	andrete	andreste	andiate	andaste	andaste
loro	vanno	andavano	andranno	andrebbero	vadano	andassero	andarono

venire (pp. venuto)	현재	반과거	미래	조건법	접속법 현재	접속법 반과거	원과거
io	vengo	venivo	verrò	verrei	venga	venissi	venni
tu	vieni	venivi	verrai	verresti	venga	venissi	venisti
lui/lei/Lei	viene	veniva	verrà	verrebbe	venga	venisse	venne
noi	veniamo	venivamo	verremo	verremmo	veniamo	venissimo	venimmo
voi	venite	venivate	verrete	verreste	veniate	veniste	veniste
loro	vengono	venivano	verranno	verrebbero	vengano	venissero	vennero

morire (pp. morto)	현재	반과거	미래	조건법	접속법 현재	접속법 반과거	원과거
io	muoio	morivo	morirò	morirei	muoia	morissi	morii
tu	muori	morivi	morirai	moriresti	muoia	morissi	moristi
lui/lei/Lei	muore	moriva	morirà	morirebbe	muoia	morisse	morì
noi	moriamo	morivamo	moriremo	moriremmo	moriamo	morissimo	morimmo
voi	morite	morivate	morirete	morireste	moriate	moriste	moriste
loro	muoiono	morivano	moriranno	morirebbero	muoiano	morissero	morirono

rimanere (pp. rimasto)	현재	반과거	미래	조건법	접속법 현재	접속법 반과거	원과거
io	rimango	rimanevo	rimarrò	rimarrei	rimanga	rimanessi	rimasi
tu	rimani	rimanevi	rimarrai	rimarresti	rimanga	rimanessi	rimanesti
lui/lei/Lei	rimane	rimaneva	rimarrà	rimarrebbe	rimanga	rimanesse	rimase
noi	rimaniamo	rimanevamo	rimarremo	rimarremmo	rimaniamo	rimanessimo	rimanemmo
voi	rimanete	rimanevate	rimarrete	rimarreste	rimaniate	rimaneste	rimaneste
loro	rimangono	rimanevano	rimarranno	rimarrebbero	rimangano	rimanessero	rimasero

tradurre (pp. tradotto)	현재	반과거	미래	조건법	접속법 현재	접속법 반과거	원과거
io	traduco	traducevo	tradurrò	tradurrei	traduca	traducessi	tradussi
tu	traduci	traducevi	tradurrai	tradurresti	traduca	traducessi	traducesti
lui/lei/Lei	traduce	traduceva	tradurrà	tradurrebbe	traduca	traducesse	tradusse
noi	traduciamo	traducevamo	tradurremo	tradurremmo	traduciamo	traducessimo	traducemmo
voi	traducete	traducevate	tradurrete	tradurreste	traduciate	traduceste	traduceste
loro	traducono	traducevano	tradurranno	tradurrebbero	traducano	traducessero	tradussero

sapere (pp. saputo)	현재	반과거	미래	조건법	접속법 현재	접속법 반과거	원과거
io	so	sapevo	saprò	saprei	sappia	sapessi	seppi
tu	sai	sapevi	saprai	sapresti	sappia	sapessi	sapesti
lui/lei/Lei	sa	sapeva	saprà	saprebbe	sappia	sapesse	seppe
noi	sappiamo	sapevamo	sapremo	sapremmo	sappiamo	sapessimo	sapemmo
voi	sapete	sapevate	saprete	sapreste	sappiate	sapeste	sapeste
loro	sanno	sapevano	sapranno	saprebbero	sappiano	sapessero	seppero

tenere (pp. tenuto)	현재	반과거	미래	조건법	접속법 현재	접속법 반과거	원과거
io	tengo	tenevo	terrò	terrei	tenga	tenessi	tenni
tu	tieni	tenevi	terrai	terresti	tenga	tenessi	tenesti
lui/lei/Lei	tiene	teneva	terrà	terrebbe	tenga	tenesse	tenne
noi	teniamo	tenevamo	terremo	terremmo	teniamo	tenessimo	tenemmo
voi	tenete	tenevate	terrete	terreste	teniate	teneste	teneste
loro	tengono	tenevano	terranno	terrebbero	tengano	tenessero	tennero

uscire (pp. uscito)	현재	반과거	미래	조건법	접속법 현재	접속법 반과거	원과거
io	esco	uscivo	uscirò	uscirei	esca	uscissi	uscii
tu	esci	uscivi	uscirai	usciresti	esca	uscissi	uscisti
lui/lei/Lei	esce	usciva	uscirà	uscirebbe	esca	uscisse	uscì
noi	usciamo	uscivamo	usciremo	usciremmo	usciamo	uscissimo	uscimmo
voi	uscite	uscivate	uscirete	uscireste	usciate	usciste	usciste
loro	escono	uscivano	usciranno	uscirebbero	escano	uscissero	uscirono

sedere (pp. seduto)	현재	반과거	미래	조건법	접속법 현재	접속법 반과거	원과거
io	siedo	sedevo	sederò	sederei	sieda	sedessi	sedei
tu	siedi	sedevi	sederai	sederesti	sieda	sedessi	sedesti
lui/lei/Lei	siede	sedeva	sederà	sederebbe	sieda	sedesse	sedé
noi	sediamo	sedevamo	sederemo	sederemmo	sediamo	sedessimo	sedemmo
voi	sedete	sedevate	sederete	sedereste	sediate	sedeste	sedeste
loro	siedono	sedevano	sederanno	sederebbero	siedano	sedessero	sederono

produrre (pp. prodotto)	현재	반과거	미래	조건법	접속법 현재	접속법 반과거	원과거
io	produco	producevo	produrrò	produrrei	produca	producessi	produssi
tu	produci	producevi	produrrai	produrresti	produca	producessi	producesti
lui/lei/Lei	produce	produceva	produrrà	produrrebbe	produca	producesse	produsse
noi	produciamo	producevamo	produrremo	produrremmo	produciamo	producessimo	producemmo
voi	producete	producevate	produrrete	produrreste	produciate	produceste	produceste
loro	producono	producevano	produrranno	produrrebbero	producano	producessero	produssero

[참고] it.bab.la/coniugazione/italiano

필수 동사 : Unità 1~10

Unità 1
presentarsi	(주어 스스로를) 소개하다
vivere	(주어가) 살다
lavorare	일하다
cominciare (=iniziare)	~을 시작하다
studiare	~을 공부하다
parlare	~을 말하다
riuscire a + 동사원형	(동사원형)을 할 수 있다

Unità 2
visitare	~을 방문하다
costruire	~을 설립하다 (-isc)
rendere	~가 되다
raggiungere	~에 다다르다 (*pp.* raggiunto)
spostarsi	(주어가) 이동하다
finire	~을 끝내다 (-isc)

Unità 3
svegliarsi	(주어가) 잠에서 깨다
fare colazione	아침 식사하다
partire per-	~로 출발하다
arrivare	(주어가) 도착하다
controllare	~을 확인하다
prendere	~을 갖다/마시다
acquistare (=comprare)	~을 구매하다
tornare	(주어가) 돌아가다
vedere	~을 보다
vestirsi	(주어가) 옷을 입다
pranzare	점심 식사를 하다
andare a letto	잠을 자러 가다
guardare	~을 보다

Unità 4
riposarsi	(주어가) 휴식을 취하다
alzarsi	(주어가) 자리에서 일어나다
uscire	(주어가) 나가다
bere	~을 마시다
sposarsi	(주어가) 결혼하다
passare	~을 보내다

| | cenare | 저녁 식사를 하다 |
| | trascorrere | (주로 시간을) 보내다 |

Unità 5

	produrre	~을 생산하다
	vendere	~을 팔다
	prepararsi	(주어가) 준비하다
	trasferirsi	(주어가) 이사하다
	comunicare	~을 전달하다/소통하다
	trovare	~을 찾다
	accumulare	~을 쌓다
	viaggiare	(주어가) 여행하다
	innamorarsi di-	~에 사랑에 빠지다

Unità 6

	mangiare	~을 먹다
	condividere	~을 나누다
	sentire	~을 느끼다
	ammirare	~을 감탄하다
	scoprire	~을 발견하다

Unità 7

	provare	~을 시도하다
	consumare	~을 소비하다
	rimanere	(주어가) 남다
	gustare	~을 맛보다
	aggiungere	~을 더하다
	mescolare	~을 섞다
	cuocere	~을 요리하다
	tagliare	~을 자르다
	macinare	~을 갈다
	friggere	~을 튀기다 (*pp.* fritto)

Unità 8

	scegliere	~을 고르다
	aiutare	~을 도와주다
	comprendere	~을 이해하다
	affrontare	~을 대면하다
	interessarsi a-	(주어가) ~에 관심 갖다

필수 동사 : Unità 1~10

	divertirsi a-	(주어가) ~에 흥미 갖다
	utilizzare	~을 활용하다
	comunicare con-	~와 의사소통하다
	migliorare	~을 개선하다
	leggere	~을 읽다
Unità 9	salutare	~에게 인사하다
	usare	~을 사용하다
	fare un inchino	고개 숙이다
	scambiarsi	교환하다
	perdere	~을 잃다
	interessare	(주어가) 흥미를 갖다
	celebrare	~을 칭찬하다/기념하다
	venire in mente	(주어가) 생각나다
Unità 10	frequentare	~을 다니다
	imparare	~을 배우다
	non vedere l'ora di + 동사원형	~할 것이 매우 기다려지다
	intendere	~을 의도하다
	approfondire	~을 심화하다/깊게 하다 (-isc)